延边大学"十一五""211工程"重点学科建设项目资金资助

·05·

亚洲研究丛书

冷战结束前后
东北亚区域社会转型

A Study on Social Transformation
in Northeast Asia

金正一　李明哲　王丽娜/著

社会科学文献出版社
SOCIAL SCIENCES ACADEMIC PRESS (CHINA)

序

本书是延边大学"十一五""211 工程"重点学科建设项目——朝韩日经济与东北亚地区国际合作的系列研究成果之一。

随着我国同朝鲜、韩国、日本三国关系的日益紧密，以及国际局势的不断变化，东北亚国际合作问题成为我国政府以及学术界关注的焦点问题之一。如何加强我国与朝鲜、韩国、日本三国之间的合作，处理好共性与个性的关系，推动东北亚地区的和平与发展，是我国新时期经济发展和外交战略面临的重大课题，也是实现我国东部边疆稳定发展的重大研究课题。

国内外学者从当代现实利益角度出发，对东北亚区域内贸易与投资、国际物流、劳务合作、图们江流域国际合作开发、朝核问题、地区安全等方面进行了广泛研究，并取得了许多具有重要价值的研究成果。但是，这些研究大都是集中在专门性领域，其研究的深度还是远远不够。东北亚地区国际合作的实践机理、政治法律及其人文地理环境的综合性研究还不够深入。特别是朝鲜、韩国、日本经济本体的基础性理论研究、中朝韩日经济关系史的研究不够系统和全面，国内还没有真正形成共同的研究平台和解读体系。同时，周边国家的政治经济现实与未来变化对边疆跨境民族聚集地区的影响方面的研究尚处于研究的空白状态。

针对东北亚区域政治经济发展变化和区域国际合作的现实状况，区域国际合作理论研究应紧密结合新时期我国国家发展战略，以国家重大战略需求为导向，紧紧围绕中朝韩日经济发展与东北亚地区国际合作的重大现实问题开展创新性的理论研究，这既是学科建设与发展的需要，也是新时期提升我国对外开放水平，提高开放程度的战略需要。

第一，加大对朝韩日三国经济本体的基础理论研究以及这些国家与我国的经济关系研究，系统研究朝韩日三国经济发展内外环境的变化，准确解析三国经济发展变化与我国经济发展变化的互动规律，构建国内共同研究的平台和解读体系，这些研究既是学科理论创新与发展的重大需求，也是新形势下建立我国东北亚地区国际合作参照系、"思想库"的重大需要。

第二，推动中日韩战略伙伴关系和战略互惠关系发展。中韩建交以来两国经济关系得到飞跃性发展，中韩关系已经提升为战略伙伴关系；中日关系在曲折发展中已经升格为战略互惠关系。如何加强中韩日在能源、环境、产业、贸易、投资、金融与科技等方面的深入合作，加强新时期朝、韩、日对外经济战略走向及其内外影响的理论研究，是我们理论界需要给予重视和进行重点研究的重大问题。

第三，高度关注和深化有关朝鲜半岛政治经济问题的研究。这里既要继续跟踪研究美欧日俄等世界大国的朝鲜半岛政策，朝韩政治关系的新变化，也要密切关注朝鲜的政治体制变化对我国的影响，在复杂多变的大国关系中把握朝鲜半岛问题的本质，为党和国家的战略决策提供可靠的依据和有价值的参考。

第四，亟待加强东北亚地区国际合作中的法律问题研究。目前需要深入研究中朝韩日经贸关系中的法律纠纷以及开展东北亚各国出入境与非法出境、中国出入境法律、东北亚各国对外国人法律地位的规制、东北亚各国跨境犯罪的法律规制等问题，这些问题都是在东北亚经济合作中必须解决的现实问题。

第五，深化"沿边、沿江"开发开放研究，推动沿边沿江开发开放新发展。吉林省东部沿俄、朝边界设有 14 个口岸和 11 个临时过货点。如何开发开放这一地区具有重大的战略与现实意义。尤其是这一地区既是受朝鲜半岛政治经济影响较大的地区，又是跨境民族聚集地区，存在许多诸如"国际移民"问题、"脱北者"问题等亟待解决的重大现实课题。

针对上述这些重大理论和现实问题进行系统深入的创新性研究，为党和国家制定有关战略、政策以及开展国际合作提供科学依据和理论支撑，这是本项目研究的总体目标，也是我们出版这套系列著作的目的所在。

2009 年 8 月 30 日，国务院正式批复了《中国图们江区域合作开发规划纲要——以长吉图为开发开放先导区》，标志着图们江区域合作开发已上升为国家战略。中国图们江区域合作开发与东北亚地区国际合作之间存在着密切的互动关系：一方面，中国图们江区域合作开发，需要以东北亚地区和平稳定的国际环境为保障，有效地参与东北亚地区国际合作是实现中国图们江区域合作开发的重要途径；另一方面，中国实施图们江区域合作开发战略为东北亚地区国际合作提供了前所未有的新机遇。在这种情况下，迫切需要学术界对东北亚地区的政治、经济、法律、人文地理、民族、文化问题展开多学科的综合研究，这不仅有助于从理论上深入研究东北亚地区各种历史与现实问题，而且也为我国发展与周边国家双边关系和推动东北亚地区国际合作提供理论支持和决策依据。

从国内外研究的发展趋势看，基于我国对朝鲜、韩国、日本三国关系的进一步提升以及东北亚地区国际合作的新形势，对朝韩日经济本体的基础性理论研究将进一步得到细化，有利于形成共同性的理论创新平台和解读体系；以国家重大需求为导向对中朝、中韩、中日、日韩经济关系的应用研究将成为重点；从政治、经济、法律、人文地理、民族、文化、管理等多种关系的互动角度，研究东北亚国际合作机制和模式，将实现研究范式的变革；实现规范研究、实证研究和计量研究相结合，将突破传统研究的局限性，实现研究方法创新。这些趋势性的变化将有助于实现本项目的理论创新和应用研究的新突破。

延边大学在朝韩日经济、朝鲜半岛问题以及东北亚等研究方面具有比较长的历史，取得了大量的研究成果并积累了丰富的研究经验，形成了鲜明的特色和优势，在国内外享有较高的声誉。近几年来，在国家有关部门和学校的支持下，我校的东北亚问题研究又取得了一批重要成果，其中在项目团队的共同努力下完成的这套"211工程"重点学科建设项目系列著作，就是其代表性成果之一。这套系列著作的研究涵盖了政治学、经济学、法学、人文地理学、民族学、管理学等多个学科领域，是国内有关东北亚问题涉猎的范围广、规模大的系列性最新研究成果，也是对国际问题开展多学科交叉研究的一种有益探索。希望这套系列著作的出版能够把东北亚问题的研究推向一个新阶段。

由于我们的水平有限，书中的论述如有不妥之处，诚恳地希望不吝指正。

延边大学经济管理学院院长、教授

博士生导师：金华林

2011 年 8 月

目录
CONTENTS

第一章

社会转型略述

第一节　社会转型的普遍性和特殊性

中文语境中"社会"一词源于古籍，如唐代的"村间社会"、宋代的"乡民社会"等。"社"指土地之神，或者祭祀场所。"会"指集会、集合。英语中的"society"和法语中的"societe"都源于拉丁语"socius"，意思是"伙伴"。日本学者在明治年间将英文"society"一词译为汉字"社会"。近代中国学者在翻译日本社会学著作时直接沿袭了这一用法。至此，现代社会科学意义上的"社会"一词进入中文语境。一般意义而言，所谓"社会"可以理解为是拥有不同发展阶段水平的生产力、生产关系，体现为不同物质文明、精神文明发展水平的家族、民族、社区、机构、经济体、国家等生活区域形态范畴的表达。

"转型"作为一个独立的基本概念，起初是在数学、医学和语言学领域出现的，后来才延伸到社会学和经济学领域。基于对"社会"这一基本概念外延大小的不同解读，社会转型可以区分为广义和狭义两个内涵范畴。从整个人类社会产生发展这一历史性范畴看，社会本身包含了所有与人有关的活动，即包含有通常所讲的政治、经济、文化、军事等内容，这是广义上的社会概念；从狭义上讲就是与政治、经济、文化、军事等概念相并列的概念，通常这也是社会学作为一门独立学科研究领域与其他学科相区分的重要依据。

社会自身是一个完整系统，自身具有整合功能。主要包括文化整合、规范整合、意见整合和功能整合等。即社会将无数单个的人组织起来，形成一股合力, 调整矛盾, 并将其控制在一定范围内, 维持稳定局面。社会还具有交流功能, 即人类社会创造了语言、文字、符号等人与人交往、沟通的工具, 为人类交往、沟通提供必要条件, 从而保持和发展人与人之间的相互关系。社会还具有导向功能, 即社会有一整套行为规范, 用以维持正常社会秩序, 调整人们之间的关系, 规范和指导人们的思想、行为方向, 导向可以是有形的, 如通过法律等强制手段或舆论等非强制手段进行, 也可以是无形的, 如通过习惯等潜移默化地进行。所有这些功能的发挥都基于一系列制度性、内在性因素的安排。社会进步从某种意义上讲就是社会自身功能发挥作用, 不断寻找并建立好制度的过程。这些制度包括政治制度、经济制度等。社会自身的运动、发展也由此而生。

社会转型是对社会自身发展变化过程状态性的定义, 它可以用于涵盖社会各个层面发生的变化, 如经济转型、政治转型等; 社会文明类型的改变, 即由于社会诸要素及其相互之间关系发生根本性变化而导致的新旧社会发展模式的更迭, 如从农业文明向工业文明的转变。也可指社会从传统结构向现代结构的整体性转变, 即社会自身运动变化发展的表现。目前, 国内学术界关于"社会转型"研究中具有代表性的观点有三种: 孙立平教授认为, 社会转型是指社会主义国家从计划经济向市场经济过渡的过程, 社会转型的研究范围也特指中国以及苏联、东欧等社会主义国家。[①] 李培林研究员认为, 社会转型是一种特殊的结构性变动, 社会结构是社会转型研究的中心和突破口。[②] 郑杭生教授认为, 社会转型与社会现代化是同义语, 意指社会从传统型向现代型的转换, 或者说由传统性社会向现代性社会转型的过程。[③]

对社会转型的研究可以向前追溯到 17 世纪鲍管埃提出的"普遍史"概念。到了 19 世纪中叶以后, 出现了系统研究社会转型的理论并得到逐步发展。西方关于社会转型理论大体经历了三个发展阶段: 第一, 经典理论阶段。从本质上说, 这一时期研究转型的核心理念是经典进化主义, 孔德和斯宾塞是这种转型理论的奠基者, 其内容包括转型逻辑、社会是有机整体的基本判断、转型导致社会进步以及一元的转型道路等基本假定。第二, 实证研

---

① 孙立平:《社会转型:发展社会学的新议题》,《社会学研究》2005 年第 1 期。

② 李培林:《另一只看不见的手:社会结构转型》,北京:社会科学文献出版社,2005,第 3~7 页。

③ 郑杭生:《当代中国社会结构和社会关系研究》,北京:首都师范大学出版社,1997,第 19 页。

究阶段。这一阶段的理论研究试图以经验成果为依据，在肯定文化多元性前提下寻求其内在共同本质。第三，理论转向阶段。这一阶段转型理论以趋同论为立论基础，把现代化看成是一种同质化过程。按照大的历史和整个社会本身的运行规律来看，一定的社会运行机制运行一段时间后势必会发生一系列的变化，这是符合生产力不断发展进步、生产关系不断与之相适应的马克思历史唯物主义基本观点的。整个人类社会的变革、发展、进步是始终发生的事情，特别是人类社会进入工业化文明之后，这种变化速度越来越快。伴随着全球化不断深入，世界上的每一个国家都不可避免地被纳入到工业文明时代到来之后的现代化进程之中。从人类社会进入到工业文明时代起，现代化的进程伴随着新航路的开辟和全球市场一体化脚步不可逆转地开始了。现代化不是一个简简单单的局限于单个或者少数几个国家内部的偶然局部性历史事件，而是一个普遍的世界历史事件，首先是从西方国家开始，然后逐步蔓延到美洲、亚洲、非洲等国家。这是影响各国现代化历史实践的基本历史背景。"这一历史体系起源于15世纪后期的欧洲，它在空间上不断扩张，到19世纪后期囊括了整个地球。"① 马克思说："人们的世界历史性的而不是地域性的存在同时已经是经验的存在了。"② 现代化社会转型在宏观上是从"人的依赖"的社会向"物的依赖"的社会的转变③。

对于中国、俄罗斯、朝鲜、韩国、日本而言，现代化进程是这几个国家或主动或被动进入到工业文明体系之后时刻发生的事情。首先，日本在第一轮世界性资产阶级革命浪潮中完成了其自身的资产阶级革命（虽然不彻底，保留了天皇，因此也就有了二战后的政治转型），经济较早地进入到工业化体系之中，虽然二战期间受到重创，但自明治维新起一百多年的积累，日本工业基础特别是现代社会特质的社会基础仍然存在，因此日本战后在美国的援助下得以迅速的崛起，仅仅用了30年左右的时间再次成为仅次于美国的经济大国。其次，俄罗斯虽然曾是帝国主义链条中最薄弱的一环，二战对其也造成了巨大的破坏，但自从十月革命胜利后它业已建立起了完善的重工业体系，因此战后也迅速成为与美国分庭抗礼的超级大国之一。最后，中、朝、韩的现代化进程有着共同的特点，那就是它们都是在二战后开始以整

① 〔美〕伊曼努尔·沃勒斯坦：《历史资本主义》，北京：社会科学文献出版社，1999，第2页。
② 《马克思恩格斯选集》第1卷，北京：人民出版社，1995，第86页。
③ 雷龙乾：《中国社会转型的哲学阐释》，北京：人民出版社，2004，第64页。

个国家为整体，自觉、主动谋求各自现代化进程的。朝鲜和韩国由于各自所在阵营的支持和自身的努力，在经济上于20世纪60~80年代都取得了长足的发展。以二战结束为一个时间节点，将全球开始进入信息化时代的时间作为参照系，我们不难看出战后两个周期在东北亚这五个国家是渐次并行出现的。战后日本利用大约十年的时间（1946~1955年）迅速恢复了工业化成果后，很快步入后工业化时代；韩国则由于朝鲜战争和自身原有基础的影响比日本迟了十年左右的时间才开始其后工业化进程；苏联及中国战后通过高度集中的计划经济体制迅速恢复和建立起了各自的工业体系，但由于种种原因，两国的经济在20世纪70年代左右出现问题，苏联的局面一直到其解体也未能扭转，中国则选择了改革开放，从而扭转了局面，实现了经济的迅速增长。朝鲜由于受到社会主义阵营的极大影响，其经济发展同苏联几乎在同一时期进入困难时期，随之而来的苏联解体和东欧剧变，打破了冷战状态的均势平衡，安全成为朝鲜的第一需要，发展则成了相对次要的问题，因此，朝鲜实行了"先军政治"，在国际反朝势力的封锁和其国内自然灾害等综合因素的共同影响下，朝鲜开始了"苦难的行军"。

"西方很多学者根据马克思的只字片语断言马克思主义理论也是一种单线发展理论，实际上，马克思从未把东西方社会的发展模式与发展道路混为一谈。马克思关于西欧从封建社会向资本主义社会过渡的研究及其理论明显只能限于西欧各国，他坚决反对把西方资本主义发展道路解释为'一切民族，不管他们所处的历史环境如何，都注定要走这条道路'，'马克思的历史发展观是多线式的而不是单线式的，至少他晚年的观点是明显的一元多线历史发展观'。"[1] 我们除看到社会转型的普遍性，即转型大方向的趋同性外，还必须注意到每个国家社会转型的特殊性。从"转型期"、"二元社会"、"新二元社会"等社会转型的相关概念问题上可以看出，当前对不同国别的社会转型的不同特质、基本属性问题的研究还是不够深入的。例如，尽管在研究中国社会转型方面已经取得了很多成果，但必须看到迄今最有影响力的理论分析框架主要来自于国外，在问题研究的范式、分析工具，乃至理论逻辑体系方面，无不带有这种舶来品的烙印。无视"市场经济体制"、"中国经济转型模式"的中国特色社会主义基本制度安排，认为按照西方市

---

[1] 郭定平：《韩国政治转型研究》，北京：中国社会科学出版社，2000，第6页。

场经济制度框架的理论，完全可以解释中国自我主导的、自主创新的社会转型过程、性质、目标和价值，进而使西方社会扮演了社会转型指导者和先行者的角色，甚至有人以西方的资本主义制度作为社会主义转型的主要方向，抹杀中国独立自主的社会主义制度的探索。国内学术界普遍把党的十一届三中全会以来的中国社会发展、社会变迁过程及其基本状态称为"转型期"、"二元社会"、"新二元社会"。这个中国经济转型模式研究是对中国改革开放道路的总结和概括，但这个提法相对于"中国新时期社会转型"而言，是明显带有中性的概念。如果仅仅停留在这些概念范畴和表达，就不能完全反映中国新时期社会转型的文明性质，不能站在中国人民的立场上总结和反映中华民族改革开放的独特的历程，因而容易背离中国社会发展的历史和现实进程的主流分析框架。阐释中国新时期社会转型及其内在基本属性的目的：在于说明新的历史时期中国经济社会发展历史进程的定位问题；在于分析、判断区别于古今中外任何社会转型的基本性质问题；在于描述和解释当代中国社会转型的现实和未来发展的过程、方向、目标的文明性质问题。其他国家转型研究也是如此。

各国发展进步有快有慢，对于社会秩序、制度的探索有成功也有失败，国家作为一个政治单位，同时也作为一个相对独立的人群单位和经济单位，对于自身制度的完善和自身发展进行了各自不同的努力。社会转型从本质意义上说，是代表历史发展趋势的实践主体，自觉推进社会变革的创造性实践活动。特别在较晚一些才走上现代化道路的社会中，社会变化具有强烈压缩的特点。这些后发展的国家较之于发达国家有更加强烈的发展愿望，希望尽快赶上甚至超过其他国家（至少是在某些特定领域：经济总量、军事实力、国际地位、生活水平等方面）。后发展国家在现代化过程中其经济、文化、行政管理、政治等方面传统的惰性和它现存的社会结构、体制之间存在的一系列巨大差距把这些国家置于一种远非平衡的境地之中，这就使得这些国家的社会转型过程中在经济、组织动员和行政管理等方面更加自觉地进行政府干预，这也使这些国家的社会转型具有了明显的自觉性特质。后发展国家在转型过程中采取了各自不同的方式，如激进式转型和渐进式转型等方式。激进式转型，即实施激进而全面的改革计划，在尽可能短的时间内进行尽可能多的改革。大多数学者把俄罗斯和东欧"休克疗法"的经济改革称为激进式转型。激进式转型注重的是改革的终极目标。渐进式转型注重的是改革过程，通过部分的和分阶段的改革，在尽可能不引起社会震荡的前提下循序渐进地实现改革的目标。多数学者把中国"摸着石头过河"的经济改革看做渐进式转型。观察当前世界上以国家为单位的社会转型，典型的还有这样几个社会转型模式（有的学者称其为经验）：在20世纪80年代中期和90年代前后，拉美国家纷纷开始进行经济改革，涉及贸易开放、金融自由化、国企私有化、税收制度、劳工市场等领域改革，改革取得了一定成效，有学者将其归纳为"拉美模式"，其中以巴西和墨西哥最为典型。20世纪50年代起，韩国、日本以及泰国、菲律宾、马来西亚、印度尼西亚等国实现了经济的快速发展，学者将这些国家的经验总结为"亚洲模式"。以上这些后发展的国家在其现代化进程中都具有各自政府主动干预的特点，本书中涉及的这五个国家也都具备这样的特质。

社会转型是一个内涵丰富的概念，它是包含在特定时代中的一个社会的历史、现实和未来发展趋势的总和，是对特定时代一个社会发展变化的经济、政治、文化、社会等状况及其影响因素的总概括。与这个社会转型的丰富的内涵相适应，各个国家社会转型理论也应该包括两个方面的内容：一是对该国传统的经济、政治、文化历史的描述、判断和解释。任何时期的社会转型都不能回避历史的变迁和发展。二是对该国当前现实的经济、政治、文化、社会历史的描述、判断和解释。这是社会转型的更重要的方面，不仅包含着时间和空间两个方面的规定性，而且包含着社会转型的现实和未来发展的过程、方向、目标的文明性质问题。一个国家的社会转型，作为当前现实不仅传承和积淀着历史文化传统，而且包蕴着未来社会发展的种种可能和趋势；而作为一种时间和空间的存在，一个国家当前现实社会转型与当前整个世界的发展、变迁处于复杂的、纵横交错的关系之中，它以当前整个世界的发展、变迁作为自己存在、变迁和发展的外部环境，又是当前世界文明发展的一个不可分割的组成部分。正因为如此，也不能忽视转型的国际环境。

大约从20世纪50年代中期开始随着农业时代和工业时代的衰落，人类社会正在向信息时代过渡并跨进第三次浪潮文明，社会形态是由工业社会发展到信息社会。它的影响随之扩展到各个领域。首先，信息产业化成为历史发展不可逆的趋势，发达国家的经济结构再次被调整，产业结构由制造经济向信息经济转化。其次，在生产方式上，由规模经济向非规模经济和聚合经济过渡。再次，从组织结构看，组织结构由层序化向分子化结构演变，非集权化成为组织结构改革的主导方向。它表现在国家层面上就是由于组织结构的"分子化"过程和国际化组合，民族国家的地位和形式不可避免地受到新概念的挑战，全球开始出现各种类型的区域组织。最后，多目标社会效益和民主参与，成为企业和政府的重要价值观念。当今时代是以信息或知识为基础的时代，最主要的资源是全社会可以共享的信息资源，人们的文化价值观念更强调社会资源、知识资源、政治资源以及人力资源。

信息化成为当今世界各国发展的大背景。首先，与发展中国家的工业化过程并行，发达国家正出现以信息技术为主的后工业化扩散周期，因此在全球就形成了两个周期并行、交叉、重合的局面，由此对社会的产业结构、生产活动方式、全球经济结构、组织结构、管理决策等诸方面产生了深刻而久远的历史性变化。其次，国际性产业结构调整成为全球性趋势，从而促进了新经济秩序的出现和世界经济发展中心的转移。在一个历史时期内，世界经济所出现的以互相依赖、分工合作、协同发展（当然同时隐含着更加激烈的竞争）为主要内容的国际经济新秩序，以及由此建立而出现的经济发展中心东移趋势，成为信息时代经济和社会发展的显著特征。再次，由于信息和信息技术的巨大作用，政治、经济、文化等各方面的全球化已经成为不可回避的现实和趋势。市场和生产中心的全球化、信息技术的全球化、资产的全球化、企业组织全球化以及商业竞争全球化等引起国家间、企业间经济关系和政治格局的变化。最后，国际社会信息化正在成为历史趋势，使得国家和人民在政治、经济和文化的各个方面都更加相互依存。伴随着信息技术的冲击，这种全球性依存关系影响并改变着国际政治过程和经济文化关系。

从国际政治的角度看，20世纪80年代末90年代初，东欧剧变、苏联解体，世界社会主义遭遇严重挫折，这就决定了各国社会转型是在极其复杂多变的国际格局中推进的，国际格局的不确定性增加了转型的难度。当下各国的社会转型也是在复杂的国际环境中实现的。我们必须承认某些突发的关键性的历史事件往往使社会变革或社会转型的速度加速或减慢，或者说会在这样一个进程中所采取的道路模式等都发生变化，直接或间接影响着现代化的速度和现代化绩效。因此，研究各国的社会转型，一定要把国际背景与其国内社会转型结合起来，一定要把复杂多变的国际环境、国际背景考虑进来。冷战的结束对于日、韩、朝、俄、中的社会转型和本区域内的国际社会都有着深刻的影响，因此冷战结束成为本书考察各国社会转型的一个时间切入点和事件切入点。

第二节　考察社会转型的经济和政治维度

人类进入工业化社会后产生了公共管理理论，依据公共管理理论，整个人类社会基本包括了三个部门：第一部门——政府；第二部门——企业（公司）；第三部门——非经济组织或非政府组织（所谓非政府组织是相对于第一部门而言的，非经济组织是相对于第二部门而言的）。第一部门主要为人类社会的进步提供安全保障和政治制度，第二部门主要为人类社会的进步提供物质财富和经济制度。随着经济的不断发展和人类社会自身不断的文明进步，作为专政工具的国家（政府）和经济单位的企业不断向第三部门让渡权利，进而形成所谓的公民社会（马克思经常在一般意义上使用市民社会概念，用以指称与政治国家相对应的私人活动领域，尤其是私人的物质交换关系）。这与马克思主义历史唯物史观的认识是基本一致的。马克思主义历史唯物史观认为人类社会包括了经济基础和上层建筑这两个基本对立统一的范畴，人类社会的进步是这一对对立统一的矛盾不断发展的结果。因此，从总体上分析人类社会的转型应该包括这样的两个维度，即经济转型的维度和政治转型的维度。

一　经济转型的维度

布哈林首先使用了"经济转型"的概念，经济转型（transition）或经济转轨（transformation）是指一种经济运行状态转向另一种经济运行状态。就经济转型的概念而言，经济转型是指一个国家或地区的经济结构和经济制度在一定时期内发生的具有根本方向性的变化。具体地讲，经济转型是经济体制的更新与重构，是经济增长方式的转变，是经济结构的变化和提升，是作为经济支柱产业的替换，是国民经济体制和结构发生变化的过程。这种转变有四个关键要素：转型目标模式、转型初始条件、转型过程方式和转型终极条件。初始条件转变为终极条件非常重要，不同的经济运行条件必然会导致不同的运行路径依赖，产生不同的结果。仁者见仁，智者见智，不同的学者对经济转型的表述及研究的侧重点均有不同，中文文献往往以"改革"、"转型"、"渐进"和"转化"来描述。我们认为，经济转型不是社会主义社会特有的现象，任何一个国家在实现现代化的过程中都会面临经济转型的问题。即使是市场经济体制完善、经济非常发达的国家，其经济体制和经济结构也并非尽善尽美，也存在着现存经济制度向更合理、更完善经济制度转型的过程，也存在着从某种经济结构向另一种经济结构过渡的过程。

按经济转型的状态划分，经济转型可分为体制转型和结构转型。体制转型是指从高度集中的计划再分配经济体制向市场经济体制转型。体制转型的目的是在一段时间内完成制度创新。结构转型是指从农业的、乡村的、封闭的传统社会向工业的、城镇的、开放的现代社会转型。结构转型的目的是实现经济增长方式的转变，从而在转型过程中改变一个国家和地区在世界和区域经济体系中的地位。经济结构包括产业结构、技术结构、市场结构、供求结构、企业组织结构和区域布局结构等。因此，结构转型又包括产业结构调整、技术结构调整、产品结构调整和区域布局结构调整等。另外，有的学者把经济转型的状态分为四类：经济体制转型、经济发展战略转型、经济增长方式转型、经济结构转型。

世界经济转型的历史是一部传统产业改造提升的历史，又是一部新兴产业崛起的历史。世界各地在经济转型的过程中，尽管有许多新兴产业的崛起和发展，但是除了一些资源型产业因资源枯竭而退出历史舞台外，传统产业并不会因经济转型而成为终结者，相反传统产业会在经济转型中得到更大程度的改造和提升。新兴产业在发展过程中，由于缺乏强有力的技术、市场和管理支撑，会遇到许多问题。只有在经过漫长而痛苦的孕育发展期后新兴产业才可能成为某个区域的支柱产业。

当下，世界经济的两个主要特征就是经济全球化和经济信息化的突起。在对全球资源和市场的竞争中，世界经济转向以商务电子化为代表的新经济。新经济在经济全球化和信息技术革命的带动下，以生命科学技术、新能源技术、新材料技术、空间技术、海洋技术、环境技术和管理技术等七大高科技产业为支撑的经济形势愈发明显，高科技成为经济发展的强大引擎。纵观20世纪70年代以来全球经济转型，无不把科技放在了突出位置。转型的主要任务是开发和应用先进技术、工艺和装备，提高产品质量、扩大出口和控制污染。转型的方向是发展高科技，用科技化带动产业化。因此，大力发展高科技企业，开发具有自主知识产权的高科技产品，提高高科技产品的市场份额和在国民经济中的比重，使高科技产业化是经济转型的必然方向。

回顾世界经济发展的历程，世界经济时时刻刻都处在转型之中。生产力发展的进步性使得经济发展过程中必须不断解决自身发展遇到的矛盾和问题，这个自身不断修正、解决矛盾的过程便是经济转型。在经济转型作用于可持续发展的过程中，政府发挥着极其重要的作用。虽然社会基层是推进经济转型的中坚力量，但是离不开政府的作用。政府在经济转型中起着调整生产关系、合理分配生产资源、引领科技进步的作用，其作用发挥的优劣，直接影响经济转型的绩效。

二　政治转型的维度

政治转型理论是当代比较政治学的发展成果。二战以来，政治发展研究推动了当代比较政治学的长足发展，它在研究的范围上有了进一步的扩大，对第三世界国家的研究成了新的研究领域。20世纪五六十年代，"现代化"理论成为主导，认为政治发展是从传统社会向现代社会的过渡。到了20世纪70年代，亨廷顿的政治制度化理论成为主导，认为"基本问题不是自由，而是创立一个合法的公共秩序。当然，人民可以有秩序而没有自由，但他们不能有自由而没有秩序。必须先有权威，然后才能对它加以限制。而那些进行现代化的国家中，政府为离心离德的知识分子、飞扬跋扈的上校们及骚乱闹事的学生所左右和摆布，少的恰恰就是权威"[1]。

"1974年南欧葡萄牙独裁统治不复存在；希腊军人政权解散；1975年西班牙弗朗哥独裁统治结束；1978年巴拿马开始文官政府；1990年海地军人政府倒台；几乎同一时期，拉美14个军人执政国家先后实现了所谓的'还政于民'。"[2] 基于这样的国际政治现实，20世纪80年代以来，许多发展中国家进行了政治改革，相继出现了政治转型，并对传统政治发展理论形成挑战，政治转型理论越来越受到关注。"尽管在各个不同的国家和地区，政治转型呈现出很多复杂性和很大差异性，然而，它们还是具有许多共同特征：第一，这种政治转型以整个社会政治权力结构的变化为基本特征，而不是政治领导人的权力更替，有的甚至不存在重要政治领导人的变更；第二，这种政治转型具体表现为国家重大政治制度的变化，通常是重新制定宪法，而不仅是政策取消的变化；第三，这种政治转型是以经济、社会和文化方面的快速发展和深刻变革为基础，而不仅局限于政治领域；第四，这种政治转型主要是自然成长，是旧体制的危机不断加剧和新体制的因子不断发育的结果，是新旧体

---

① 亨廷顿等著《变动社会的政治秩序》，上海：上海译文出版社，1989，第8页。
② 曾昭耀：《政治稳定与现代化》，北京：东方出版社，1996，第206页。

制不断冲撞和磨合的产物，而没有以往经过革命或战争后的体制断裂。"①

政治的核心问题之一是政治权力的分配问题，进入近代社会以来，国家与社会的关系成为政治转型研究不可避免的问题。具体而言就是国家与市民社会之间在围绕整个社会共同体的控制权方面的权力分配关系。根据历史的经验，市场经济促进了现代化的进程，市场经济又必然产生市民社会，市民社会又是现代民主政治发展的必要基础。没有市民社会的充分和健康发展，就不可能形成完善和巩固的现代民主，在这种理论模式中，国家在经济社会发展中尤其是在发展中国家的经济发展中发挥着关键作用，有着相当重要的功能，国家的自主性和能力是能够促进经济增长的重要因素，国家本身的发展也构成社会政治发展的一个重大方面。不同国家自主性和发挥作用的程度有很多的不同，因此国家与社会的关系也呈现出不同的关系模式。

第一，强国家、弱社会。在这种情况下，国家明显支配着社会，如拉丁美洲和东亚的国家，这类国家的自主权力和国家的作用比较强，我们要分析的这五个国家基本都属于这种情况，这五个国家在转型的过程中，国家（政府）均担负起了强有力的控制角色，这也是这五个国家社会转型的共同特点。

第二，强国家、强社会。在这种情况下，国家和社会两者或处于持续的冲突和对抗之中，或处于相对较为平稳的良性互动关系状态之中。传统社会结构仍很坚固、传统社会势力仍很强大的国家，由于革命或独立运动又建立了较为强大的政治领导权，不可避免地与强社会产生矛盾和冲突。对于新兴工业化国家而言，国家仍维持着对大部分社会经济的控制。然而，不断发展壮大的社会势力对其构成持续性挑战，如果政治改革成功，强国家和强社会就可以和平共处、互相促进、共同发展，一旦政治改革失败，随之而来的便是社会动荡甚至是崩溃。

第三，弱国家、强社会。在这种情况下，国家相对较弱，但却有着与强国家同样强大或比强国家更强的社会。这样的国家往往是在革命、独立运动或权力的非正常转移后产生的。例如，在一些非洲国家，种族、部族等传统势力占支配地位，国家的建立和形成非常有难度，这样的国家有一定的自主性，但这种自主性不是来自赤裸裸的暴力，就是源于某宗主国的支持。因而，其政府严重缺乏合法性，国家能力也相对弱小。

---

① 郭定平：《韩国政治转型研究》，北京：中国社会科学出版社，2000，第9~10页。

第四，资源依赖型国家。这类国家的建立和巩固主要基于其拥有的丰富自然资源，国家通过发现、开发并输出资源，从而促进经济发展，并在此过程中实现对社会的重组。这类国家主要是一种分配型国家，由于国家无须从社会中抽取资源，也就不会对社会产生依赖性，因而国家在选择社会经济政策时就有更大的主动性和自主性。

当代政治转型的发生基本上都是建立在经济的快速发展、社会的持续分化、新兴社会阶层的兴起以及市民社会的不断成长基础之上的，是国家与市民社会之间进行博弈的结果，只是由于各国市民社会的发育程度不同、国家与市民社会之间的关系模式不同，所以才会存在一定的差别。

总的来说，可以将它们归纳为三种情况：

第一，当市民社会已经发育成熟时，权威统治仍然未能成功地推进政治改革和向民主政治转型的，这时社会矛盾和冲突异常尖锐，权威统治的合法性遭到质疑和挑战，国家内部开始分化甚至分裂，国家力量无法主导社会发展，不能适时进行主动变革、调整与市民社会的关系。最终，在市民社会的强大压力和冲击下社会失序，制度崩溃。这是一种激进式转型。

第二，当市民社会不断发展壮大时，权威统治逐步开放政治体系，建立更加民主和自主的政治体制，吸纳新兴社会力量，主动推进政治改革和向民主政治转型的。转型过程中，经济结构和社会结构都发生重大变化，中间阶层迅速壮大，经济现代化、社会多元化和文化世俗化促使市民社会日益壮大，这是一种渐进式转型。当代政治转型大多都是通过这种形式进行的，在20世纪60～70年代，许多发展中国家成功地推动了经济现代化，20世纪70年代末期，这些国家的市民社会不断向权威统治发起挑战，在这一过程中，权威统治的合法性基础逐渐削弱。于是，进入80年代以后，一些权威统治的国家纷纷通过"改革"、"革新"、"变革"或"调整"政治体制的方式，清算权威主义，逐步向民主政治过渡。

第三，当市民社会比较弱小时，缺乏政治转型基础和动力的。在这种情况下，即使开始政治转型，也不能得到持续和巩固。国家必须加强自己的自主权力和能力，全力以赴推动经济的快速发展。

第二章

冷战结束前后中国社会转型研究

第一节　中国选择了"改革开放"

一　冷战结束前后中国社会转型的国际环境

1966 年，中苏两党决裂，引起中苏两国国家关系恶化。1969 年，双方在珍宝岛和新疆边界问题上发生严重的武装冲突，几乎导致全面战争。20 世纪 70 年代后，苏联大肆扩张，中苏关系一直处于不正常的局面。中苏关系破裂，中国与社会主义阵营渐行渐远，中国逐步以独立自主的姿态开始对外交往。1972 年 2 月 21 日，美国总统尼克松访问中国，对中国进行为期七天的历史性访问。访问期间，尼克松总统会见了毛泽东主席，同周恩来总理进行了会谈。双方就国际形势和中美关系交换了意见，着重讨论了印支问题和台湾问题。1979 年 2 月 28 日，中美双方经过反复磋商，终于在上海发表了《中美联合公报》（又称《上海公报》）。《中美联合公报》的发表标志着中美两国关系正常化的开始，为此后中美关系的进一步改善和发展打下了基础，也为中国的改革开放创造了良好的国际环境。1979 年 1 月 1 日，中美正式建交。27 天后，时任国务院副总理的邓小平访美，成为第一位访问美国的新中国领导人。在美国的七天中，邓小平在美国开展了丰富多彩的外交活动，推动了中美关系的进一步改善。

在中美关系改善的背景下，中日建交也加快了步伐。1972 年 9 月 29 日，中日两国正式建交。周恩来总理和日本国总理大臣田中角荣在北京签署《中日联合声明》，宣布自该声明公布之日起，中华人民共和国和日本国之间的不正常状态宣告结束，"日本方面痛思日本国过去由于战争给中国人民造成的重大损失的责任，表示深刻的反省"；"中国政府宣布，为了中日两国人民的友好，放弃对日本的战争赔偿要求"。1978 年 8 月，中日两国政府缔结《中日和平友好条约》，10 月 22 日至 29 日，邓小平作为中国国家领导人，二战后首次正式访问日本。"这次访问，是为了出席互换《中日和平友好条约》批准书仪式，也是邓小平在酝酿中国现代化大战略的过程中所做的一次取经之旅。邓小平访问日本时正值中共十一届三中全会前夕，他作为中国改革开放的总设计师，心中正在勾画着改革开放的宏伟蓝图，脑中思考着中国将来如何富强。"在日期间邓小平在回答有关中国的现代化问题时明确指出："我们所说的在本世纪末实现的现代化，是指比较接近当时的水平。世界在突飞猛进地前进，那时的水平，例如日本就肯定不是现在的水平，我们要达到日本、欧洲、美国现在的水平就很不容易，要达到 22 年以后的水平就更难。我们清醒地估计了这个困难，但是，我们还是树立了这么一个雄心壮志。"①

中美建交、中日建交，邓小平访美、访日等一系列的外交活动，结束了中国同美、日等国家的冷战状态，开始了中国与西方国家关系的新阶段。这不仅使中国战略地位空前提高，而且也开创了有利于中国经济、贸易、科技、文化、金融等各方面的交流与发展的外部环境。为中国在 1978 年底启动改革开放，启动新一轮有方向、有目的的社会转型——邓小平同志在日本所讲的实现中国的现代化——开创了良好的国际环境。

此外，1983 年北京申办亚运会后，中韩两国民间交往日趋加强。1992年中韩两国正式建交。中美、中日、中韩建交，以及 1989 年戈尔巴乔夫访华、中苏关系恢复，有力地化解了东北亚地区的冷战格局，进一步改变了中朝苏（俄）对韩美日的冷战架构，稳定了东北亚局势，为未来的地区安全与经济合作准备了条件。

二 冷战结束前后中国社会转型的国内背景

长期实行的计划经济体制到这一时期已失去了它当初具有的效率与活力，计划经济体制指导下的生产生活效率低下，人民在相当一个时期内处于物质匮乏的贫困状态。时至 1976 年，中国经历了十年"文革"，经济、政

① 王泰平：《1978 年邓小平访问日本学到了什么？》，《政府法制》2009 年第 2 期。

治、文化等各项事业遭到了严重挫折。十年"文革"期间，在文化上，人民文化生活单调而匮乏，人民教育事业受到极大冲击，高考停止，高校基本停办，出现了长达十年的文化教育断层，这一影响时至今日仍然存在；在经济上，各种生产活动活力不足，社会基本处于无序状态，经济濒临崩溃边缘；在政治上，十年"文革"使人民基本处于高度的政治热情和盲从的各种运动之中，以意识形态为主要导向的政治高压状态依然存在，中国人民几乎同时失去了伟大领袖毛泽东和鞠躬尽瘁的人民总理周恩来。1976 年 10 月 6 日，"四人帮"被捕，随之而来的是"两个凡是"，1977 年 2 月 7 日《人民日报》社论向全国发出号召："凡是毛主席做出的决策，我们都坚决维护；凡是毛主席的指示，我们都始终不渝地遵循。""两个凡是"的问题仍然是路线问题，即关系到中国今后怎么办，中国以后向何处去的根本性问题。1978 年 5 月 10 日，针对这样一个问题，《理论动态》第 60 期发表了《实践是检验真理的唯一标准》一文，在全国范围内展开了关于真理标准的大讨论，终于在全国上下使思想基本得到了统一。1978 年 11 月 14 日，经中共中央批准，中共北京市委宣布：1976 年清明节，广大群众到天安门广场沉痛悼念敬爱的周总理，愤怒声讨"四人帮"，完全是革命行动。对于因悼念周总理、反对"四人帮"而受到迫害的同志，一律平反，恢复名誉。

　　1978 年 11 月 10 日至 12 月 15 日，中共中央工作会议在北京举行。邓小平作了题为《解放思想，实事求是，团结一致向前看》的讲话，主要内容是：第一，解放思想是当前的一个重大政治问题；第二，民主是解放思想的重要条件；第三，处理遗留问题为的是向前看；第四，研究新情况，解决新问题。这篇讲话成为随后召开的党的十一届三中全会的主题报告，成为开创建设有中国特色社会主义理论的宣言书。1978 年 12 月 18 日至 22 日，中共十一届三中全会在北京举行。全会确立了解放思想、实事求是的思想路线，否定了"两个凡是"的错误方针，果断地停止使用"以阶级斗争为纲"的错误口号。全会提出，要在解放思想、实事求是、有错必纠的方针指导下，审查和解决历史上遗留的重大问题和一些重要领导人的功过是非问题；决定在党的生活和国家政治生活中加强民主，加强党的领导机构和成立中央纪律检查委员会。十一届三中全会是新中国成立以来我党历史上具有深远意义的伟大转折。全会形成的以邓小平为核心的中央领导集体，开始承担起艰巨的使命。1981 年，中国共产党十一届六中全会通过《关于建国以来若干历史问题的决议》，中国共产党的拨乱反正基本完成，对中国社会主义现代化建设道路作出了初步的理论概括，构成中国特色社会主义理论的雏形，在党的十二大上提出"把马克思主义的普遍真理同中国的具体实践结合起来，走自己的道路，建设有中国特色的社会主义"科学命题，为中国社会转型、建设有中国特色社会主义奠定了基本的思想和指导原则。

第二节　中国腾飞与"中国模式"

一　中国经济转型与快速发展

（一）中国经济体制转型

中国共产党有计划有步骤地领导了经济体制转型的全过程，中国共产党的十二大提出了以计划经济为主、市场调节为辅的方针，而后十二届三中全会指出商品经济是社会经济发展不可逾越的阶段，社会主义经济是公有制基础上的有计划的商品经济；根据实践，十三大提出了社会主义有计划的商品经济体制应该是计划与市场内在统一的体制，十三届四中全会后，提出建立适应有计划商品经济发展的计划经济与市场调节相结合的经济体制和运行机制。

中国经济体制改革首先在农村推开并取得突破性进展。1979 年，中国开始在农村实行家庭联产承包责任制。在坚持土地集体所有的前提下，把土地承包给农民家庭分散经营，到 1984 年底，占全国农户总数 98% 的农户实现了家庭联产承包经营。生产所得按照"交够国家的，留足集体的，剩下全是自己的"方式进行分配。1979 年起，国家连续大幅度提高农产品的收购价格，农民的积极性被极大地调动起来，中国农产品产量迅速提高。从 1985 年起，国家取消农副产品统购派购制度，实行合同收购的新政策，把农业税由过去的实物税改为现金税，基本上确立了国家与农民实行等价交换的关系。与此同时，逐步放开除城市居民口粮和食油以外的农产品的销售价格。进入 20 世纪 80 年代末 90 年代初，中国的乡镇企业异军突起，乡镇经济迅速发展，中国农村经济在农村经济体制改革的推动下，实现了全面发展。正如中国共产党十四大报告总结的："废除人民公社，又不走土地私有化道路，而是实行家庭联产承包为主，统分结合、双层经营，解决了中国社会主义农村体制的重大问题。八亿农民获得对土地的经营自主权，加上基本取消农产品的统购派购，放开大部分农产品价格，从而使农业生产摆脱长期停滞的困境，农村经济向着专业化、商品化、社会化迅速发展，广大城乡人民得到显著实惠，带动了整个改革和建设事业。乡镇企业异军突起，是中国农民的又一个伟大创造。它为农村剩余劳动力从土地上转移出来，为农村致富和逐步实现现代化，为促进工业和整个经济的改革和发展，开辟了一条新路。"①

1984 年，中国共产党的十二届三中全会通过了《中共中央关于经济体制改革的决定》，它突破计划经济和商品经济对立的传统观念，提出公有制基础上的商品经济的理论。以扩大全民所有制企业经营管理自主权为标志，开启了中国城市经济体制改革，自 1984 年至 1987 年，国务院先后发布 13 个文件，放权给企业，使企业在生产计划、产品购销、价格制定、资金使用、劳动人事、机构设置、内部分配和横向联合等方面有了一定的自主权。截至 1987 年年底，国有大中型企业中有 80% 以上的企业实行了多种形式的承包经营责任制。在国有小型企业中，推广了租赁经营责任制，并且在一部分国有企业中进行了股份制试点，对煤炭、冶金、有色金属、石油、石油化工、铁路、邮电等 7 个行业实行了投入产出包干。在企业内部，国有工商企业实行厂长（经理）负责制，其中大部分企业实行了厂长（经理）任期目标责任制和任期终结审计制。普遍落实企业内部经济责任制，实行劳动报酬与企业经营成果和个人劳动贡献挂钩的多种分配方式。从 1986 年 10 月起，全民所有制单位对新招用工人全部实行劳动合同制，并对职工实行待业保险制度。

除此之外，1979 ~ 1986 年中国还施行了一系列密集的改革措施：（1）商业实行多种所有制形式、多种经营方式、多条流通渠道和减少流转环节的改革，改变了过去消费品统购包销的制度，进行农村供销体制改革，进一步活跃了城乡市场。（2）改革金融体制，基层金融组织自主权逐步扩大，短期资金市场迅速发展。（3）改革价格体系，先后放开小商品、农产品和部分工业消费品的价格，对能源、交通、原材料价格进行调整，对煤炭、钢材等重要物资实行价格"双轨制"，即计划内产品实行固定价格，超计划产品按市场价格自销。初步改变过去实行单一固定价格和全部产品由国家定价的做法，形成了国家统一定价（固定价）、国家指导价（幅度浮动价）和市场调节价（自由价）相结合的新的价格体系。（4）从 1983 年开始，企业利改

① 《江泽民文选》第一卷，北京：人民出版社，2006，第 214 ~ 215 页。

税。(5) 1985 年 7 月起，对国家机关干部和事业单位的公职人员实行了以职务工资为主的新的结构工资制度改革。(6) 1979 年 7 月开始，福建、广东两省实行灵活政策和特殊措施，对外开放。1980 年，又陆续开放深圳、珠海、汕头、厦门 4 个经济特区。1984 年开放了沿海 14 个港口城市和海南岛，兴办 13 个经济技术开发区。1985 年开放长江三角洲、珠江三角洲和闽南三角地带。随后又逐步开放山东和辽东两个半岛。从 1980 年开始，先后在全国 72 个大中城市进行综合改革试点，对 9 个城市实行计划单列，赋予省一级经济管理权限，在 16 个中等城市进行城市政府机构改革试点，在 5 个城市进行科技体制改革试点，在 17 个大中城市进行住宅商品化试点，并在全国 1/3 的地区实行市带县的新体制。1982 年，开始取消原来的人民公社制度，恢复乡（镇）、村政权机构，政府开始重新定位自身的职责。

进入 20 世纪 90 年代，国际局势突变，苏联解体、东欧剧变，美国学者福山发表《历史的终结》一文，认为苏联解体、东欧剧变、冷战的结束标志着共产主义的终结，历史的发展只有一条路，即西方的市场经济和民主政治。人类社会的发展史就是一部以自由民主制度为方向的人类普遍史。自由民主制度是人类意识形态发展的终点，是人类最后一种统治形式。从此之后，构成历史的最基本的原则和制度就不再进步了。今后世界向何处去、社会主义命运将会如何、中国今后怎么办等一系列问题也摆在了中国人面前，加之改革过程中出现的一系列问题，国内一部分人开始对改革失去信心，在这样的背景下，1992 年春，中国改革开放的总设计师邓小平在南方视察过程中发表了一系列讲话，他指出：(1) 革命是解放生产力，改革也是解放生产力，必须坚持党的十一届三中全会以来的路线方针，关键是坚持党的"一个中心、两个基本点"的基本路线，一百年不动摇。(2) 要加快改革开放的步伐，不要纠缠于姓"资"还是姓"社"的问题讨论，改革开放的判断标准主要看是否有利于发展社会主义社会的生产力，是否有利于增强社会主义国家的综合国力，是否有利于提高人民的生活水平，要警惕右，但主要是防止"左"，计划和市场不是社会主义和资本主义的本质区别。(3) 发展才是硬道理，要抓住有利时机，集中精力把经济建设搞上去，发展经济必须依靠科技和教育，科技是第一生产力。(4) 要坚持两手抓，两手都要硬，在整个改革开放过程中，必须始终注意坚持四项基本原则，反对资产阶级自由化。(5) 正确的政治路线要靠正确的组织路线来保证，要注意培养人，按照"四化"标准选拔人才进入领导层，要反对形式主义，学马列要精，要管用。(6)坚持社会主义信念,社会主义在经历了一个曲折的发展过程后必然代替资本主义,这是历史发展的总趋势。

邓小平的判断在关键时刻给中国的改革进程注入了信心。1992年9月,中共十四大报告把中国经济体制改革的目标模式确定为建立社会主义市场经济体制。随后,中国开启了国有企业的公司制股份制改革;1994年,进行了分税制改革;20世纪末开展了以明晰产权为中心的集体企业改革;2001年经过艰苦的谈判,中国正式加入世贸组织;2002年启动国有资产管理体制改革;2003年以来,财政向公共财政转型;2005年,上市公司股权分置改革……一系列的改革,使社会主义市场经济体系不断健全和完善,充分释放了束缚于体制内的生产力能量,中国的各项事业得到长足发展,到2000年末,如期实现了基本达到小康水平的总目标。

(二)中国经济结构转型

中国1978年启动改革以来,经济体制转型与经济结构转型基本是同时启动的,经济体制的转型促进和推动了经济结构的不断转型,并且,为经济结构转型提供了不竭的改革动力。

中华人民共和国成立后,长期实行计划经济体制,财富的分配方式基本是按照对于人的身份界定为标准和依据的,人口被人为划分成了城镇户口人口和农村户口人口,由于户籍的差别,城市居民和农村居民在公共产品、公共服务以及财富分配等方面存在着巨大差距。户籍的限制,使农村人口长期被束缚在土地上,由于计划经济的产品分配关系,农业产品作为商品流通只能在私下里进行,因此农村在较长的一段时期内处于相对落后状态,作为农村人口的农民在较长时间内处于相对贫困的状态。随着家庭联产承包责任制的实行和深入,农村生产力得到极大解放,农村剩余劳动力不断增加,20世纪80年代,伴随着国家粮食等产品凭票供应制度的取消和户口限制的降低,农村剩余劳动力人口于20世纪90年代开始(除部分在乡镇企业就业之外)大量涌进东南沿海各城市,形成了中国独特的一个群体——农民工群体。大量农民工的涌入,使得东南沿海的劳动力变得富余而廉价,这为中国东南沿海地区在90年代承接日本、韩国、中国台湾、美国、欧洲等国家及地区的劳动密集型产业转移提供了天然的条件,东南沿海各省的加工业迅速发展,很快便成为全球的加工厂,中国的对外出口额不断上升,在拉动经济增长的投资、出口、消费"三驾马车"中一枝独秀,有力地支撑了中国经济的迅速发展。

然而，伴随着第一代农民工逐渐衰老，西部大开发政策、东北老工业基地振兴政策的出台，一大批农民开始选择在家乡就业。1999 年，中国实行大学扩招政策，一大批比起他们的父辈更有知识的新生代农民工迅速成长起来，这一群体对工作环境、薪金水平等有了新的想法和要求，加之计划生育政策效果开始显现，中国老龄化速度加快，结构性用工荒问题开始在中国显现。随之而来的，中国开始了大规模的撤乡并镇，中国的城镇化进程开始加速。

特别值得注意的是，长期的外贸出口为中国积累了雄厚的外汇储备，使得 1998 年亚洲金融危机时中国得以实现经济软着陆，并帮助东亚各国和中国香港顺利渡过了危机。凡事有利即有弊，长时间的出口增长使得投资特别是消费对经济增长的拉动力显得尤为不足，加之上文提到的劳动力的结构性短缺和越南等东南亚国家廉价劳动力的国际竞争，中国的劳动力优势已不如从前明显，为此，经济结构的转型升级成为中国不得不解决的问题。为此，中国适应信息时代的要求，提出了建设创新型国家战略，并在中国"十二五"规划中，明确提出转变经济发展方式的要求。

二 改革开放后的中国政治转型进程

经济基础决定上层建筑，上层建筑又反作用于经济基础，上层建筑与经济基础相得益彰是中国保持平稳较快发展的有力保障。经济的飞速发展得益于中国政治改革的不断深入。

《党和国家领导制度的改革》的讲话为中国政治改革指明了方向，明确了任务。1980 年 8 月 18 日至 23 日，中共中央政治局（扩大）会议召开，邓小平作了题为《党和国家领导制度的改革》的讲话，这成为中国进行政治体制改革的指导性文件。报告明确了政治体制改革的长远目标——建立高度民主、法制完备、富有效率、充满活力的社会主义政治体制；近期目标——建立有利于提高效率、增强活力和调动各方面积极性的领导体制。

报告指出政治体制改革内容包括：（1）党政分开。党政职能分开，划清党组织和国家政权的职能，理顺党组织与人民代表大会、政府司法机关、群众团体、企事业单位和其他社会组织之间的关系，做到各司其职，并且逐步地走向制度化。（2）进一步下放权力。凡是适宜于下面办的事情，都由下面决定和执行。（3）改革政府工作机构。按照经济体制改革和政企分开的要求，合并裁减专业管理部门和综合部门内部的专业机构，使政府对企业由直接管理为主转变到间接管理为主。适当加强决策咨询和调节、监督、审计、信息部门，转变综合部门的工作方式，提高政府对宏观经济活动的调节控制能力。（4）改革人事制度。对"国家干部"进行合理分解，改变集中统一管理的现状，建立科学的分类管理体制；改变用党政干部的单一模式管理所有人员的现状，形成各具特色的管理制度；改变缺乏民主法制的现状，实现干部人事的依法管理和公开监督。建立国家公务员制度。（5）建立社会协商对话制度。提高领导机关活动的开放程度，重大事情让人民知道，重大问题经人民讨论。（6）完善社会主义民主政治的若干制度。理顺共产党和行政组织、群众团体的关系。更充分地尊重选举人的意志，保证选举人有选择的余地。抓紧制定新闻出版、结社、集会、游行等法律，建立人民申诉制度，使宪法规定的公民权利和自由得到保障。加强社会主义法制建设、使社会主义民主政治一步一步走向制度化、法律化。1982年第五届全国人大第五次会议上正式通过并颁布了第四部宪法，从而将《党和国家领导制度的改革》的许多内容通过立法程序上升为宪法规范，为全面改革和政治民主化提供了法律保障。

经过30多年的努力，中国政治体制改革取得了明显的效果，正如胡锦涛在2011年"七一"讲话中指出的那样："改革开放以来，我们党总结发展社会主义民主的正反两方面经验，明确提出没有民主就没有社会主义，就没有社会主义现代化，人民当家做主是社会主义民主政治的本质和核心。我们坚持推进政治体制改革，在发展社会主义民主政治方面取得了重大进展。我们废除了实际上存在的领导干部职务终身制，确保了国家政权机关和领导人员有序更替。我们不断扩大人民有序政治参与，人民实现了内容广泛的当家做主。我们坚持和完善中国共产党领导的多党合作，深入开展政治协商、民主监督、参政议政，发展最广泛的爱国统一战线。我们建立健全深入了解民情、充分反映民意、广泛集中民智、切实珍惜民力的决策机制，保证决策符合人民利益和愿望。我们建立健全广纳群贤、人尽其才、能上能下、充满活力的用人机制，为各方面优秀人才建功立业开辟了广阔渠道。我们形成了中国特色社会主义法律体系，我们党自觉在宪法和法律范围内活动，支持人大、政府、政协、司法机关等依照法律和各自章程独立负责、协调一致开展工作。我们建立健全权力运行制约和监督体系，保证党和国家机关按照法定权限和程序行使权力。事实充分证明，中国社会主义民主政治具有强大生命力，中国特色社会主义政治发展道路是保证人民当家做主的正确道路。"①

具体而言：从中华人民共和国成立一直到 20 世纪 80 年代初的 30 余年时间里，由于缺乏具体的法律法规等各种各样的原因，中国党和政府的干部存在着事实上的终身制。改革开放后，邓小平同志着眼于国家的长治久安，提出废除干部职务终身制。1982 年 1 月 13 日，邓小平在中央政治局会议上谈到要老同志让路，让中青年干部上来接班的问题时，把它比喻为"一场革命"，并疾呼：这场"革命"不搞，让老人、病人挡住比较年轻、有干劲、有能力的人的路，不只是四个现代化没有希望，甚至要涉及亡党亡国的问题，可能要亡党亡国。在全党的推动下，1982 年 9 月党的十二大党章规定："党的各级领导干部，无论是由民主选举产生的，或是由领导机关任命的，他们的职务都不是终身的，都可以变动或解除。"并且将国家各种最高职务的每届任期为 5 年、连续任职不得超过两届的规定在 1982 年通过的《宪法》中确定了下来。

三 发展中的问题与"中国经验"

（一）发展中存在的问题

中国 1978 年开始的社会转型过程是相对落后国家采取高效率的途径，通过有计划、分步骤的政治体制优化、经济技术改造和学习世界先进科学技术进而启动广泛的社会变革，以较快速度追赶世界先进工业国和适应现代世界环境的发展过程。② 社会转型、体制转轨，从本质上讲都是在打破原有的利益格局的基础上构建新的利益分配格局的动态性过程。整个这样一个过程在极大增加国家财富、社会财富的同时也引发了由于利益分配不均衡导致的贫富差距的问题。在满足民众利益诉求的同时，也激发了民众更大的利益预期和利益诉求。这样一个过程是整个社会结构变化的一个动态过程。社会结构的变化，新体制逐步替代旧体制的过程也是新旧体制之间相互博弈的过程，是代表新旧两种体制的两类人群的利益重新划分的动态过程，由此势必引发各种利益矛盾和冲突。在经济上就表现为：经济运行机制和自然生态机制的矛盾、经济发展与自然协调的矛盾、社会进步与社会公平正义的矛盾等。具体表现在：中国经济的粗放型特点导致环境污染问题严重，中国整体

① 胡锦涛：《在庆祝中国共产党成立 90 周年大会上的讲话》，2011。
② 罗荣渠：《现代化新论》，北京：北京大学出版社，1993，第 138 页。

环境恶化，人与自然关系不协调；东、中、西部收入差距拉大，城乡收入差距不断扩大，各阶层收入差距逐渐扩大，财富分配不协调即人与人之间关系不协调；经过30多年的改革开放，社会生产力获得了长足发展，人民生活水平有了显著提高，社会物质文明日益发展并进入繁荣时期，但是精神文明建设、生态文明建设、政治文明建设却没有能够跟上现代化的步伐，由于旧的价值体系逐渐失效，新的价值体系尚未完全形成，物质文明与精神文明、生态文明、政治文明发展不平衡导致部分人群人生观与价值观的扭曲，新时期的伦理道德与价值取向并没有随着物质文明的快速发展而同步前进。一些社会成员出现了心理失衡，人内心出现了不协调。

社会分化的加速，新阶层的出现，使社会的异质性增加，转折时期的曲折与失衡必须要靠清醒而理智的思想进行分析解决。展望今后的道路，持续深化改革的困难与机遇同时存在，改革可能因为旧体制存在的问题长时间得不到合理解决而导致改革成本的增加，这样既会引发既得利益集团的反对，又可能会削减对于改革持认同和支持态度人群的承受能力，增加改革的政治风险成本。在改革过程中，各种寻租现象客观存在，这会对持续改革和加快经济发展造成伤害。另外，对改革的不确定预期，诱发了全社会普遍的短期行为，这也将可能引发传统体制的反弹与回归。渐进式改革所产生的双轨制培育出的既得利益集团，在面对下一步深化改革时的态度成为不得不考虑的要素，这些既得利益集团将可能成为进一步深化改革的阻力。

（二）具有中国特色的"中国经验"

中国自上而下启动、自下而上推动的波澜壮阔的社会转型经过全国人民的共同努力取得了举世瞩目的成绩。改革开放，是中国共产党人面对中国实际、面对社会主义实际、尊重实践、尊重人民意愿所作出的关键抉择，是顺应历史潮流所作出的战略选择，更是实现中华民族伟大复兴的必由之路。正是30多年的改革开放，使中国成功实现了从高度集中的社会主义计划经济体制到充满活力的社会主义市场经济体制的伟大历史转变；正是改革开放，使中国成功实现了从封闭半封闭到全方位开放的伟大转折；正是改革开放，使长期困扰中国人民的贫穷落后的短缺经济状况从根本上得到改变，使人民的生活水平大幅度提高；正是改革开放，使中国的国际竞争力和国际地位空前提升；正是改革开放，使中国人民的观念、精神面貌发生深刻变化，许多曾长期窒息人们思想的旧的观念、陈腐的教条受到了巨大的冲击，解放思想、实事求是、开拓创新、与时俱进已经成为人们观念、精神状态的主流。

30 多年的改革开放孕育和促成了中国新时期社会转型，改革开放实践始终成为中国新时期社会转型过程的基础和前提。

中国 1978 年社会转型的成果为世人所公认，是成功的，其成果举世瞩目，其经验值得学习。渐进式改革、实现现代化是中国此次社会转型的成功经验，按照邓小平同志的提法就是"摸着石头过河"，在坚持四项基本原则的前提下，在发展中解决发展中遇到的各种问题。这种渐进式的改革最具体的做法就是先搞试点，成功经验全国铺开。最明显的就是从经济开放区到沿海城市开放带，再到经济发达的城市集群，以东部带动中部，以中部拉动西部这个循序渐进的格局的逐步实施。中国的这种做法把摸索的成本尽最大可能降到了最低，尽最大可能以最小的改革成本换取了适合于中国国情、适合于中国经济社会发展的成功模式和经验。中国人民在不断的实践基础上不断总结经验，形成了一套适合于自己的理论，那就是建设有中国特色社会主义的一整套理论体系，它包含了每一个时期中国经验的理论总结，它是马克思主义中国化的理论成果。某些西方国家出于种种目的和原因将其概括为"北京共识"，但正如温家宝在回答记者提问时讲到的，不存在中国模式。我们认为，如果说"中国经验"、"中国模式"有值得学习的地方的话，那么就只有实事求是的态度和求真务实的实干作风是值得学习的。因为对于世界其他国家而言，由于具体的时空环境不同，具体的国情不同，中国的经验是根本不可能被复制的，这是需要实事求是的，是不可以"一刀切"、照搬照抄的，至于西方一些学者所讲的"北京共识"、"中国经验"、"中国模式"，甚至宣扬用"北京共识"挑战"华盛顿共识"，是很不妥当的。

第三节　中国社会转型的文明性质与
和谐社会构建

一　中国社会转型的文明性质

阐释冷战结束前后中国社会转型及其内在基本属性的目的：在于说明新的历史条件下中国经济社会发展历史进程的定位问题；在于分析、判断区别于古今中外任何社会转型的基本性质问题；在于描述和解释当代中国社会转型的现实和未来发展的过程、方向、目标的文明性质问题。

无论从时代背景来看，还是从其基本属性上看，我们认为应该把十一届三中全会以来的中国社会转型称为"中国新时期社会转型"。当前国内学术界从中国社会转型的时间界定角度普遍认为：目前中国的社会转型以党的十一届三中全会或改革开放为开端，把从农村到城市，从经济领域波及各个领域或各个方面的改革、发展变化过程看做中国社会转型。但至今一般没有或不是冠以"中国新时期社会转型"这样一个名称。从字面上看，这个概念的主旨很明确：改革开放以来的中国社会转型，既不同于西方国家发生的社会转型，也不同于中国历史上的社会转型（其中包括中华人民共和国成立到改革开放前的社会转型）。怎样从学理上进一步解释这个概念？仅仅借用西方社会学中的社会转型概念是不能解释清楚的。这是因为，当今世界的社会转型已经是一个内涵丰富的概念，它是包含在特定时代的一个社会的历史、现实和未来发展趋势的总和，是对特定时代的一个社会发展变化的经济、政治、文化、社会的状况及其影响因素的总概括。与这个社会转型的丰富的内涵相适应，中国新时期社会转型理论也包括两个方面的内容：一是对中国传统的经济、政治、文化、社会历史的描述、判断和解释。任何时期的社会转型都不能回避历史的变迁和发展。正因为如此，毛泽东在谈到中国的具体实际时曾说："我们这个民族有数千年的历史，有它的特点，有它的许多珍贵品质……今天的中国是历史的中国的一个发展；我们是马克思主义的历史主义者，我们不应当割断历史。从孔夫子到孙中山，我们应当给以总结，承继这份珍贵的遗产。"[1] 二是对中国当前现实的经济、政治、文化、社会历史的描述、判断和解释。这是中国当前社会转型的更重要的方面，不仅包含着时间和空间两个方面的规定性，而且包含着当代中国社会转型的现实和未来发展的过程、方向、目标的文明性质问题。中国新时期的社会转型，作为中国的当前现实不仅传承和积淀着中国的历史文化传统，而且包蕴着中国未来社会发展的种种可能和趋势；而作为一种时间和空间的存在，中国的当前现实社会转型与当前整个世界发展和变迁处于复杂的、纵横交错的关系之中，它以当前整个世界的发展、变迁作为自己存在、变迁和发展的外部环境，又是当前世界文明发展的一个不可分割的组成部分。与此同时，也不能忽视转型的国际环境，因为新时期社会转型是在复杂的国际环境中实现的。特别是20世纪80年代末90年代初，东欧剧变、苏联解体，世界社会主义遭遇严重挫折。这就决定了改革开放以来中国的社会转型是在极其复杂

---

[1] 《毛泽东选集》第二卷，北京：人民出版社，1991，第533～534页。

多变的国际格局中推进的，国际格局的不确定性增加了转型的复杂性和难度。因此，研究中国新时期社会转型，一定要把国内社会转型和国际社会转型的研究结合起来，一定要把复杂多变的国际环境、国际背景考虑进来，认识到中国转型中的机遇与挑战。正因为这样，目前社会转型问题研究的当务之急是界定、阐释"中国新时期社会转型"的属性。

（一）改革开放的历史性是中国新时期社会转型的时代性属性

中国 30 多年改革开放的历史性实践，开辟了一条独特的社会转型道路，创造了经济转型的中国奇迹，形成了世界瞩目的"中国经验"、"中国模式"，完全可以说，改革开放的历史性是中国新时期社会转型的时代性属性。

任何社会转型或社会发展、社会变迁都是在一定的历史背景中实现的。从国际上看，第二次世界大战后，西方发达国家、发展中国家和社会主义国家都掀起了一股不可阻挡的改革潮流，试图开辟一条自己的社会转型道路，创造社会转型的奇迹。它极大地促进了世界的发展变化。就社会主义国家来说，有一些国家的改革始终起色不大，后来由于改革方向和政策措施出现偏差，导致其社会制度的演变或突变，最终改革以失败而告终。但中国改革是积极稳步推进的，可以说是世界近现代改革史中最成功的案例之一。而发生在这个时期的中国新时期社会转型不可能也不能远离改革开放这个中国共产党领导的在新的历史条件下进行的伟大实践，它深深根植于改革开放、融入改革开放，又在改革开放中端倪渐显。新的历史时期的最显著特点是改革开放，中国新时期社会转型以改革开放为主要时代背景。

中国新时期社会转型以改革开放为主要时代背景，走中国特色社会主义道路为实践基础，不可避免地凸显了与古今中外的社会转型所不同的诸方面特点。其根本性质上与通常所说的发达资本主义国家的社会转型的区别在于中国社会历史条件、社会性质、转型的基础、领导力量和具体的道路。历史条件不同，中国由一个半封建半殖民地社会跨越到社会主义社会，现在仍然正处于社会主义初级阶段；社会性质不同，是指在社会转型中始终坚持中国特色社会主义方向；转型的基础不同，是指中国现今的社会转型是从社会主义计划经济体制结构向市场经济的转变，这与发达国家从早期的非市场经济或以农业为主的自然经济向市场经济的过渡有着根本的区别；领导力量不同，社会转型是在共产党的领导下，有计划有步骤地进行；具体的道路是走具有中国特色社会转型的道路，不能照搬别国社会转型的模式。党的十一届三中全会把对外开放列为基本国策，这是经济社会发展的必然要求，

是由传统社会向现代社会跨越的历史性选择。改革开放以来，中国逐步形
成了全方位的对外开放。对外开放的内容，在实行经济技术对外开放、充
分利用世界各国先进的科学技术和管理经验来提高国内的生产效率和管理
水平、增强经济发展的科学技术含量、依靠现代科学技术解放和发展生产
力的同时，推进思想文化的开放，吸纳各国一切优秀文化成果，并与中国
传统文化有机融合，形成有利于改革开放和社会主义现代化建设健康发展
的舆论力量、价值观念、道德规范和文化条件；对外开放是全方位、立体
的对外开放，与对内辐射相结合，全面促进和带动中国的经济发展和社会
进步。

（二）　中国特色社会主义实践性是中国新时期社会转型的方向性属性

中国社会制度和国家制度决定了中国新时期的社会转型是以中国特色社
会主义发展为主题的社会发展问题的一种表达。纵向来看，可以肯定的是自
1978 年底开始的改革开放和新的历史时期，标志着中国社会进入了从传统
社会向现代社会转型的明显加速发展期。如前所述，这指的是"中国新时
期社会转型"。然而，无论怎样划分中国近现代社会转型的基本阶段，怎样
概括不同阶段社会转型的基本特征，其区别不在于有无世界性背景，而主要
在于是否能形成"自我主导性社会转型"，在于其实践主体是什么，也在于
转轨变型的基本性质和方向。

中国社会转型从本质意义上说是代表历史发展趋势的实践主体自觉推进
社会变革的创造性实践活动。正因如此，"中国新时期社会转型" 30 多年过
程的核心解读是中国人民在中国共产党的领导下对中国特色社会主义的社会
理想、目标和理念的追求和实践。这同样是改革开放 30 多年中国经验的概
括，因而不是也不可能是虚无缥缈的空想。这是因为，中国特色社会主义实
践是中国改革开放以来最基本的社会转轨变型实践。我们赞成这样一个观
点，在某种意义上说，中国新时期社会转型是社会主义基本制度的自我完善
和自我发展，这是因为，对于中国来讲，社会转型与社会发展几乎是同等意
义上的发展概念，是执政党和政府有领导、有组织、有计划、有步骤、有目
标地推动的，对社会过程、目标、方向起着决定性的支配作用。邓小平指
出："如果没有共产党的领导，不搞社会主义，不搞改革开放，就呜呼哀哉
了，哪里能有现在的中国？"① 中国特色社会主义道路和中国特色社会主义

① 《邓小平文选》第三卷，北京：人民出版社，1993，第 326 页。

理论体系是决定新时期社会转型性质和特点的根本保证。正如胡锦涛所指出的那样："改革开放以来我们所取得的一切成绩和进步的根本原因，归结起来就是：开辟了中国特色社会主义道路，形成了中国特色社会主义理论体系。"①

当然，我们不能否认的是关于中国现代社会转型问题的提出和研究一开始就是带着比较明显而消极的缺陷出场的，这主要是因为对此的研判基本上是倾向于社会发展或演变的结果，并不是关注过程、理想、目标、理念；与此同时，也忽视了社会转型的主体内容和推动社会转型的主体力量之间的界限，只认定转型的主体是社会结构，认定转型是从一极向另一极发展的要求和趋势，却忽略了中国正在发生的现代社会转型是与过去任何类型的中外历史上社会转型根本不同的"自我主导性战略性社会转型"，对实际存在的中国特色现代社会转型的促进动力和力量缺乏关注。而目前新的时代境遇下进行的中国现代社会转型的研究，克服新时期社会转型问题研究的种种学术缺陷与执政党和政府战略决策层面的缺陷，使其真正成为执政党和政府决策课题，要真正超越过去的工作，这就需要将其视为中国特色社会主义主题下的一个重要研究领域，在与社会主义和谐社会的构建问题通盘考虑的基础上，渐次展开使其真正形成和上升为分析当代中国社会发展的历史与现实进程的主流分析框架下的工作。显而易见，对此的认识、讨论和关注不能仅仅局限在结果形态的，而应当更多的是理念、过程和目标的；不能仅仅关注一般形态的"社会转型"与"和谐社会"，而应当关注"中国特色"的特点和优势；不能仅仅局限在学术界的"持续深入的研究"，而应当是与中国和谐社会构建问题同步的或互为关照的执政党和政府自觉的基本认识和判断。但是，以往对中国现代社会转型的研究，通常是在相关文献和现实发展问题这两个方面互为关照，从文献梳理中提出问题，这样与中国和谐社会构建相比较而言，并没有真正形成和上升为分析当代中国社会发展的历史与现实进程的主流分析框架，这就至少存在着在提出问题的源头和上层建筑层面的差异性。如何评价中国新时期社会转型，这又是中外判断中国社会发展进程和方向的一把标尺。中国现代社会的发展方向，特别是改革开放以来的发展方向一直是国内外关注的热点问题，而人们关注的往往是具体的也是抽象的，但

---

① 《胡锦涛在党的十七大上的报告》，http://news.xinhuanet.com/newscenter/2007-10/24/content_6938568_1.htm。

不能回避也无法回避的是中国社会发展的过去和现在的对比，现在和将来的发展趋势，其中更多地包括基本制度和具体制度、社会性质和社会形态，既包括广义的社会转型，也包括狭义的社会转型。正因为这样，中国现代社会转型问题，是社会历史发展的客观进程的反映，既是一个指针，又是一把标尺。因为这个命题的诠释必须指出中国社会建设和发展的方向，也必须凸显所要解决的问题。如这几年提出的坚持科学发展观、全面建设小康社会目标、加强中国共产党的先进性建设和执政能力建设、建设社会主义新农村、建设创新型国家、建设资源节约型和环境友好型社会、树立社会主义荣辱观、坚持和平发展道路、推动建设和谐世界等一系列执政治国方略，与之相联系、互相贯通，共同构成了中国现代社会转型实质性的主要内容。

中国现代社会转型的问题提出和探索与中国特色社会主义事业的总体布局息息相关。随着中国经济社会的发展，中国特色社会主义事业的总体布局更加明确地由社会主义经济建设、政治建设、文化建设三位一体发展为社会主义经济建设、政治建设、文化建设、社会建设四位一体。这是执政党和政府对什么是社会主义（什么是中国特色社会主义）、怎样建设社会主义（怎样建设中国特色社会主义）问题形成的新思想、新认识、新理论。无论是在广义上还是狭义上，中国现代社会转型都与中国特色社会主义事业的总体布局紧密相连，因而成为把握社会发展全局的一个重要切入点。

（三）执政党和政府的社会发展战略决策性是中国新时期社会转型的自我主导性属性

从任何意义上说，执政党和政府在目前中国社会转型中所具有的举足轻重的地位和发挥的重要作用，是任何政治行为主体所不能替代的，特别是在中国，在中国特色的连续强有力的政治行为主体与政治制度的有机统一的政治体系中更是这样。与此相联系，虽然正在改变的是，在改革开放之前的中国总体性社会结构中，执政党和政府几乎支配或垄断着全部重要资源的历史性状况，但不能也不需要改变执政党和政府在经济社会发展中应肩负的历史使命。正因为这样，我们研究和讨论中国特色现代社会转型，不能不涉及执政党和政府的已形成的基本理论、基本政策和基本判断。就中国和谐社会构建来说，已形成了执政党和政府的基本理论、基本政策和基本判断，而这已经是不争的事实。这是因为，与中国现代社会转型相比较而言，构建社会主义和谐社会有一个从点题到破题的比较完整的过程，而中国共产党的十六届六中全会通过的《中共中央关于构建社会主义和谐社会若干重点问题的决定》标志着构建社会主义和谐社会这个重大战略任务，开始实现从点题到进一步破题的重大转变。

中国现代社会转型从总体形式上（而不是实质上）尚未形成执政党和政府的基本理论、基本政策和基本判断。这里首先要回答中国自改革开放以来有没有名副其实的"自我主导性社会转型"。实际上，改革开放以后，中国经济社会和社会转型及其加速发展几乎成为学术界研究和国民的最大兴奋点。与此相联系，执政党和政府对这两个命题的关注也是实质性的。实际上，不可否认的是十一届三中全会以来中国共产党和政府的一系列路线、方针、政策都直接而且强有力地推动了中国经济社会更好更快发展。这是因为，改革开放以来中国一直面临着深刻的经济转型、政治转型、文化转型、社会转型和时代更迭。执政党和政府在改革开放进程中所形成的任何重大理论政策文件中虽然没有直接提出或表述中国现代社会转型的这个总体性的概念或术语，但是一直自觉或不自觉地体现和指向的是以中国特色的现代社会转型亦即中国特色社会主义为理想目标理念的。特别是十六大以来，中国共产党从实际出发，紧密结合全球化时代背景与中国的经济的、政治的等转型实践和经验，明确提出并贯彻落实了科学发展观和构建社会主义和谐社会等重大战略思想，从而为中国抓住战略机遇、推动多重社会转型、避免陷入转型陷阱提供了制胜法宝。社会转型与社会建设同样可以列为发展战略的有机组成部分。将社会建设列为经济社会发展战略的有机组成部分之一，是中国共产党的十六届六中全会审议通过的《中共中央关于构建社会主义和谐社会若干重点问题的决定》的一个重大内容。中国共产党的十六届六中全会，就已经提出了"加强社会建设和管理、推进社会建设管理体制创新"的要求。而现在进一步将经济、政治、文化、社会四个方面的"四位一体"的建设作为和谐社会的基础，表明社会建设已成为战略核心之一，这是中国国家发展战略的一个根本性升华。这个认识的深化、思路的明确、战略的确立，同样为将社会转型列为社会发展战略提供了理论基础。如前所述，如果不是这样，中国现代社会转型就不是生动活泼的历史与现实过程，就不是自我主导的转型，就没有实践基础，也没有经济基础、政治基础、文化基础和社会基础。如前所述，改革开放是中国新时期现代社会转型的时代性属性。从这个性质上看，中国现代社会转型是中国最终做出的"同世界文明发展接轨"的选择，因而是全球化时代的大事件。伴随着改革开放逐步制定和推行中国"富强、民主、文明、和谐"的社会发展目标，加速了中国经济社会发展的全方位的"透明度"，标志着中国在世界上的和平发展与崛起，对于终结冷战也产生了重要影响。如此重大而深刻的社会转型问题，迫切需要执政党和政府从战略上决策和运作，而这也充分说明，执政党和政府的社会发展战略决策性是中国新时期社会转型的自我主导性属性。

（四）人民性是中国新时期社会转型的价值性属性

与上述问题相联系，"以人为本"在坚持中国特色社会主义道路全过程中始终处于核心地位，深刻表明这是在开辟中国特色社会主义道路、形成中国特色社会主义理论体系全过程中始终追求的，是推动改革开放以来社会发展与社会变迁全过程的主要动因，因而也是中国新时期社会转型的价值性属性。

在新的历史时期社会转型的主要动因在于"以人为本"，在改革开放和现代化建设中坚持把"以人为本"作为核心内容，就是把人民群众的根本利益作为建设有中国特色社会主义建设的出发点和落脚点，这也是贯穿在中国新时期社会转型全过程的根本价值取向。

邓小平作为中国社会主义改革开放和现代化建设的总设计师，在形成和发展中国特色社会主义理论的过程中，始终尊重群众，热爱人民，总是时刻关注最广大人民的利益和愿望，把"人民拥护不拥护"、"人民赞成不赞成"、"人民高兴不高兴"、"人民答应不答应"作为制定各项方针政策的出发点和归宿。邓小平所倡导的理论和路线，以及与之相适应的一系列方针政策，从本质上体现着中国人民的现实利益和根本利益，始终贯穿着密切关注人民群众利益的唯物主义世界观和方法论。邓小平主张改革开放也是顺应了历史潮流，体现了人民的愿望。20 世纪 70 年代末，面对中国社会发展变迁的关键转折时期，面对国民经济已经到了崩溃的边缘的中国，邓小平同志深刻指出："贫穷不是社会主义，社会主义要消灭贫穷。不发展生产力，不提高人民的生活水平，不能说是符合社会主义要求的。"① 如果还不实行改革，我们的现代化事业和社会主义事业就会被葬送。邓小平又说："国家这么大，这么穷，不努力发展生产，日子怎么过？我们人民的生活如此困难，怎么体现出社会主义的优越性？……社会主义怎么能战胜资本主义？……不努力搞生产，经济如何发展？社会主义、共产主义的优越性如何体现？我们干革命几十年，搞社会主义三十多年，截至一九七八年，工人的月平均工资只

---

① 《邓小平文选》第三卷，北京：人民出版社，1993，第 116 页。

有四五十元，农村的大多数地区仍处于贫困状态。这叫什么社会主义优越性？"① 这是邓小平陪同金日成赴四川访问途中，一口气提出的六个严峻而忧虑的问题。何以解忧？唯有改革和发展。只有社会主义的改革开放，才能解放和发展生产力，不断改善和提高人民群众的生活水平，才能消灭贫穷、消除两极分化，实现共同富裕。从邓小平关于社会主义根本任务的一系列论述中也可以看出，发展生产力和人民的根本利益是一致的，一切有利于生产力发展的东西，都是符合人民利益的，离开生产力的发展，人民的生活水平上不去，只有发展社会主义生产力，才能提高人民的生活水平。总之，邓小平在建设有中国特色社会主义实践中，在搞清楚什么是社会主义、怎样建设社会主义等一系列论述中，把中国为什么必须选择社会主义道路这样重大的问题与广大人民群众的根本利益结合起来，并作为选择社会主义道路的根本价值尺度和根本价值取向，就是把中国特色社会主义道路的选择建筑在最广大人民群众的最大利益的基础之上，极大地影响了中国社会发展和社会变迁的文明性质、方向和目标。

如果说在中国改革开放以来，以邓小平为核心的中国共产党第二代领导集体，坚持以最广大人民群众根本利益为改革和发展的根本价值尺度和根本价值取向，并围绕着"什么是社会主义、怎样建设社会主义"这一主线，全面推进了中国经济社会发展的话，那么以江泽民为核心的中国共产党的第三代领导集体，在实践的基础上不断探索，坚持以最广大人民群众根本利益为改革和发展的根本价值尺度和根本价值取向，提出"建设一个什么样的党、怎样建设党"的问题，并以创立"三个代表"重要思想为标志，始终代表中国先进生产力的发展要求、中国先进文化的前进方向和中国最广大人民的根本利益，进一步回答了"什么是社会主义、怎样建设社会主义"，创造性地回答了"建设一个什么样的党、怎样建设党"的历史课题，开创了中国特色社会主义的新局面，也加快了中国新时期社会转型的良性循环。以胡锦涛为总书记的中共中央，在新世纪新阶段，从中国经济社会发展的阶段性特征出发，提出"实现什么样的发展、怎样发展"的问题，并在邓小平理论、"三个代表"重要思想关于发展问题的思想观点的基础上提出科学发展观。科学发展观的确立，全面建设小康社会的蓝图，以人为本、富民优先、科学发展、和谐社会等重要执政理念的提出，已经并且正在促进中国经

---

① 《邓小平文选》第三卷，北京：人民出版社，1993，第 10～11 页。

济社会又好又快地发展，开创经济建设、政治建设、文化建设、社会建设四位一体，全面可持续发展的新格局。这一切充分说明，以人为本，是中国共产党性质和宗旨根本体现，是邓小平理论、"三个代表"重要思想和科学发展观等重大战略思想中贯穿的一条基本线索，也是党和国家一切方针政策的出发点和归宿，因而也是经过 30 多年改革开放过程的中国特色的社会转型成功的基本经验。

二　新时期中国社会转型与构建和谐社会的思考

中国持续经历了 30 多年改革开放的风风雨雨之后，从急促的改革开放转为渐进的改革开放进程，中国学术界率先提出并在学术界范围内广泛关注和讨论中国现代社会转型问题①、21 世纪初提出并直接成为执政党和政府对中国社会发展的基本理念和判断的和谐社会构建问题②，都构成了分析中国经济社会发展的新的重要视角，也几乎是伴随着中国改革开放和现代化进程必然共生的复合性课题③。

与此相联系，对"中国特色的现代社会转型与和谐社会构建"这一主题所凸显的无论是"中国特色现代社会转型"还是"中国特色和谐社会构建"命题的核心解读是中国特色社会主义的社会理想、目标和理念的追求和实践。同样是明显具有马克思主义中国化进程的里程碑意义的思想认识成果，是半个多世纪中国经验的概括，因而不是也不可能是虚无缥缈的空想。这是因为，中国特色社会主义实践是中国改革开放以来最基本的社会转轨变型实践。

但是，关于中国现代社会转型问题的提出和研究一开始却是带着比较明显而消极的缺陷出场的，这主要是因为对此的研判是基本上倾向于社会发展或演变的结果，并不是关注过程、目标；与此同时，也忽视了"转型的主体内容"和"推动转型的主体力量"之间的界限，只认定"转型的主体是社会结构"，认定"转型是从一极向另一极发展的要求和趋势"，却忽略了

---

① 这里指的是 1992 年李培林在《另一只看不见的手：社会结构转型》（《中国社会科学》1992 年第 5 期）一文提出社会转型问题后，学界对此进行的广泛持续深入研究。

② 这里主要指的是党的十六届六中全会审议通过的《中共中央关于构建社会主义和谐社会若干重大问题的决定》。

③ 在本章中，中国现代社会转型几乎与中国新时期社会转型是等同的概念，所以，在本章中将这两个概念在同等意义上使用和阐发。

中国正在发生的现代社会转型是与过去任何类型的中外历史上社会转型根本不同的"自我主导性战略性社会转型",对实际存在的中国特色的现代社会转型的促进动力和力量缺乏关注。而目前新的时代境遇下进行的中国现代社会转型的研究,克服新时期社会转型问题研究的种种学术缺陷及执政党和政府战略决策层面的缺陷,使其真正成为执政党和政府的决策课题,要真正超越过去的工作,这就需要将其视为一个中国特色社会主义主题下的一个重要研究领域,在与社会主义和谐社会的构建问题通盘考虑的基础上,渐次展开使其真正形成和上升为分析当代中国社会发展的历史与现实进程的主流分析框架下的工作。显而易见,对此的认识、讨论和关注不能仅仅局限在结果形态,而应当更多的是理念、过程和目标;不能仅仅关注一般形态的"社会转型"与"和谐社会",而应当关注"中国特色"的特点和优势;不能仅仅局限在学术界的"持续深入的研究",而应当是与中国和谐社会构建问题同步的或互为关照的执政党和政府的自觉的基本认识和判断。但是,以往对中国现代社会转型的研究,通常是在相关文献和现实发展问题这两个方面互为关照,在文献梳理中提出问题,这样与中国和谐社会构建相比较而言,并没有真正形成和上升为分析当代中国社会发展的历史与现实进程的主流分析框架,这就至少存在着在提出问题的源头和上层建筑层面的差异性。

当然,这并不是说执政党和政府对于中国的现代社会转型问题毫无认识和关注,恰恰相反,同样一个不可否认的事实是执政党和政府在改革开放进程中所形成的任何重大理论政策文件中虽然没有直接提出或表述中国现代社会转型的概念或术语,但是一直自觉地体现的是以中国特色的现代社会转型亦即中国特色社会主义为理想目标理念的。如果不是这样,中国现代社会转型就不是生动活泼的历史与现实过程,就不是现实的自我主导的自觉转型,因而就没有实践基础,也没有经济基础、政治基础、文化基础和社会基础。

在这里丝毫无意抹杀"中国特色现代社会转型与和谐社会构建"的世界性背景及其框架。对此的认识和讨论不能离开其世界性背景及其框架。我们很赞成有位资深国际事务专栏作家的相关论述:"检讨近代中国的历史,我相信,确有一只'看不见的手',世界历史逻辑之手,指挥着中国的历史进程,对中国的命运施加着巨大的影响。20世纪的中国历史,清晰地呈现出中国与世界的互动:中国的观念形态与世界主要的意识形态一起涨落,中国各种政治运动和力量与世界几种主要的政治运动共同兴衰,中国最终的选择与世界形势施加于中国的制约之间存在着深刻的内在联系"。"中国20世

纪的各种思潮、运动、选择，都不是孤立于世界之外的。世界历史深深地镶
嵌进中国历史之中，作为一种看不见的手，作为一种逻辑力量，影响着中国
的进程。"[①] 纵向来看，可以肯定的是自 1978 年年底开始的改革开放和新的
历史时期，标志着中国社会进入了从传统社会向现代社会转型的明显的加速
发展期，完全可以说，这是"中国新时期社会转型"。然而，无论怎样划分
中国近现代的社会转型基本阶段，怎样概括不同阶段社会转型的基本特征，
其区别主要不在于有无世界性背景，而主要在于是否能形成"自我主导性
社会转型"，在于其实践主体是什么，也在于转轨变型的基本性质和方向。

　　关于中国和谐社会构建问题是进入新世纪以后特别是十六大以后提出并
得到不断深化的，虽然与社会转型问题相比提出的稍微滞后，但是一开始就
从社会经济发展的实际问题和执政党执政能力入手明显增强了相关问题的问
题意识，得到了连续的强有力的政治体制的直接推动，从而也凸显了现实
性、全局性和战略性。不可否认，虽然提出问题的时间不长，但党的十六届
四中全会、五中全会的强调和持续深入研究，特别是以十六届六中全会为标
志，全面分析形势和任务，研究和部署构建社会主义和谐社会的若干重大问
题以后，在国内外引起了强烈的反响，学术界围绕着相关课题的研究在已有
的基础上正在进行持续深入亦可谓是新一轮的研究。

　　在这里特别要强调的是，在当代，认识、讨论和关注无论是中国现代社
会转型，还是中国和谐社会构建都应当置于中国特色社会主义道路及其理论
体系视角之下，其中包括科学发展观这个中国当代社会的最现实的时代视
角，唯有如此，才能从中国现实基本实践的源头上，在执政党和政府的战略
层面上，搞清楚二者的内在联系和合力问题。

　　"中国特色社会主义"这一主流分析框架，同样强调的是对中国现代社
会转型与和谐社会构建的认识和讨论，同样离不开科学发展观的世界观和方
法论指导。科学的发展观指明和昭示：无论是对现代社会转型，还是对和谐
社会构建所关注的都不应当是片面的、局部的、某一领域的发展变化，而必
须关注的是经济建设、政治建设、文化建设、社会建设四位一体建设的各个
方面发展变化。怎样从认清中国现实基本实践的源头上搞清楚二者的内在联
系和合力问题？怎样从真理性与价值性之统一的角度解析中国特色的现代社
会转型与和谐社会构建问题双重命题的同等程度范畴的现实价值？其逻辑前

---

① 张剑荆：《中国崛起——通向大国之路的中国策》，北京：新华出版社，2005，第 3 页。

提是在事实上如何判断，在学理上如何解释和说明中国特色社会主义视角下呈现出的其显著的特征及其内在联系和合力问题。

从任何意义上说，执政党和政府在中国现代社会转型与和谐社会构建中的举足轻重的地位，是任何政治行为主体所不能替代的，特别是在中国特色的连续的强有力的政治行为主体与政治制度的有机统一的政治体系中更是这样。与此相联系，虽然正在改变的是，在改革开放之前的中国总体性社会结构中，执政党和政府几乎支配或垄断着全部重要资源的历史性状况，但不能也不需要改变执政党和政府在经济社会发展中应肩负的历史使命。正因为这样，我们研究和讨论中国特色现代社会转型与和谐社会构建不能不涉及执政党和政府已形成的基本理论、基本政策和基本判断。就中国和谐社会构建来说，已形成了执政党和政府的基本理论、基本政策和基本判断，而这已经是不争的事实。这是因为，与中国现代社会转型相比较而言，构建社会主义和谐社会有一个从点题到破题的比较完整的过程，而党的十六届六中全会通过的《中共中央关于构建社会主义和谐社会若干重大问题的决定》标志着构建社会主义和谐社会这个重大战略任务，开始实现从点题到进一步破题的重大转变。

但是，相比较而言，中国现代社会转型与中国和谐社会构建——中国经验提出的这两个新问题，显然在执政党和政府的视角中主要是从总体形式上（而不是实质上）并不是等同的概念范畴和同等意义的概念命题。这里就中国现代社会转型来说，过去一般使用的转型概念，指的是工业化转型和市场化转型。世界银行在描述中国改革的时候，使用了"两种转型"的概念，即"从指令型经济向市场经济的转变和从农村、农业社会向城市、工业社会的转变"。世行认为，"这两种转型的相互作用和相互配合激发了快速增长"。同时，"这两种转型的合力，产生了强大的漩涡和逆流，它们是可能破坏稳定的潜在因素，而且总是难以预测"。两个转型是世行试图建立的解释中国当前趋势的理论框架。中国在官方文件中也使用"两个转型"的概念。①

为什么可以说中国现代社会转型从总体形式上（而不是实质上）尚未形成执政党和政府的基本理论、基本政策和基本判断？这里首先要回答中国自改革开放以来有没有名副其实的"自我主导性社会转型"。实际上，改革开放以后，中国经济和社会转型及其加速发展几乎成为学术界研究和国民最

---

① 张剑荆：《中国崛起——通向大国之路的中国策》，北京：新华出版社，2005，第36页。

大的兴奋点。与此相联系，执政党和政府对这两个命题的关注也是实质性的。实际上，不可否认的是十一届三中全会以来中国共产党和政府的一系列路线、方针、政策都直接而且强有力地推动了中国经济社会更好更快发展。这是因为，改革开放以来中国一直是面临着深刻的经济转型、政治转型、文化转型、社会转型和时代更迭。如前所述，执政党和政府在改革开放进程中所形成的任何重大理论政策文件中虽然没有直接提出或表述中国现代社会转型这个总体性的概念或术语，但是一直自觉或不自觉地体现和指向的是以中国特色的现代社会转型亦即中国特色社会主义为理想目标理念的。特别是十六大以来，中国共产党从实际出发，紧密结合全球化时代背景与中国的经济的、政治的、文化的、社会的转型实践和经验，明确提出并贯彻落实了科学发展观和构建社会主义和谐社会等重大战略思想，从而为中国抓住战略机遇、推动多重社会转型、避免陷入转型陷阱提供了制胜法宝。

前几年，学术界围绕着相关问题已经有很多具有中国经验的经典表述：认为"中国社会从传统社会向现代社会、从农业社会向工业社会、从封闭型社会向开放型社会的社会变迁和发展"；认为"社会转型是一个特定含义的社会学术语，是指社会从传统型向现代型的转变，或者说由传统型社会向现代型社会转变的过程，在这个意义上，它和社会现代化是重合的，同义的"；认为"社会转型是一种特定的社会发展过程，它包括三个方面：一是指社会从传统型向现代型转变的过程，二是指传统因素与现代因素此消彼长的进化过程，三是指一种整体性的社会发展过程"；认为"广义的社会转型是指人类社会从一种社会形态向另一种社会形态转变，这是一种质的变化；狭义的社会转型是指在同一个社会形态下，社会生活的某一个或几个方面发生了较大甚至较为激烈的变化，但是这种变化不涉及社会形态的变化，只是一种量变"；认为"社会转型是一种整体性发展，即包括经济增长在内的人民生活、科技教育、社会保障、医疗保健、社会秩序等方面的社会全面发展"；认为"应把社会转型提升到哲学层面来思考，即认为社会转型是代表着历史发展趋势的实践主体自觉地推进社会变革的历史创造性活动"；认为"从广义文化学角度看，社会转型就是文化转型，所谓文化转型，是指社会生活的各个领域、各个层面的整体性变革"；认为"社会转型意味着经济市场化、政治民主化、文化多样化，社会由此成为一个万象的图景"；① 也有

---

① 郭德宏：《我们该怎样看待社会转型》，2003 年 2 月 24 日《北京日报（理论周刊）》。

人认为中国的社会转型是"多重转型",包括以下几个基本的方面:一是工业化转型;二是市场化转型;三是知识社会转型;四是全球化转型;五是政府治理转型(民主化转型);六是上述几个方面的综合,是文明转型。① 凡此种种,都是自觉或不自觉地凸显了中国新时期社会转型就是同改革开放与现代化建设进程紧密相连的脉络,与此同时,为人们提供了认识和理解中国现代社会转型的不同角度和基本线索。

为什么说中国现代社会转型问题同和谐社会构建一样,不仅从实质上而且从总体形式上必须上升为执政党和政府的基本理论、基本政策和基本判断问题? 这是因为:

第一,中国的现代社会转型是当代中国社会的客观历史进程。这里同样存在思想符合实际、主观符合客观的问题。不管中国的现代社会转型的内涵如何界定、起始时间如何界定、阶段如何划分,它展示的是中国新时期改革开放已经引起的中国社会一系列重要变迁,同古今中外的社会历史发展中的任何社会转型一样,是客观社会历史的发展进程和社会变迁。要认识和掌握人类社会发展变化的规律,包括当前全面贯彻落实科学发展观、构建社会主义和谐社会等问题,必须深入研究这种决定社会发展方向、轨迹和各种发展形态的内在运行机制。其中不可避免地涉及中国现在建设什么样的社会、怎样建设中国社会的基本问题,而其中最具体、最频繁地涉及的是中国社会的转轨变型问题。

第二,这是中外判断中国社会发展进程和方向的一把标尺。中国现代社会的发展方向,特别是改革开放以来的发展方向一直是国内外关注的热点问题,而人们关注的是具体的也是抽象的,但不能回避也无法回避的是中国社会发展的过去和现在的对比、现在和将来的发展趋势,其中更多地包括基本制度和具体制度、社会性质和社会形态,既包括广义的社会转型,也包括狭义的社会转型。正因为这样,中国现代社会转型问题同和谐社会构建问题一样,是社会历史发展的客观进程的反映,既是一个指针,又是一把标尺。因为这两个命题的诠释必须指出中国社会建设和发展的方向,也必须凸显所要解决的问题。

第三,社会转型与社会建设同样可以列为发展战略的有机组成部分。将社会建设列为经济社会②发展战略的有机组成部分之一,是中国共产党的十

---

① 张剑荆:《中国崛起——通向大国之路的中国策》,北京:新华出版社,2005,第36~37页。

② 张剑荆:《中国崛起——通向大国之路的中国策》,北京:新华出版社,2005,第36~37页。

六届六中全会审议通过的《中共中央关于构建社会主义和谐社会若干重大问题的决定》的一个重大内容。党的十六届六中全会，就已经提出了"加强社会建设和管理、推进社会建设管理体制创新"的要求。而现在进一步将经济、政治、文化、社会四个方面的建设"四位一体"地作为和谐社会的基础，表明社会建设已成为战略核心之一，这是我们国家发展战略的一个根本性升华。这个认识的深化、思路的明确、战略的确立，同样为社会转型列为社会发展战略提供了理论基础。

第四，应把中国现代社会转型与中外历史上的任何社会转型区别开来。无论学界怎样界定和划分中国社会转型的阶段，在这里论及的中国现代社会转型是与迄今30多年的改革开放历程相匹配的，是与中国特色社会主义持续发展相联系的，其实质，乃是经济、政治、文化和社会的有序的自主型发展变化和时代更迭。

第五，改革开放是中国新时期现代社会转型的时代性属性。从这个性质上看，中国现代社会转型是中国最终做出的"同世界文明发展接轨"的选择，因而是全球化时代的大事件。伴随着改革开放逐步制定和推行的中国"富强民主文明和谐"的社会发展目标，加速了中国经济社会发展的全方位的"透明度"，标志着中国在世界上的和平发展与崛起，对于终结冷战也产生了重要影响。如此重大而深刻的社会转型问题，迫切需要执政党和政府从战略上决策和运作。

第六，中国问题和经验的核心：中国现代社会转型是多重转型的结合体。与此相联系，中国文明建设也是多重文明的建设，如与经济建设相对应的物质文明、与文化建设相对应的精神文明、与民主政治相对应的政治文明、与构建和谐社会相对应的社会文明。因此，从总体上分析中国现代社会转型是全方位的、多方面的、多重型的，它从来不是单一的，这是因为中国的所有问题，几乎都纠缠在一起。当然，我们对于中国多重转型也会有不同角度、不同层面的解读和理解，如有位学者认为，中国的多重转型，包括以下几个基本的方面：一是工业化转型；二是市场化转型；三是知识社会转型；四是全球化转型；五是政府治理转型（民主化转型）；六是作为上述几个方面的综合，是文明转型。

第七，中国现代社会转型问题的提出和探索与中国特色社会主义事业的总体布局息息相关。随着中国经济社会的发展，中国特色社会主义事业的总体布局更加明确地由社会主义经济建设、政治建设、文化建设三位一体发展为社会主义经济建设、政治建设、文化建设、社会建设四位一体。这是执政党和政府对什么是社会主义（什么是中国特色社会主义）、怎样建设社会主义（怎样建设中国特色社会主义）问题形成的新思想、新认识、新理论。无论是在广义上还是狭义上，中国现代社会转型都与中国特色社会主义事业的总体布局紧密相连，因而也是把握社会发展全局的一个重要切入点。

在上述初步分析中国现代社会转型问题必须与和谐社会构建问题同样上升为执政党和政府的战略决策的基本依据的基础上，在这里进一步分析中国特色的现代社会转型与和谐社会构建问题战略性层面上相比较的现实价值，其目的在于从真理性与价值性之统一的角度解析中国特色的现代社会转型与和谐社会构建问题双重命题的同等程度战略性范畴的现实价值。

以 1978 年十一届三中全会为标志，中国进入了改革开放和社会主义现代化建设新时期。经过 30 多年的改革开放，中国开创了中国特色社会主义道路，初步建立起社会主义市场经济体制，综合国力大幅度提高，人民生活显著改善，社会政治长期保持稳定，为全面建设小康社会、基本实现社会主义现代化开辟了广阔的前景。如前所述，现代社会转型与和谐社会构建问题，是新的历史时期中国经济社会发展进程中提出和探索的具有全局性、战略性的双重命题，是对中国现代社会发展规律的基本认识，也是对中国改革与发展进程的一种新的理解。但不能否认的是，无论是改革开放还是和谐社会构建、现代社会转型都有一个共同的发展特色：如果说在没有先例可循的昨天，中国走过的是一条被动的，以发展生产力为第一要务的有中国特色改革、和谐、转型之路的话，那么在社会主义市场经济日益完善的今天，中国需要的则是执政党和政府更积极主动、强调人与社会的和谐发展、具有普世的价值观，促进经济、政治、文化和社会全面发展的改革、和谐、转型战略。30 多年的改革开放，经历了很多探索，做出了很多尝试，采取了很多措施，实行了很多新的政策。集中起来，是要实现什么目标？要什么样的转轨变型？中国特色社会主义的现代社会转型与和谐社会构建的时代性，对于我们理解中国特色社会主义的现代社会转型与和谐社会构建的内在联系，具有重要的启示作用：其一，现代社会转型与和谐社会构建问题，是中国经济社会发展过程中所面临的具有全局性、战略性的问题。新时期中国社会转型已走过 30 多年的曲折发展历程，中国社会发生了令人瞩目的广泛而深刻的转型，而这种转型是前所未有的，也是剧烈的。只有深刻认识这种转型，才能使其从总体上上升到执政党和政府的战略决策层面。就新时期社会转型与和谐社会构建相比较而言，最重要的经验教训之一，就是没有将其在同等程度意义上纳入到总体的经济社会发展的战略决策层面上透彻地进行战略反思，即对"现代社会转型"问题，没有像"和谐社会构建"那样专门做出重大决定（比如十六届六中全会《中共中央关于构建社会主义和谐社会若干重大问题的决定》）。其二，对这双重命题的研究和解读，不能回避广义和狭义的双重视角。从狭义上是指中国特色社会主义事业"四位一体"总体布局中的"一位"即社会建设所指的社会；从广义上是指与中国特色社会主义事业"四位一体"总体布局相联系的社会。正因为如此，应从广义和狭义的有机结合上理解中国新时期社会转型与和谐社会问题及其概念，能使我们深刻理解其战略性层面上的重大意义。其三，双重命题必须置于中国特色社会主义这一"核心主题"的主流分析框架之下。过去对科学社会主义的理解通常有三个视角：一是理论；二是运动；三是制度。现在对中国特色社会主义的理解同样有这三个视角。正因为如此，阐释这一双重命题必须反思中国特色社会主义这一"核心主题"的主流分析框架。几年前，有位学者①以中国社会生活发生的广泛而深刻的变化为背景，特别是十一届三中全会以来改革开放新时期、新时代为背景，深入揭示了这种变化深层的社会转型。这位学者所概括的当代中国的社会转型包括10个方面：由权力社会转向能力社会；由人治社会转向法治社会；由人情社会转向理性社会；由依附社会转向自立社会；由身份社会转向实力社会；由注重先天给定社会走向注重后天努力社会；由一元化社会走向多样化社会；由人依赖社会走向物的依赖社会；由国家社会走向市民社会。而这个多方面的中国社会转型是有过程的，这个过程为构建和谐社会的运行机制提供了内在的实际根据，由此看来，无论新时期社会转型，还是和谐社会构建，都离不开中国特色社会主义这个总过程、总实践。其四，社会主义和谐社会的提出科学界定了中国现代社会转型的目标和任务。双重问题同样具有重要性和紧迫性，因而必须确证其指导思想、目标任务和原则。

不可否认，中国特色的现代社会转型与和谐社会构建问题所凸显的"中国现代社会转型"与"中国和谐社会构建"这两个命题从提出问题的角度上，有明显的区别：其一，如前所述，提出问题的时间背景有所不同。其二，提出问题的主体有所不同，前者仍然停留在学术界范围，而后者已上升

---

① 这位学者是中共中央党校哲学部教授韩庆祥。

到执政党和政府的决策层面。其三，与第二个区别相联系，二者提出问题的决策效应有所不同。我们也同样不可否认，无论从现代社会转型，还是从和谐社会构建的角度看，中国社会的发展仍然存在世人关注的问题。

为什么说中国特色的现代社会转型与和谐社会构建问题应视为同等程度的范畴呢？最主要的是因为：构建中国特色社会主义和谐社会命题的提出是中国特色社会主义的现代社会转型的理论和实践的必然要求。因此，必须从真理性与价值性之统一的角度解析中国特色的现代社会转型与和谐社会构建问题双重命题的同等程度范畴的现实价值。这个双重命题的提出为人们带来的不仅是一种具有颠覆性的观念，而且更有意义的是促使人们对以往中国社会发展进程的传统重新反思，由此形成对中国现代社会转型的重新定位。

第一，中国特色的现代社会转型与和谐社会构建这一双重命题，是对中国现代社会发展规律的基本认识和对中国改革与发展进程的一种新的理解。理论学术界以中国社会发生的广泛而深刻的变化为主要背景，对此的关注、认识和讨论是有先有后的，但可以肯定的是前者先于后者。对于前者在国内是在中国改革开放的新时期大背景下研究的，起步时间较早，一般认为是自20世纪90年代初开始对此持续深入地研究，而后者是进入新世纪以后特别是中国共产党的十六大以来提出并得到不断深化的。这一双重命题是分析当代中国社会发展历史与现实进程的新视角，是认识关于人类社会发展的中国经验的关键因素，是国内外判断中国社会发展历史、现状和未来的主要参照系。

第二，中国特色的现代社会转型与和谐社会构建这一双重命题的提出，就是要求坚持科学的发展观，规避社会转型的陷阱。社会主义和谐社会的提出，科学界定了中国现代社会转型的目标和应对转型陷阱的准绳。党的十六大以来，我们党从实际出发，紧密结合全球化时代背景与中国现代社会转型实践，明确提出并贯彻落实科学发展观和构建社会主义和谐社会等重大战略思想，从而为中国抓住战略机遇、推动经济转型、政治转型、文化转型、社会转型，避免陷入转型陷阱提供了制胜法宝。如前所述，中国现代社会转型问题同和谐社会构建问题一样，是社会历史发展的客观进程的反映，既是一个指针，又是一把标尺。中国特色的现代社会转型与和谐社会构建这一双重命题的提出表明，其目标和任务是坚持社会主义基本制度，在中国特色社会主义道路上，推动社会建设与经济建设、政治建设、文化建设协调发展。

第三，中国特色的现代社会转型与和谐社会构建这一双重命题的提出，既是对社会主义社会传统理解的反思和部分消解，又凸显科学社会主义中国化过程和现实。如前所述，对"中国特色的现代社会转型与和谐社会构建"这一主题所凸显的无论是"中国特色现代社会转型"还是"中国特色和谐社会构建"命题的核心解读是中国特色社会主义的社会理想、目标和理念的追求和实践，同样是明显具有马克思主义中国化进程的里程碑意义的思想认识成果，是半个多世纪中国经验的概括，并不是也不可能是虚无缥缈的空想。这是因为，中国特色社会主义实践是中国改革开放以来的最基本的社会转轨变型实践。

第四，与上述问题相联系，我们可以说，"中国特色的现代社会转型与和谐社会构建"这一双重命题所凸显的是中国特色社会主义核心价值观及其在现代社会转型和构建和谐社会中的重要地位、作用。仅就党的十六大之后，我们党形成的重大战略思想或重大战略决策，如全面建设小康社会、科学发展观、建设学习型社会、提高党的执政能力、加强党的先进性建设、建设创新型国家、建设社会主义新农村、构建社会主义和谐社会、构建社会主义核心价值观等，这些都是相互贯通、相互照应的属于全局性的问题，是中国特色社会主义核心价值体系重要组成部分，因此这一双重命题所凸显的是中国特色社会主义核心价值观及其在现代社会转型和构建和谐社会中的重要地位、作用。

第五，"中国特色的现代社会转型与和谐社会构建"这一双重命题所凸显的是中国特色社会主义发展的新的图景，是对中国现代社会发展的最基本状态的判断和追求，是分析当代中国社会发展历史与现实进程的新视角，是认识关于人类社会发展的中国经验的关键因素。

第六，"中国特色的现代社会转型与和谐社会构建"这一双重命题战略性层面的比较将弥补"中国现代社会转型"和"中国和谐社会构建"这两个命题的相互关系的整合性研究和综合性梳理相对缺失的问题，解决与马克思主义社会形态、社会结构理论结合性研究和梳理缺位的问题；凸显马克思主义社会形态、社会结构理论在"中国现代社会转型"和"中国和谐社会构建"中的基础理论作用和一个重要理论支撑作用。

第三章

冷战结束前后俄罗斯社会转型研究

第一节　冷战结束后俄罗斯社会转型的背景

"十月革命"在俄罗斯获得成功，俄罗斯开始了社会主义建设进程，高度集中的计划经济体制一度释放了其制度的优越性，除了战争时期以外，立国之后的经济一直发展较快。20 世纪 30 年代，经济一度高速发展，使得俄罗斯从一个落后的农业国迅速建设成为一个发达的工业国家，并一度与美国并列，是国际社会中的超级大国之一。俄罗斯的国民在此期间受到了良好的教育，国民素质得到了普遍性的提升。但与此同时应该注意到：为了取得这些进步，俄罗斯在经济、社会、人道和精神上付出了巨大的代价。所有这些合到一起，便是苏维埃时期的遗产。辩证而言，遗产对于后来的历史既有积极的也有消极的作用，但就由苏维埃精英集团创造并使用的社会控制工具和社会管制方式而言，由于历史的惯性，对后来的改革产生了巨大的影响。

"苏维埃制度的主要特色之一，是可称为双重（如果说不是三重的话）的标准之无处不在；正规的与非正规的因素在社会上以复杂的方式交相作用，而两者之间还有一个灰色领域。社会正规的一面是由官方组建、法律认可、意识形态奉为神圣的社会形象，人人都虚情假意歌功颂德。这种以假为真的现象实际上变成了国家规范社会的出发点，构成了政治决策、经济规划、意识形态论战以及科学研究的大环境。国家虽然设有各种民主机构，如议会、委员会、法庭、工会以及种种非政府组织等，但它们在社会上独立充当的角色、独立发挥的影响却微乎其微，真正的权力集中于党，它按照严格的等级制度组成，决策权高度集中，纪律严厉，重视保密。随着时间的推移，这个制度的局限开始浮出水面。由于它过于僵化，它在 20 世纪的后一半就不再能够跟上全球发展的加速步伐。苏维埃制度不具备内部的推动力和多维度的创新精神。……在 80 年代的苏联，范围广泛的多种社会政治力量达成一致看法，认为需要变化，虽然不同的社会群体对变化的性质和范围意见不同：（1）腐败的党内官僚特权人物预期将能自由享受他们暗中聚敛的财富，另一部分党内特权人物则为社会的未来担忧。（2）工业界头面人物要求较多的经济自由，解脱官僚主义的枷锁。（3）知识分子希望言论自由，能够公开而坦率地讨论社会上发生的种种事情。从事黑市交易和影子经济的人们要争取他们的活动合法化。所有这些群体都赞同变化。"① 鉴于以上的种种弊病，1985 年 3 月担任苏共中央总书记的戈尔巴乔夫于 4 月在苏共中央全会做出了"国家处于危机前的状态"的结论，并制定了国家进一步发展的战略和行动策略。在 1986 年 2 月苏共二十七大上，戈尔巴乔夫提出对经济体制进行根本改革的方针，并提出把"发展社会主义民主自由和社会主义人民自治"作为苏联政治体制改革的战略方针。1987 年 1 月，苏共中央全会制定了社会生活全面民主化的纲领，要求在加强社会主义民主原则、发展人民自治、增强公开性和开放性以及提升舆论多元化等方面大力开展工作。1987 年 6 月，苏共中央全会批准了《根本改革经济管理的基本原则》，要求把重心从以行政领导方法为主转到以经济领导方法为主上来，使管理工作广泛民主化。1989 年 5 月、6 月和 12 月，先后召开了第一、第二次苏联人民代表大会，逐步落实了苏共第十九次代表会议制定的政治体制改革的方案。总结戈尔巴乔夫改革的具体做法就是：在所有制关系上，从单一的公有制向多种所有制和经营方式过渡，实现国营、集体、合作社和个体四种所有制并存，推行租赁承包制；在管理体制上，使行政命令体制向经营管理体制过渡；在计划工作上，从单一的计划经济向计划经济与商品经济相结合、计划与市场相结合的模式过渡，把商品货币关系纳入到社会主义经济体系；实行对外开放；在政治体制方面，扩大民主，实行公开性；改组国家最高权力机构；废除领导职务终身制，实行任期制；明确划分党政职能，大力改组和精简党的机构；建立法治国家。② 但是这样的一系列改革带来的后果却是始

---

① 〔俄〕符拉基米尔·科隆泰：《俄罗斯社会转型研究》，《国际社会科学杂志》2000 年第 1 期。

② 聂运麟：《变革与转型时期的社会主义研究》，北京：社会科学文献出版社，2008，第 237 ~ 240 页。

料未及的。随着中央权力的下放，各加盟共和国的领导人开始寻求更大的自主权力。随着"公开化"的日益深入，苏共的历史问题和历史罪行得到揭露，这也导致其失去民心。尤其是在 1989 年，共产党在政治和经济方面积累的错误发生了总爆发，共产党及其政治目标在东欧国家日益不得人心，东欧国家的共产党政权纷纷倒台。苏联加盟共和国政府也纷纷效法东欧诸国，意图脱离苏联而独立。1991 年 8 月 19 日，苏共中的保守派发动了一场不成功的政变，试图收回下放给加盟共和国的权力，同时终止不成功的经济改革。但是，在人民、军队和大多数苏共党员的联合反对下，政变仅仅维持了 3 天便宣告失败。1991 年 8 月 24 日，苏联第二大加盟共和国乌克兰宣布独立，联盟开始走向解体。俄罗斯总统叶利钦下令宣布苏共为非法组织，并限制其在苏联境内的活动。在 1991 年年底，叶利钦与白俄罗斯及乌克兰的总统在白俄罗斯的首府明斯克签约，成立独立国家联合体（独立国家国协），以建立一个类似英联邦的架构来取代苏联。苏联其他加盟国纷纷响应，离开苏联，苏联在此时已经名存实亡。1991 年 12 月 25 日，苏联总统戈尔巴乔夫宣布辞职，将国家权力移交给俄罗斯总统。苏联作为一个主权国家正式停止存在。

第二节　俄罗斯的经济转型

一　俄罗斯的"休克疗法"

1991 年 10 月 28 日，叶利钦在俄罗斯第五次人代会上提出了俄罗斯的激进改革方案。这个改革纲领由副总理盖达尔亲自设计，在向国际货币基金组织提交的《俄罗斯联邦经济政策备忘录》中加以具体化和系统化。由于纲领规定的改革措施十分激进，又聘请杰弗里·萨克斯做顾问，因此盖达尔政府的经济改革又被称为"休克疗法"式改革。

所谓"休克疗法"，是 20 世纪 80 年代中期美国经济学家杰弗里·萨克斯在解决玻利维亚经济问题的过程中首先提出的。概括地讲，"休克疗法"是针对严重失衡的社会总供求状况，从控制社会总需求出发，采取严厉的行政和经济手段，在短时间内强制性大幅度压缩消费需求和投资需求，使社会总供求达到人为平衡，以此遏制恶性通货膨胀、恢复经济秩序的一系列办法的总和。这种政策调控带有明显的应急性质。因为社会总供求的平衡，不仅需要控制过剩的社会总需求，而且更重要的是要刺激低迷的社会总供给的有效增长。宏观经济运行的实践证明，前者在短时间内容易实现，后者却需要花费较长时间较大气力才能见到成效。"休克疗法"与渐进方式的区别不在于转轨的内容和目标，而在于改革的顺序和力度。具体而言，在宏观政策方面，"休克疗法"紧缩财政更为严厉；在经济自由化上，"休克疗法"主张采取一步到位的方式实现价格、外贸的自由化和货币的自由兑换；在私有化方面，强调迅速实现，为此不惜采取无偿分配的办法。第一，政府应中止价格管制，削减和取消补贴，应允许国际贸易，货币应当是兑换的。第二，取消对私营经济活动的限制。第三，通过私有化降低国有企业数量，国有企业真正进入市场竞争，取消对其补贴、廉价的贷款和税收减免，允许亏损企业破产。第四，确立或保持价格的稳定性。杰弗里·萨克斯将"休克疗法"概括为稳定化、自由化、私有化三个内容。

俄罗斯"休克疗法"的具体内容如下：

第一，价格自由化。即一次性全面放开价格。俄罗斯认为，放开物价可以冲击旧体制，商品价格由市场供求关系决定，结束商品大量短缺的局面，把一次性全面放开价格看做向市场经济过渡、形成市场自我调节机制的重要前提。一次性大范围放开价格也是"休克疗法"最早出台的一项改革措施。1992年1月2日，俄罗斯放开了大约80%的生产资料价格（商品批发价格）和90%的消费品价格（零售价格）。并规定到1992年3月底除房租、公共服务、公共交通外的消费品价格全部放开；4月中旬放开了燃料价格。与此同时，对居民实行社会保护措施。在物质生产领域实行自由工资，对预算拨款单位工作人员从1991年12月1日起提高工资90%，提高退休人员的退休金最低限额，对低收入居民发放家庭补助金，失业人员可以领取失业补助金等。然而，放开价格使商品价格在一夜之间上涨了几倍甚至几十倍。这样的结果是"休克疗法"的设计者没有料到的。

第二，实行紧缩的财政货币政策。在一次性全面放开物价的同时，为了遏制恶性通货膨胀和稳定经济，俄罗斯实行了紧缩的财政货币政策。首先，1991年12月17日俄罗斯颁布《利润税法》，明确规定企业的利润税税率为32%；恢复所有商品的增值税，税率为28%；实行统一的燃料和原料出口税；提高法人财产税和自然人所得税税率；实行统一的关税；开征石油天然气税等。其次，削减价格补贴、企业亏损补贴、国家投资、军事开支，预算领域工作人员工资不实行与通货膨胀挂钩的指数化。再次，对预算执行情况实行严格监督。把现有预算外基金纳入联邦预算，防止地方政府用银行贷款来弥补预算赤字，同时规定，俄罗斯中央银行为弥补预算赤字提供的贷款数额不得超过 GDP 的 2%。最后，紧缩银行信贷，防止信用膨胀。中央银行采取高利率政策，将俄中央银行向商业银行贷款的利率从 2% 提高到 9%，实行统一的信贷利率，放开商业银行利率；中央银行采取高储备率政策。

第三，推进私有化。盖达尔政府认为，私有化是最重要的制度改革，是经济改革的中心环节。"休克疗法"要求实行大规模的私有化，私有化是建立市场经济的必由之路，是从高度集中的计划经济向市场经济过渡的必要途径，通过国有企业和地方企业的非国有化和私有化达到建立有效的面向社会的市场经济。为此，颁布《俄罗斯私有化纲要》具体提出私有化的 7 个目标：（1）形成一个广泛的私有者阶层；（2）提高企业的生产效率；（3）用私有化收入对居民进行社会保护和发展社会性基础设施；（4）促进国家财政稳定；（5）创造竞争环境，打破经济领域的垄断；（6）吸引外国投资；（7）为扩大私有化创造条件，并建立组织机构。俄罗斯为了配合私有化，从法律上和组织上进行了准备。1990 年 12 月 24 日俄联邦批准《俄联邦所有制法》，明确规定自然人和法人都可以成为私有权的主体。1991 年 7 月 3 日，俄罗斯最高苏维埃批准《关于国家企业和地方企业私有化法》，这两部法律确定了进行私有化的基本法律框架。在联邦一级和地方建立俄罗斯国家财产管理委员会，在共和国、边疆区、州、自治州、自治区、区和市建立起各地方财产管理委员会。法律规定，俄罗斯国家财产委员会的主要任务是负责组织国有财产的私有化。建立俄联邦财产基金会，并在地方建立它的分会。俄联邦财产基金会是法人，负责对属联邦所有的国有企业私有化进行认证。为了建立有价证券的一级市场和减少投资者的风险，建立投资基金会和控股公司。

第四，实行对外经济贸易自由化。取消对外贸易的国家垄断和外贸业务的统一经营原则，下放外贸经营权限。首先，在 1992 年 7 月 1 日前取消所有商品的出口限额和出口许可证（能源的出口限额延缓到 1993 年底前取消），对统一出口的商品不再实行行政分配，逐步降低和取消出口关税。其次，减少和取消进出口许可证和配额，对统一进口的商品不再实行行政分配。再次，取消对外经济活动的限制，包括取消对易货贸易业务的限制、对公民和法人参与外汇业务的限制和对购买外汇现金的限制。允许所有在俄罗斯境内的经济单位有权参与对外经济活动。最后，实行卢布的国内可兑换。规定从多种汇率制过渡到双重汇率制，即在经常项目下的统一浮动汇率制、在资本项目下的个别固定汇率制。

然而，这一系列措施并没有使俄罗斯的经济形势得到好转，反而发生了更为严重的经济危机、财政危机、货币危机和社会政治危机。首先，社会生产大幅度下降。从 1990 年开始，俄罗斯的国民经济各主要指标均下降，GDP 比上年下降 2.3%，国民收入下降 4%，1991 年下降 5% 和 16.2%。工业中所有部门的生产也都不同程度下降，同上年相比，1992 年电力工业下降 4.7%，燃料工业下降 7%，黑色冶金工业下降 16.4%，有色冶金工业下降 25.4%，化学和石油化学工业下降 21.7%，机器制造和金属加工业下降 14.9%，森林、木材加工和纸浆造纸下降 14.6%，建材工业下降 20.4%，轻工业下降 30%，食品工业下降 9.2%。尤其是消费品生产下降迅速，轻工业的下降幅度超过工业中所有部门，这表明俄罗斯的经济危机由结构性危机转为全面危机。

其次，通货膨胀严重。俄罗斯放开价格后商品价格迅速上涨。俄罗斯的紧缩政策在 1992 年第一季度取得一定积极成果，国家预算赤字只占国内生产总值的 2%~3%，从第二季度起，因为企业税负过重、流动资金不足、生产萎缩等原因企业开始出现支付困难。上半年预算赤字是国内生产总值的 7.5%，到 12 月赤字已达国内生产总值的 5%，这直接导致货币的大量发行。仅 1992 年一年增发的货币就已达约 1.8 亿卢布，是上年发行总量（890 亿卢布）的 20 倍。致使 1992 年全年通货膨胀率达到 2510%，远远超过国际公认的 1000% 恶性通货膨胀标准。

综上，"休克疗法"实行不到半年，就遭到俄罗斯国内的普遍反对。俄罗斯第六次人代会对政府政策提出尖锐批评并施加巨大的压力。1992 年，切尔诺梅尔金接替盖达尔出任总理后指出，"要对经济政策进行修正，使其更切合实际"，"政府反对经济的任何极端和任何混乱，主张中派主义政策，主张唯一可行的'中间'方针，这同时是唯一可行的改革方向"。要根据本国实际，走符合俄罗斯国情的改革道路，实行国家调控下的面向社会的市场经济。1994 年，切尔诺梅尔金政府在阿巴尔金、彼得拉科夫等 10 位院士参与下制定了经济改革新方案，其中心内容是放弃原来激进的"休克疗法"，转向渐进的改革。1996 年，叶利钦连任总统，提出要对经济改革政策进行调整。叶利钦承认"过去在改革中试图抄袭西方经济的做法是错误的"。1996 年 2 月，叶利钦在讲话中提出，要在坚持改革方针不变的前提下对经济改革政策进行调整。调整的主要内容包括：（1）改革的目标模式从自由市场经济转向社会市场经济，改革要加强国家的宏观调控作用，调整的方向要倾向于社会市场经济的要求。（2）放弃"休克疗法"，实行稳重的改革政策，反对过激的改革政策，改行稳重的中间路线。（3）修改私有化政策。停止大规模私有化，更加强调私有化的效率。对某些企业实行非国有化，强调俄罗斯经济在以私营企业为主的前提下，国家保留对大型国有企业的控股，对国有资产进行有效管理。（4）保护和扶持国内生产。主要是扩大国产商品的市场占有率，刺激增加生产投资，扩大出口，加强对国内市场的保护。（5）实行面向社会领域的经济政策。注重对居民的社会保障，保护公民的经济权利，提高人民的生活水平。（6）加强国家的宏观调控作用。国家继续奉行抑制通货膨胀的政策，实行适度紧缩政策，降低预算赤字，稳定卢布汇率。（7）调整对外经济政策。从过去全面倒向西方转向以西方为主、全方位的对外经济战略，并加强与独联体的经济联系。1998 年 3 月 23 日，叶利钦突然宣布解散切尔诺梅尔金政府，任命年仅 35 岁的基里延科接任总理。盖达尔以后的历届政府都强调要放弃"休克疗法"式的激进改革，转向面向社会的稳重的中间路线，加强国家在市场经济中的作用。①

二 方向调整与渐进式改革

普京上台后，在采取重大措施的时候总是以谋求国家的稳定和发展为前提，主张在坚持西方式民主政治构架和市场经济的前提下，寻找一条适合俄国国情的"中间道路"，即既要坚决抛弃苏联时期僵化的计划经济体制，也不能照搬西方国家的发展模式，俄罗斯不可能成为西方式的国家，必须走自己的改革之路。因此普京提出："将外国课本上的抽象模式和公式照搬到我国是无法进行不付出大代价的真正顺利的改革的。机械地照搬别国的经验也是没有用的。"只有"将市场和民主的普遍原则与俄罗斯的现实有机地结合起来，我们才有一个光明的未来"②。由此，普京领导俄罗斯放弃原来的激进模式转而改为渐进模式，结合俄罗斯的实际情况开始了经济改革。

具体而言：一方面，普京基本延续私有化的政策。俄政府出台一些私有化方案，采取了一些限制性措施，维护国家对战略性产业的控制权。俄颁布新的《国有资产和市政资产私有化法》，纠正过去私有化的一些问题，规定

---

① 马蔚云：《俄罗斯经济转轨十年研究》，哈尔滨：黑龙江人民出版社，2002，第 30 ~ 34 页。
② 〔俄〕普京：《千年之交的俄罗斯》，1999 年 12 月 30 日《独立报》。

国有资产的转让对象由过去简单的"变为私有"改为"转让给自然人和法人所有"。同时，将私有化的范围扩大到文化领域（如社会文化设施、历史文化遗产等），并将国有资产未达控股额的银行列入私有化计划。2002年7月，国家杜马通过《土地私有化法案》，允许有条件地转让和买卖土地。2004年8月4日，普京签署"关于确定国有战略企业和战略股份公司名单"的命令，明确规定政府无权对包括514家国有战略企业和549家战略股份公司以及一大批国防企业（国有股份不足25%的公司未入其列）实行私有化，只有总统特批才能出售。正如杜马财产委员会官员所言"对这些企业实行私有化的目标很简单，就是为联邦预算筹钱，越多越好"。另一方面，打击寡头势力，实行石油能源工业部分国有化。石油能源工业对俄经济具有重要的战略意义。俄罗斯能源储量巨大，拥有石油可采储量（探明）超过100亿吨（占全球6%），天然气可采储量47万亿立方米（占全球1/3），煤储量占世界20%，铀储量占世界14%。在世界油价不断高涨的情况下，俄罗斯的油气资源和工业是振兴经济的最重要支柱。但在20世纪90年代，俄罗斯的石油工业大部分卖给了私人。2004年，俄政府仅控制本国石油工业的7%，石油利润大都掌握在新兴财阀手中，石油收入只占俄罗斯财政收入的15%。为此，2003～2004年的议会选举和总统换届期间，普京政府打击寡头势力并赢得选举，重建了国有大型石油天然气企业，加强了国家对战略资源的控制，使俄罗斯政治经济形势显著好转。自1999年以来，俄石油生产增长了48%，日产石油900万桶，仅次于沙特阿拉伯，成为世界第二大石油生产国和出口国，天然气产量世界第一（占世界27%）。能源工业成为俄罗斯的战略和支柱工业。①

通过种种努力，俄罗斯人民生活逐步好转，国家逐渐稳定，大国形象逐步回归。"仅2000年俄经济增长率就达到7.6%，工业产值增长率达到9.5%，农业增长率达到3%，工资比上年度增长近20%，全年完税率达82%，自苏联解体、东欧剧变以来首次出现无赤字预算，通货膨胀率也控制在21%以内。2001年俄经济继续保持良好的发展势头，国内生产总值比上年增长5.5%，工业生产增长5.2%。随着国家财政状况好转，居民人均收入水平增长幅度为6.5%，平均工资增加20%～21%，全国失业人口从上年

① 高梁：《浅析普京政府的经济改革政策》，http://finance.sina.com.cn/economist/jingjixueren/20060601/08222614956.shtml。

的 11.1% 减少到 8.9%。几年来拖欠的工资和养老金全部补发到位。养老金标准有所提高，居民生活条件得到明显改善。"① 普京执掌俄罗斯八年间，居民实际收入增加了 1.5 倍，失业和贫困水平降低一半，经济稳步发展，GDP 增加了 72%，2007 年 GDP 增长率达到 8.1%。商品进出口总额增加 4 倍，吸引外资增加 6 倍，资本净流入达到 823 亿美元，证券市场市值达到 1999 年的 22 倍，国家外债减少到 GDP 的 3%。2005 年按购买力平价计算的国内生产总值达到 16975 亿美元，仅次于美、中、日、德、法，居世界第六位，人均 11861 美元，跃入高收入国家行列。

第三节　俄罗斯的政治转型

一　叶利钦时期俄罗斯的政治现实

叶利钦执政时期，俄罗斯初步搭建起了民主政治的框架，但是由于国家处于急速的变革状态中，法律的界定也只仅仅停留在纸面上。首先，在苏联解体过程中，叶利钦出于反对苏联中央政权的目的，许诺地方领导人"能拿走多少主权就拿走多少"，并在他的倡议下，从 1996 年开始实施州长选举，这一举措使联邦中央丧失了对地方行政首脑的任免权，丧失了对地方的控制力，这也使得俄罗斯独立以后遗留下地方分立、民族分离等问题。因此，解决俄罗斯的政治问题，必须要处理好中央与地方的关系，树立起中央的权威。其次，在叶利钦执政时期，总统与议会的关系非常紧张，以俄共为首的反对党在中央大唱反调，在三次杜马选举中获得明显优势，一度控制议会。而其他政党包括叶利钦授意组建的若干"政权党"，虽然数量众多，但都不成熟，因此控制议会、发展政党政治构成了俄罗斯政治改革的问题之一。再次，俄罗斯经济的激烈转轨产生了一个特殊的群体——寡头，并由这一部分人群为代表的寡头政治在俄罗斯的政治生活中发挥影响。正如别列佐夫斯基曾宣称的那样，"俄罗斯的大资本家当然要同政治家搞在一起"，而"几乎所有的政治家都有自己的身价，他们差不多都被我收买了"②。在整个

---

① 转引自 2001 年 12 月 31 日《文汇报》。

② 那小兵：《俄国"权威主义民主"的借鉴意义》，http://lunannanlu.blog.sohu.com/163894979.html。

叶利钦时期，寡头不仅利用寻求同盟、游说政府官员、提供竞选捐赠、控制公共舆论等间接手段参与政治，而且还直接入阁，从而导致了十分明显的"影子政治"现象，在左右俄罗斯政局的高层政治集团的"明争"背后是寡头们的"暗斗"。

二　普京执政时期的政治改革

1999 年 8 月，叶利钦任命普京出任总理。2000 年 3 月，普京当选俄罗斯总统。他认为，国家首先是法律，是宪法秩序和纪律。要想解决俄罗斯的问题必须明确国家是拥有全权的、唯一的主人，必须建立全国统一的法律空间，即以法律的名义树立国家的权威。需要建立一个强有力的国家政权体系，这不仅是秩序的源头和保障、变革的倡导者和推动力，而且在整个世界这都是大势所趋。这与叶利钦政府形成鲜明的对比。一方面普京既要继承叶利钦的改革路线，另一方面又要对这一时期存在的问题进行深刻的反思。普京认为："俄罗斯在政治和经济动荡、剧变和激进改革中已精疲力竭。只有幻想家或对国家和人民冷酷无情的政治力量才会呼吁再进行一次革命。无论在什么口号下（共产主义的也好，民族爱国主义的或激进自由主义的也好）再发生一次突变，国内和人民无法接受了。民族的忍耐力、生存能力和建设能力都已处于枯竭的边缘。社会简直要崩溃……使俄罗斯复兴和繁荣的战略，应当以在市场改革和民主改革中一切好的东西为依据，只能采用渐进的、逐步的和审慎的方法。要保证社会稳定，不使人民生活恶化，这是一个毋庸置疑的要求。"① 其次，选择适合于俄罗斯的道路，放弃模仿和套用别国模式。普京作为新一代年轻的领导人，历史要求他倡导新思想，开辟新道路。他认为对长达 70 多年的苏联时期的成就采取全盘否定的态度是错误的，但认识不到社会和人民在这一社会试验中付出的巨大代价错误就更大了。所以，普京坦言："谁要是不为苏联的解体感到遗憾，他就没有良心；而谁要是希望恢复苏联，他就没有头脑。"② 从普京实施的政策措施来看，他的根基在国内政策上，普京采取了一系列措施，如设立七个联邦区，削减地方政权的势力，加强联邦中央权力；对寡头集团，普京采取一系列限制措施，允许其合法经营，不准其干预政治；对久拖未决的车臣问题，采取果断措施予

---

① 〔俄〕普京：《千年之交的俄罗斯》，1999 年 12 月 30 日《独立报》。
② 周尚文：《"俄罗斯思想"与俄罗斯社会转型》，《当代世界与社会主义》2002 年第 4 期。

以基本平息。在对外政策上，采取积极主动的姿态，推行全方位外交，在重大国际问题上争取发挥俄罗斯的大国作用。从普京的这些政策措施来看，他抛弃了原来彻底否定苏联体制、完全西化的改革思路，不失时机地针对自身国情选择了可以接受的、由完全否定的思路变为部分否定的态度，充分重视了非制度因素在社会转型过程中的影响和作用，充分重视了对于优秀遗产的吸收。

基于这样的理念，普京充分利用叶利钦时期已经构建起的威权主义权力框架——宪政制度赋予总统的权力，并将自己的个人魅力融入其中，运用法律规范政党和议会等方式发展叶利钦构建的宪政制度，使俄罗斯的民主法制更加完善和具有现代性，积极推进政治改革。具体而言：第一，理顺中央与地方的关系，重新划分中央与地方权力，构建起国家垂直权力体系。首先，建立联邦区并任命总统驻联邦区全权代表。2000 年 5 月 13 日、18 日，普京连续发布总统令，将全国 89 个联邦主体按地域原则划分为七个联邦区，并派驻由总统任命的全权代表，其主要职责有四项：在联邦区内组织实施总统确定的内政和外交政策、基本方针，监督联邦宪法和联邦最高权力机关的决议执行情况，确保中央政策得到落实，定期向总统报告联邦区内的安全、社会经济和政治局势等情况。这一措施确立了联邦总统的权威，使总统和联邦中央拥有了对地方当局进行控制的行政管理机制。其次，建立联邦中央约束地方领导人的法律干预机制。《俄罗斯联邦主体国家立法与执行权力机关基本原则的修改与补充法案》及《俄罗斯联邦地方自治设置原则的修正法案》明确规定：联邦中央有权解除违反宪法的地方领导人的职务和解散不遵守联邦宪法的地方立法机构。同时承认，地方领导人也享有解除其下属权力机关领导人职务的权力。由此，把裁定地方领导人、地方立法机构违宪行为的权力收归联邦中央所有，建立起垂直的法律干预机制。最后，改革联邦委员会。普京向国家杜马提出一整套改革联邦制的方案，其中包括《联邦委员会组成原则修正法案》。这一法案改变以往议会上院——联邦委员会由地方领导人和地方立法机关领导人兼任的情况，而由他们的代表来担任经常性的和专职的议员，地方领导人失去了进入联邦委员会的权利，他们的影响力被限制在处理地方事务上，对联邦中央的影响力大大削弱，使得联邦委员会成为真正意义上的立法机关。同时，为化解地方领导人对联邦制改革的抵触问题，2000 年 9 月 1 日，普京特别颁布总统令组建由他任主席、地方行政长官担任委员的联邦国务委员会——虽无实权，但使地方大员有了与总统共商国是的机会。2004年9月14日，启动对政治体制的彻底改革，改变现行地方领导人的直接选举制，用任命政府总理的方式来替换全民投票选举制。9月28日，普京向国家杜马提交了《俄罗斯联邦主体领导人选举程序的法案》，规定地方行政长官的产生由俄联邦总统提名，然后由地方议会批准。如果地方议会两次否决总统提出的人选，总统可以解散地方议会。这一措施解决了中央与地方关系的最核心问题，总统最终掌握了地方大员的任免权。

第二，理顺总统与议会的关系，建立"政权党"。以俄共为首的反对派的存在，是造成总统与议会对立的主要原因。因此，政党制改革的目的在于培育一个支持总统的可与俄共抗衡的中派政权党。首先，普京上任后对俄共采取了明显不同于叶利钦的策略，他与俄共党团开展建设性对话，通过"怀柔"政策消解俄共的对抗，同时积极促成与亲政权的中派力量的联合，并在一系列内外政策问题上寻求俄共等左派党团的支持。其次，通过立法制定政党政治的运行规则，以此加强政党的规范化建设和政权对政党的控制。2001年7月，正式出台《政党法》，对政党的组成及活动方式等内容作出明确规定，基本排除小党和地方性政党参与国家政治生活的权利，同时也使政府可以对政党从资格审查到内部组成实施全方位的监控。另外，通过对《政党法》的部分内容进行修订和补充，提高了政党进入国家杜马的门槛。同年10月13日，国家杜马通过对《俄罗斯政府法》第11条的修正案，允许政府官员参加党派，这为实现真正意义上的"政权党"铺平了道路。2004年9月28日，普京提出新的《俄罗斯国家杜马代表选举法草案》，规定议会选举由"混合代表制"改为"比例代表制"，即杜马席位全部由政党按比例分配，政党的地位和作用因此得到加强。

第三，理顺国家与社会的关系，惩治"寡头"、打击腐败，进行行政制度改革。普京强调遵守国家的法律秩序是公认的基本规则，寡头不能有任何特权。因此，在竞选第一任总统时许诺要消灭作为一个阶级的寡头的存在，竞选胜出后，普京政府开始着手整顿寡头阶级。2000年5月，追查曾担任叶利钦总统顾问、独联体秘书的"寡头之首"别列佐夫斯基和古辛斯基的经济犯罪问题。6月13日，逮捕"桥"新闻媒介控股公司总裁古辛斯基。2003年10月25日，逮捕试图干扰政治的尤科斯总裁霍多尔科夫斯基。这一系列密集举措打击了俄境内的寡头，并且通过对寡头的经济剥夺实现了苏联解体后的重新国有化，结束了寡头政治。随着政局的逐步稳定，普京启动了以提高管理效率和反腐败为核心内容的行政改革。2004年，普京大规模改组政府，裁减行政人员，明确执行权力机关的职责和权限，实施高薪养廉政策等。

观察俄罗斯政治转型的历程，虽然经历了完全自由化，但就目前为止，其绩效的达成和普京的铁腕政治有着很高的正相关关系。俄罗斯社会转型中的权威主义，特别是"普京特色"除了具有权威主义的普遍特征之外，也拥有自己的独特性，这是由俄罗斯自身的特点和发展规律决定的。很多学者都认为俄罗斯特殊的地缘政治文明、历史文化特点以及集权与专制传统等与普京现行政策相关联，对于俄罗斯人来说，当自由民主政治陷入困境时，权威主义政治会自然成为首先考虑的一种求生道路。如何理解转型过程中国家的作用特别是转型中国家权威主义的作用呢？一般意义上，自由主义通常将国家与公民社会的发展对立起来，从而认为国家在培育公民社会时起到负面作用。民主化进程是从权威主义政体向自由、民主的政体转型的，在这一过程中国家的作用应该处于一个逐步弱化的过程，国家逐步让渡一些权力交给公民社会，并为维护公民的权利与市场的健康运行提供保障服务。苏联解体后，开始自由主义转型政策，在处理国家（政府）与市场的关系时，遵循放任市场力量限制、削弱国家权力的原则，结果引发的是市场的暴政。俄罗斯民主化进程的事实证明，单纯追求国家作用的弱化或者强化都是片面的，都是不利于其民主化进程向前发展的。一旦转型社会遭遇无政府主义状态时，社会自我调节的功能势必要求有一种力量来协调、管理和规范社会中的不同利益集团和阶层的需求与行为，如果公民社会与市场没有力量实现自我调节达到一种平衡的状态，那么就必须由国家来进行干预。如果片面地追求国家调控的弱化，则势必会出现较为严重的无政府状态。因此，在民主化进程中，国家的作用同样是促进其发展的必要条件，任何对其片面的认识都是不可取的。

政治和社会的稳定对于一个国家的现代化进行是十分重要的，稳定特别是政治稳定是必不可少的前提条件，而社会转型过程中的这种稳定，恰恰需要由强有力的政府和政治体系来维系。在社会转型过程中，公共权威在新旧制度交接过程中会面临极大的挑战，要么是原有公共权威迅速瓦解，新的公共权威尚未建立，社会处于无政府状态、社会动荡状态，乃至于出现国家和社会的解体；要么是在经历社会震荡之后产生新的权威，进而生成新的秩序。这样一个转型过程是非常复杂的，极容易造成社会剧烈的震荡，从而付出巨大的社会成本，个人的利益、社会的利益、国家的利益蒙受巨大的损失。因此，亨廷顿认为首要问题不是自由，而是建立合法的公共秩序。人类可以无自由而有秩序，但不能无秩序而有自由。到目前为止的俄罗斯社会转型很好地印证了这一点。

第四节　冷战结束前后俄罗斯社会转型的特点

一　继承性和突变性特点

一般而言，俄罗斯这次社会转型的三个阶段，即 1985～1990 年初始阶段、1991～1999 年全面私有化阶段、2000 年以后的发展阶段，我们不可以将其割裂来看。关于俄罗斯的社会转型问题的认识在俄学术界经历了这样三个阶段的认识："在 20 世纪 80 到 90 年代，其学界通常用'перестройка（改革）'，其含义相当于英语中'reconstruction'、'reorientation'和'reorganization'三个词的含义，指的是对当时苏联政治及经济体制的改造并使其获得新生。90 年代初期，在论述俄罗斯社会改革时，通常用'переход'（过渡，transit）这一概念，它指社会的改革是向一个明确的目标'过渡'，即'从集权主义过渡到民主化，从行政命令式的计划经济过渡到市场经济'。这个概念反映了当时俄罗斯急切希望跨入西方社会的期盼。然而到 90 年代中后期，'过渡'这个概念被 трансформация（transformation，转型）这个概念所替代。这三个概念在词义上的差异实际上反映了俄罗斯社会对发展这个重大问题的认识的继承和发展。十余年的改革实践迫使俄罗斯放弃改革初期那种极端的观点，认识到任何一种社会发展模式只有结合本国实际才会具有生命力，因此在世界上并不存在，也不可能存在一个可供所有国家套用的发展模式。"① 这里讲的继承实质上讲就是俄罗斯的改革是苏联改革在俄罗斯的继续，虽然俄罗斯采取了不同于苏联的方法措施，但它属于整个这一时期改革的一个有机组成部分。冷战结束以后，俄罗斯成为事实上的独立国家，但其内部积累下的矛盾并没有因为脱离苏联而得到解决。因此为解决问题摆脱困境，俄罗斯采取了一系列的方法措施，某种程度上说这是苏联改革的继续，从俄罗斯理论界对于改革认识的变化中我们不难看出俄罗斯社会转型的继承性特征，正是有了这样的理论认识才指导了俄罗斯的社会改革实

---

① 潘大渭：《俄罗斯的社会转型思考》，《俄罗斯研究》2004 年第 1 期。

践。具体而言，我们认为它的继承性体现在两方面：首先，宏观而言继承性来源于历史的连续性；其次，微观而言继承性来源于解决问题态度的一致性和解决问题思路的相似性。苏联的改革思路是认为原有的体制和机制导致了苏联问题的存在，因此我们从戈尔巴乔夫的改革措施中就很容易体会到这一点，俄罗斯也是认定了这样一个判断。基于原有的制度导致了现实所有问题这样一个思维逻辑，因此为解决苏联遗留给俄罗斯的种种问题和危机，俄罗斯选择了比苏联改革就笔者认为是更激进的，以彻底否定原有制度的遗产、建立与原有制度和历史惯性截然不同的制度模式为方法的解决措施。按照这个思路，在叶利钦领导俄罗斯时期进行了如下的制度创新：制定并颁布新宪法，进行一系列的有关市场经济的立法活动，并予以颁布实施，同时制定与其相适应的各种法规措施。它在治理体制上又进行了改革，完成了权力转型和财产所有制的转型。在权力方面，在政治体制上，俄罗斯把原来的一党制转型为多党制，从党治国家向名义上的三权分立体制过渡，从苏联高度集中的斯大林开创的社会主义转向完全的资本主义。在财产体制上，可以说俄罗斯接过了戈尔巴乔夫经济改革的衣钵，俄罗斯社会转型不仅在经济体制上从高度集中的计划经济体制向市场经济体制转变，进一步推进私有化改革，在所有制结构上用私有制替代以往的公有制，实现了由公有制向私有制的转型、由计划经济向市场经济的转型。

二　半自发性特点

俄罗斯社会转型的初始阶段缺失有效的管理和控制，更缺乏一个明确的目标，我们认为，起初目标在俄罗斯的高层是存在的，但这样一个目标没能把它很好地交给整个俄罗斯的国民，因此整个改革具有了半自发的盲动性特点。半自发性是相对于自发性和完全可把握性及控制性所说的。俄罗斯社会转型开始于戈尔巴乔夫的"新思维"改革，在这一段时期内的改革具有相对的可控性，所进行的改革措施是有计划、有步骤地实施的。但是由于苏联共产党的执政地位被取代，苏联解体，国家权力机关在一段时间内失去其应有的权威和应具备的效力，改革失去控制。改革缺乏群众的认同，群众对改革政策的合法性有质疑心理。第二阶段的俄罗斯改革，可以这样讲，无论是改革措施的颁布，还是改革政策的内容，都将多数的人民群众排除在外。俄罗斯的这次社会转型实际上操控在占全国人口 10% 左右的莫斯科和圣彼得堡部分精英人士手中，至于占全国人口 90% 以上的人民大众在这一场关系所有人利益的改革面前失去了表达和参与的权力。原有的斯大林模式——社会主义的高度集权的中央计划体制被打破，新的社会秩序还没有来得及建立，整个社会处于一种无序与混乱的状态。俄罗斯政府为挽救局面实行的"休克疗法"，根本没有取得预想的效果。执政者发布的政策指令等，不能够有效得到贯彻落实。各地方、各行业、各利益集团充分施展自己的能力，使得来自上面的政策对自己利益最大化。高级官员、寡头大亨、握有实权的部门长官、东正教上层等都各持己见、相互矛盾，各行业、各地区、各单位、各小集团各行其是。

俄罗斯社会转型初始阶段是很混乱的，但俄罗斯在 1991～2010 年用短短的将近二十年的实践取得如此的成绩，其中是有其自身成功经验的。俄罗斯迅速自我调整的能力是非常强的。经过十年的摸索调整，普京上台之后，"在经济上实行了混合所有制，加强了国家宏观调控，放弃'休克疗法'，实行'渐进式改革'①，一切以经济建设为中心，增加投资，扩大需求，促使经济快速增长，增加黄金储备，以强有力的政治态度平息地方势力和寡头势力的挑战，果断处理民族分离主义势力制造的种种事端，对东西方采取双头鹰的外交策略，充分运用能源外交，为国内的改革稳定提供良好的国际环境"②。从一定意义上说，叶利钦时代的大起大落、混沌一片、争论不休，是转型期间失衡、无序的表现，是新旧体制交替时期难以避免的现象。普京接替叶利钦任总统职位为结束混乱和动荡、走上平稳的改革和转型之路提供了契机。普京执政时期，将国家改革政策很好地与国民互动，取得绝大多数国民的认同和支持，采取明确的治国方略即重塑"俄罗斯思想"，奉行温和、渐进、均衡的路线。综上，伴随着俄罗斯的优秀政治家们的思考和俄罗斯国民对自身问题的不断认识和解决，俄罗斯整个的社会转型过程逐步转向自觉，因此其转型表现出了明显的半自发性特点。

---

① 渐进性改革与激进性改革是 1992 年美国经济学家萨克斯在中国的一个座谈会上提出的。他将乌克兰和俄罗斯的改革归为"激进性改革"，将中国的经济改革视为"渐进性改革"。此后有关类似的论述在中国学界开始兴起。一般而言，白俄罗斯和斯洛文尼亚实施的也是萨克斯所定义的渐进性改革路线，其特点有两点：一是强调政府的作用，即政府一直对改革进行有效控制；二是谨慎从事私有化改革。但其基础是改变社会主义制度，而且是放弃共产党的领导地位，因而在路径后果等方面与中国的改革有本质的不同。

② 聂运麟：《变革与转型时期的社会主义研究》，北京：社会科学文献出版社，2008，第255～256 页。

第四章

冷战结束前后朝鲜社会转型研究

第一节　冷战结束前后朝鲜的经济转型

一　冷战结束前后朝鲜的经济状况

朝鲜实行以生产资料公有制为基础的计划经济体制和以调剂余缺为主的对外经济关系，到 20 世纪 80 年代之前，其经济发展水平不亚于中国和越南等亚洲社会主义国家，甚至也不低于韩国。冷战结束后，随着东欧剧变、苏联解体，由于社会主义优惠贸易体系的瓦解与国际、国内经济环境的变化，朝鲜国民经济开始出现急剧下滑的局面，传统的社会主义计划经济面临着各方面的严峻挑战。

第二次世界大战后，朝鲜经济发展经历了一个先盛后衰的发展历程。朝鲜虽经美军 3 年多的狂轰滥炸，但不到 30 年（包括 3 年多的残酷战争），国民收入就增长 26 倍多。29 年中，朝鲜国民收入年均增长 12.1%。朝鲜"1979 年按人口平均的国民收入，折合 1920 美元"①。1960～1980 年是朝鲜历史上最辉煌的 20 年，在此期间，朝鲜 GDP 高速增长，速度远超韩国，经济得到了长足发展。1960 年时，韩国 GDP 与人均 GDP 仅是朝鲜的 40% 和55%，1975 年时韩国 GDP 与人均 GDP 分别是朝鲜的 90% 和 84%。1982 年朝鲜人均 GDP 达到 2200 美元，成为中等发达国家。90 年代后，随着苏联解体和东欧剧变，朝鲜的贸易环境日益恶化，外汇储备越来越少，原料、燃料

---

① 《世界经济年鉴 1981》，北京：中国社会科学出版社，1982，第 151 页。

和原油的进口激减，从而导致冶金、煤炭、电力生产大幅度下降，整个工业生产处于严重的衰退状态。1990～1996 年，煤炭产量由 3315 万吨减少到 2100 万吨；发电量由 227 亿千瓦减少到 213 亿千瓦；钢铁产量由 336 万吨减少到 121 万吨；原油进口量由 252 万吨减少到 94 万吨。由于原料、燃料、电力的严重不足，大多数大中型企业处于停产或半停产状态，企业设备运转率仅达到 20%。朝鲜经济发展每况愈下，朝鲜 GDP 年年负增长，1998 年时朝鲜人均 GDP 不到 1980 年一半，开始进入停滞时代（朝鲜称为"苦难行军"时代）。直到 1999 年才开始出现正增长。详见表 4 - 1、表 4 - 2。

表 4 - 1 冷战结束后朝鲜主要产业生产量表

项目 \ 年度	1990	1991	1992	1993	1994	1995	1996
电力(亿瓦)	227	263	247	221	231	230	213
谷物(万吨)	481	443	427	388	412	345	369
钢铁(万吨)	336	317	179	186	173	153	121
水泥(万吨)	613	517	475	398	433	422	379
肥料(万吨)	159	144	139	161	132	121	96
煤炭(万吨)	3315	3100	2920	2710	2540	2370	2100
纺织品(亿公尺)	2.0	2.1	1.7	1.9	1.9	1.8	1.5
原油输入(万吨)	252	189	152	136	91	110	94

表 4 - 2 冷战结束前后朝鲜 GDP 情况表

年度	增长率	GDP(亿美元)	人均 GDP(美元)
1960	—	35	177
1980	—	413	1161
1982	—	—	2200
1990	- 3.7	231	1064
1991	- 5.2	229	1038
1992	- 7.6	211	943
1993	- 4.3	205	904
1994	- 1.7	212	923
1995	- 4.5	223	957
1996	- 3.0	177	811
1997	- 6.8	131	740
1998	- 1.1	126	573
1999	6.2	—	—

数据来源：韩国银行：《1998 年北韩 GDP 测定结果》，1998 年 8 月、2000 年 4 月。

具体而言：（1）冷战结束前后朝鲜粮食生产情况。70 年代末 80 年代初，朝鲜农业技术革命有了较大的发展，粮食生产曾取得令人骄傲的成绩。70 年代中后期，朝鲜年产粮食超过 700 万吨，1976 年粮食总产量达到 800 万吨。1982 年，粮食产量达 950 万吨①，1984 年朝鲜粮食产量达到了 1000 多万吨，这是 80 年代朝鲜农业现代化的胜利。但是，自 90 年代后粮食产量急剧下降，朝鲜自产粮食每年平均只有 400 万吨左右。进口量急剧增加，每年进口（含国际社会支援）100 万吨左右，不足量大幅度上升，1996 年，缺口多达 320 万吨。1998 年 1 月，朝鲜政务院农业委员会农业渔业局副局长车仁石称：至 1997 年，已有 280 万人死于饥饿，1998 年粮食缺口达 134 万吨，呼吁国际社会支援 70 万吨粮食和种子。据韩方报道，2000 年朝鲜的粮食总产量约为 359 万吨，比 1999 年（422 万吨）减产约 15%。其中 1999 年大米的产量为 163 万吨，2000 年减至 142 万吨，玉米从 192 万吨减到 144 万吨，大豆从 13 万吨减到 12 万吨，只有红薯从 31 万吨增至 39 万吨，增产约 25.8%。

（2）冷战结束前后朝鲜的工业情况。朝鲜最高领导人金日成强调："要想依靠自己的力量建设民族经济，必须建立以重工业为核心的民族工业。"②在以金日成为核心的中央集权的计划经济体制下，国家掌握着重要的生产资料，拥有对财力、物力、人力的支配权，为大规模集中投资的重工业发展，提供了物质上的保障。1971～1976 年，朝鲜实行了发展国民经济的六年计划，六年计划工业总产值提前一年零四个月完成。1976 年与 1970 年相比，工业总产值增长 1.5 倍，其中生产资料生产增长 1.6 倍，消费资料生产增长 1.4 倍。1976 年工业的年生产水平已达到：煤炭 5000 万吨、钢 400 万吨、机床 3 万台、拖拉机 3 万台、化肥 300 万吨、水泥 800 万吨、纺织品 6 亿米。这一时期，朝鲜工业发展速度较快，1970～1979 年平均每年增长 15.9%③。工业生产指数 1949 年为 100，1956 年则为 183，1975 年为 4670④，即朝鲜工业生产，1975 年比朝鲜战争之前增长了 45.7 倍。"1982 年朝鲜工业总产值比 1946 年增长 400 多倍。1980 年与 1946 年相比，钢增长 1019 倍、电力增长 10.8 倍、机器增长 1217 倍、布匹增长 244.3 倍"⑤。从

---

① 《朝鲜知识手册》，沈阳：辽宁民族出版社，1985，第 332 页。
② 谭红梅：《朝鲜经济发展战略研究》，《亚非纵横》2009 年第 6 期。
③ 《世界经济年鉴 1981》，北京：中国社会科学出版社，1982，第 151 页。
④ 《世界经济统计简编 1982》，北京：生活·读书·新知三联书店，1983，第 525 页。
⑤ 《朝鲜知识手册》，沈阳：辽宁民族出版社，1985，第 332 页。

以上资料看，二战后到 80 年代初这段时间，朝鲜工业发展速度可列为世界最快之一。例如，世界工业生产指数从 1948 年的 24，增长到 1975 年的126，即 1975 年是 1948 年的 5.25 倍。号称高速增长的日本，从 1948 年的 4增长到 1975 年的 110，即 1975 年是 1948 年的 28 倍①。而朝鲜虽遭 1950～1953 年战争摧残，1975 年工业生产也是 1949 年的 46.7 倍。也正是由于朝鲜推行的是"优先发展重工业，同时促进农业和轻工业"的发展战略，导致了朝鲜经济结构严重失衡。重工业所占的比重相当高，在重工业内部，生产资料部门占较大的比例。由于优先发展重工业的不均衡发展战略和经济、军事同步并进的发展方针，重工业和化学工业在工业中所占比重偏高，重工业对轻工业的比例为 3∶1。轻工业和农业极其落后，居民的生活用品极度短缺。从总体上讲，朝鲜属于典型滞后的发展中国家的经济结构，处于现代化低水平阶段。

（3）冷战结束前后朝鲜的贸易情况。1971～1984 年期间，朝鲜与社会主义国家的贸易额由 7.38 亿美元增至 14.62 亿美元，增长了 1 倍；1970～1984 年期间，朝鲜同第三世界国家的贸易额由 0.19 亿美元增至 3.27 亿美元，增长了 16 倍；同期与西方发达国家的贸易额由 1.5 亿美元增至 6.65 亿美元，增长了 3.4 倍。20 世纪 80 年代末 90 年代初的苏联解体和东欧剧变使社会主义国家之间的经济协作关系瓦解。因此，朝鲜失去了原来进口经济发展所需原材料和能源的来源，也失去了商品出口的主要市场，而且遭到国际敌对势力的经济封锁，导致贸易额大幅度下滑，朝鲜经济面临严重困难。1990 年朝、苏贸易额为 25.6 亿美元，占朝鲜贸易总额的 54.2%。苏联解体后，1991 年朝俄贸易额急剧减少到 4.7 亿美元，比上年减少 80% 以上。此后贸易额逐年减少，1995 年朝俄贸易额只有 2.3 亿美元，在朝鲜贸易总额中的比重则下降到 11%，5 年间朝俄贸易规模缩减了 50% 以上，因此造成朝鲜对外贸易严重滑坡，贸易条件日趋恶化，进出口贸易急剧下降。1991年贸易总额由 1990 年的 47.8 亿美元下降到 27.2 亿美元，1992 年贸易总额下降到 26.6 亿美元，1993 年贸易总额下降到 26.4 亿美元，1994 年贸易总额下降到 21.1 亿美元，1995 年贸易总额下降到 20.5 亿美元，1998 年进一步下滑至 14.42 亿美元。1998 年朝鲜对外贸易额为 14.42 亿美元，同比减少 33.7%，其中进口额为 8.8 亿美元，同比减少 30.6%，出口额为 5.59 亿

①《世界经济统计简编 1978》，北京：生活·读书·新知三联书店，1979，第 97 页。

美元,同比减少 38.2%。这是 90 年代以来,朝鲜贸易额首次低于 15 亿美元。1999 年为 14.79 亿美元。2000 年略有回升(19.7 亿美元),2001 年上半年骤增八成。其中对中国钢铁产品出口增长 241%,从中国进口矿物性燃料和谷物分别增长 112% 和 89%。

二 冷战结束后朝鲜的经济转型

(一) 冷战结束后指导朝鲜经济建设思想的变化

1. 冷战结束后朝鲜对社会主义的认识和判断

金正日在总结苏联解体和东欧剧变教训时指出:苏联、东欧出现资本主义复辟,其首要的原因就是"没能以历史的主体——人民群众为中心去把握社会主义本质,从而没能把社会主义建设中加强主体、增强主体的作用作为基本问题抓起来"。朝鲜要建设"人民群众为中心的朝鲜式的社会主义"[①]。他的这一论述暗含了朝鲜要坚持社会主义就必须把人民群众的利益放在首位,要以人民群众为中心去建设社会主义,要做到这些,朝鲜必须改进社会主义,必须根据人民群众的实际需要进行相应变革的判断。

2. 冷战结束后朝鲜经济建设理念的变化

1998 年 9 月 6 日,朝鲜最高人民会议十届一次会议对宪法的一些条文进行了修改。新修订的宪法集中反映了朝鲜内外政策的一些新变化。其中经济方面的变化主要表现在:(1)生产资料所有制方面,"生产资料只能由国家和集体所有"改为"生产资料归国家和社会合作社所有"。在农村原来归合作社集体所有的"建筑物"、"役畜"两种生产资料被删去,"农机具"改为"农机械"。(2)把"居民经营个人副业产出的生产品也归个人所有"修改并补充为"居民经营个人副业产出的生产品和通过其他合法经营活动获得的收入属个人所有"。(3)在经济管理方面,新增加了一款,即"国家在经济管理上,按照大安工作体系要求,实行独立核算制,正确利用成本、价格、效益性等经济杠杆"。(4)在对外贸易方面,将原来的"对外贸易由国家或国家监督下进行"改为"对外贸易由国家或者社会合作社进行"。(5)在对外经济合作方面,将"国家奖励我国的机关、企业、团体和其他国家的法人或者个人进行企业合营和合作"修改补充为"国家奖励我国的机关、企业、团体和其他国家的法人或者个人进行企业合营和合作及在特殊

---

① 李春虎:《90 年代朝鲜对时局的认识与对策》,《国际观察》1999 年第 3 期。

经济地区建立经营各种企业"。① 这些修改以宪法条文的形式确认了冷战结束后朝鲜经济和社会生活方面发生的一些新变化，使处于恶性循环中的计划经济体制的作用逐渐弱化。

1998 年，金正日提出了建设社会主义"强盛大国"的目标。其官方媒体不断出现"搞活经济"、"搞活经济，发挥自立经济的威力"、"搞活经济结构"等提法。朝鲜官方报纸上也出现了一些引人注目的观点："在经济工作中要讲究实际利益"、"我们不应拘泥于过去的标准，要适应今天国家经济状况困难的条件，有效率地开展工作"、"适应变化的环境和条件，灵活地组织开展经济工作也是实现实际利益的办法"。这些观点反映了朝鲜复兴接近崩溃的经济的紧迫感，反映了当局经济工作指导思想的一些变化。

进入 21 世纪，朝鲜领导人和官方媒体提出了更新观念、大胆创新的思想。2001 年 1 月 1 日，朝鲜劳动党的机关报《劳动新闻》等媒体发表共同社论《以胜利完成"苦难行军"的气势开拓新世纪进军之路》，提出新世纪之初，朝鲜经济建设的中心任务是整顿现有的经济基础，当前摆在朝鲜人民面前的首要课题是：要在思想观念、思考方式和行为方式上进行一场根本性的革新。这些思想理论的变化推动了朝鲜国内经济政策方面的调整。

（二）冷战结束后朝鲜推动经济发展的政策措施

朝鲜一直坚持主体社会主义，在经济管理模式上实行计划经济体制。1997 年金正日担任朝鲜劳动党总书记以来，朝鲜劳动党和国家的工作任务逐渐转向经济方面。朝鲜的内外政策特别是国内经济政策也在悄然发生变化。

在 1993 年 12 月朝鲜劳动党中央全委会议和最高人民会议九届六次会议及 1994 年 4 月最高人民会议九届七次会议上，朝鲜在总结"三七"计划的基础上，提出和重申：1994 年以后的三年期间为缓冲调整时期，这一时期要执行农业第一主义、轻工业第一主义、贸易第一主义的"三个第一主义"方针和优先发展煤炭、电力、铁路运输等三大基础工业的"一个优先"的经济发展方针。加大对三大部门的投入，争取在短期内实现全民"吃米饭、喝肉汤、穿绸缎、住瓦房"的愿望，以提高人民生活水平，为朝鲜式社会主义自立经济打下了坚实基础。此次会议还提出了"以自力更生、艰苦奋斗的革命精神大力推进社会主义总进军"的革命口号。这是一种改变资源

---

① 韩今玉：《朝鲜新修订宪法简析》，《东北亚论坛》1999 年第 3 期。

配置优先顺序的政策，由此开始实施"国家的经济结构以重工业为主的经济转为以农业和轻工业为主的经济，并改变对外贸易方向"的经济战略。这是一次重大的经济发展战略的转型，不仅国内经济发展方向作了调整，而且国际贸易发展方针也相应作了调整。

这两项"战略发展方针"与80年代的各项对内政策相比，更明显带有调整轻重工业发展顺序、基础工业和加工工业发展关系的色彩，是进一步调整朝鲜产业结构的两项重大举措，是对以往"优先发展重工业，同时发展农业和轻工业"等各项传统发展方针的重要修正。它意味着：（1）优先发展重工业的方针已被正式放弃，取而代之的是农业第一、轻工业第一；（2）进口优先、量入为出的保守贸易政策已被否定，取而代之的是出口第一、贸易第一；（3）基础工业要加快发展，以适应加工工业发展的需要。笔者认为，从当时朝鲜政治经济形势及产业结构的状况看，"三个第一"经济发展战略方针的提出及其调整经济结构的构想十分切合朝鲜实际和世界经济发展之趋势，也符合经济发展的一般规律。笔者相信，朝鲜如能切实贯彻这一方针，其经济结构的合理性与经济发展的活力、人民生活的水平与对外经济交流的规模等必会有一个较大的提高与发展，整个经济局面必将大为改观。

"三个第一"和"一个优先"的经济发展方针是试图通过加强薄弱环节求得国民经济各部门的均衡发展，但由于不是经济体制上的实质性的改革，无法调动农民的生产积极性，也无法使军工企业向民用工业转型，因而无法营造消费品工业的繁荣。加之，1994年金日成的去世给朝鲜的经济造成了一定的影响，1995年、1996年朝鲜的水灾使朝鲜的经济陷入了前所未有的困难境地。1996年开始，朝鲜进入"苦难行军"时期。

1998年，朝鲜提出"主体社会主义强盛大国"的经济发展战略。朝鲜公开提出建设"主体社会主义强盛大国"的战略目标。1998年8月22日朝鲜劳动党中央机关报《劳动新闻》发表政论《强盛大国》。这篇政论指出，朝鲜正面临着建设强盛大国的新的宏伟目标。强盛大国首先是"主体的社会主义国家"，即以人民大众为真正的历史主体，以领袖为核心，实现了自主、自立和自卫，摆脱任何支配和约束，在政治、军事、经济、文化等所有领域，屹立于世界民族之林的强大国家。它的实现不取决于国家领土的大小、人口的多少、自然资源和物质财富是否富足以及是否拥有核武器，其根本在于思想和军队，即从建设思想强国入手，牢固树立军队柱石，以其威力实现经济建设的辉煌飞跃。1999年朝鲜元旦社论更加具体地提出，要在不远的将来，把朝鲜建设成思想、军事、经济各方面具有最强大威力的社会主义国家。经济建设是建设强盛大国的最主要课题，只有经济实力为政治思想和军事力量作保证，才能步入强盛大国行列。① 2000 年元旦社论更进一步指出，"思想坚定、枪杆子有力、科学技术发达，这就是主体社会主义强盛大国"②。2001 年元旦社论对强盛大国的内涵进行了新的描述。社论说，21 世纪是朝鲜实现社会主义强盛大国的世纪。"依靠自主维护尊严，依靠团结争取胜利，依靠爱国和爱民族实现繁荣，这就是朝鲜的社会主义强盛大国"③。经济实力是国家强盛复兴的基础，军事和政治思想威力必须依靠强大的经济实力。没有什么比提高经济实力更为重要。④ 可见，朝鲜已经把经济建设放到了实现强盛大国目标的最突出地位。朝鲜提出"主体社会主义强盛大国"的经济发展战略目标，实际上是以金正日为首的新的国家领导体制确立的政治宣言。在如此逐步界定"主体社会主义强盛大国"目标的同时，朝鲜迈出了实施建设强国经济发展新战略的第一步。这就是以实现国民经济的自主化、现代化和科学化为目标，通过自力更生、讲求实效和不断更新观念，依靠群众运动和科学技术，有步骤地解决主要经济领域的关键问题，为在不久的将来打开实现国民经济腾飞的新局面奠定物质技术基础。⑤

作为经济调整的实质性步骤，从 1999 年起，朝鲜改变 1994 年后执行的农业、轻工业和贸易第一主义的方针，把电力、煤炭和冶金工业、铁路运输业以及农业和轻工业确定为经济工作的最主要领域。为了增产电力，在对主要火电站进行技术改造、提高发电效率的同时，中央政府开始投资兴建一批大型水电站，并要求各地大力兴建中小型水电站。同时，改变国家集中调配电力的做法，允许地方把自己生产的电力全部用于本地区的经济建设。为了实现生产正常化，改变粗放式管理方法，强调要提高实效，重新进行全面核算，挖掘生产潜力，降低成本，厉行节约，建立严格的经济秩序和纪律。为了改善人民生活，着力提高粮食产量，改变农作物种植上的"一刀切"做

---

① 〔朝〕《让今年成为建设强盛大国伟大转折之年》，1999 年 1 月 1 日《劳动新闻》。
② 〔朝〕《让建党 55 周年的今年成为千里马高潮充满胜利自豪的一年》，2000 年 1 月 1 日《劳动新闻》。
③ 《朝鲜经济发展史及政策得失》，http://news.ifeng.com/history/special/weichengchaoxian/200907/0726_7506_1269464.shtml。
④ 〔朝〕《以胜利完成"苦难行军"的气势开拓新世纪进军之路》，2001 年 1 月 1 日《劳动新闻》。
⑤ 朴键一：《朝鲜建设"主体社会主义强盛大国"的经济发展战略》，《当代亚太》2002 年第 4 期。

法，通过种子革命、两茬作物制、土豆革命和土地平整等措施发展农业。同时各地普遍兴建了淡水鱼和家禽养殖场，发展养殖业。另外，还加大了对轻工业的投入，新建了一批基础食品厂和日用品厂。

重视科学技术，号召朝鲜人民重视发展科学技术，建设强大的国家。朝鲜将1999年定为"科学之年"，在经济预算中，"科学事业费"的预算比上年增加了6.3%，2000年又比上年增加了5.4%。1999年11月，新设电子工业部，专门负责科学技术事务。2000年，金日成综合大学开设了计算机工程系，随即在平壤和咸兴新建了两所计算机技术大学，各大学也普遍设立了计算机工程系或专业。2000年，朝鲜召开了一系列有关科学技术的国际学术讨论会，其中的大部分会议与食品有关。

实施社会主义经济管理方式的改善措施：在政府体制方面，1998年宪法将政务院改为内阁，并强化内阁的权限，使之成为指挥经济工作的"司令部"。将原来地方的地方党委、地方人民委员会、地方行政经济委员会三套马车制度，改为地方党委、地方人民委员会两套马车制度，试图建立内阁、地方人民委员会、生产单位三者之间垂直的指挥系统，以增强效率。

在农业农村方面，2002年7月以后，朝鲜对农业管理体制进行了一系列改革，包括再次缩小分组规模、扩大了农场的生产自主权、试点实行承包责任制（以家庭为单位进行农业生产）。

缩小分组规模：朝鲜首先缩小了作为合作农场基本生产单位——分组的人员数量（由原来的10~25人缩减为新分组管理制度的7~8人，又试点实行4~5人的家庭单位），淡化了集体主义，引导人们树立责任生产观念。

扩大了农场的生产自主权。除水稻之外，其余作物由合作农场自主选择进行生产。与此相关，2003年9月，国际救援团体"圣爱"（Karitas）香港支部局长卡帝·泽尔维格称，"朝鲜的一部分农场不再是和过去一样，按照当局的指示只种植玉米，他们自己可以有选择种植什么作物的权利"①。

试点实行承包责任制：生产方式的变化，表现为朝鲜在部分合作农场试点实行承包责任制（以家庭为单位进行农业生产）。也就是说，朝鲜2004年1月决定"淡化集体农业生产方式，试点实行家庭生产方式"，随后选择黄海北道遂安和咸境北道会宁等地区的部分合作农场，将分组变为以家庭为

①《朝鲜经济改革动向（韩国统一研究院）》，http://www.chaoxian.com.cn/bbs/viewthread.php? tid = 138650。

单位（2～5口人），分配耕地进行耕作。与此相关，2004年12月，贸易省副相金容述称，"要赋予合作农场权限，将分组进一步缩小，实行承包责任制"①。

修订农田制度：如扩大私人耕地、开征土地使用费等。2002年7月将私人耕地的许可面积由30～50坪（1958年规定）扩大到400坪（小块旱田），并把各机关、企业的副业用地按户进行了分配。同时，灵活利用停产工厂的闲置劳动力，给这些人分配土地，让他们进行耕种。至此，朝鲜将农用地分为三种，即合作农场、机关企业副业地和个人耕地，并按等级征收土地使用费（每坪从53分到60元不等）。土地使用费每坪为第一类（农场）54分到36元，第二类（机关、企业）88分到60元，第三类（个人）12元。

在工业、企业、商业方面，2000年，朝鲜为提高企业效率，将所有80年代组建的联合企业（企业集团）、联合总局、总厂等重新拆散成单一的企业。朝鲜的企业领导体制一直是党委书记、支配人（总经理或厂长）、总工程师三位一体，以党委书记为主的企业领导体制。自2000年起，明显强化了支配人的管理权限。强化企业经理的权限，扩大企业经营自律权。2002年实施经济改革措施，朝鲜将从来都掌握在工厂党委手中的企业经营权交给了企业经理。由此，党委书记的作用限于政治制度，企业经营的讨论决策权由经理掌握；缩小国家计划范围，改善企业物资筹措条件。根据2002年颁布的经济改革措施，朝鲜将中央计划项目列为重要指标（工业总生产额、建设投资、电力、钢铁生产量等），将具体计划的制订权交给地方和企业。对于企业，超过计划的产品和自行筹措物资的产品等允许在市场上销售，同时谋求增加经济效益性。同时，国家允许企业间直接在"物资交流市场"上进行物资交易，改善了企业的原材料采购条件。除此之外，工厂可自主决定自行生产的消费品价格和规格，使产品适应市场需要；扩大企业的财政自主权，引导资金高效使用。朝鲜2003年3月制定《会计法》后，将企业经营的最终目标由"降低成本"修订为"增加纯收入"（2004年4月，《财政法》第34条），将企业的运营引向以利润为中心。同时，调整企业向国家缴纳的部分和投资、经营资金筹措体系，扩大了企业对资金运用的决定权。

---

① 《朝鲜经济改革动向（韩国统一研究院）》，http：//www.chaoxian.com.cn/bbs/viewthread.php？tid=138650。

在这种初步的简政放权、理顺分配关系的经济调整措施下，朝鲜经济开始出现活力。据朝鲜官方的数据计算，在国家财政支出略大于收入的情况下，1998～2001年朝鲜国家财政收入增长了9.3%。朝鲜政府认为，国家财政收入的连年增长意味着国民经济开始复苏。① 但是，这只是表明朝鲜国民经济才刚刚开始走出低谷，要解决能源、粮食和原材料紧缺问题，还需要做出更艰苦的努力。特别是由于受到价格体系等结构性因素的制约，国民的生产积极性还没有充分地激发出来，经济调整措施难以发挥出应有的作用。为此，金正日于2001年10月提出《经济管理改善方针》，要求以"坚持社会主义原则与实现最大实利"为原则，下放集中于中央的经济计划制定权，调整价格与工资体系，废除不合理的社会保障制度，建立"社会主义的物资交流市场"，以赢利标准评价企业，按绩效进行分配，将科学技术与生产密切地结合起来。

朝鲜从2002年7月起采取"经济管理改善措施"，简称"7·1措施"，对流通体制、金融体制、经济管理体制和对外经济循序渐进地进行改革。出台这一措施的目的是打破平均主义，建立真正追求利润的经济核算体系，这标志着朝鲜开始积极探索在坚持社会主义原则的前提下最大限度地提高生产和经济效益的一整套管理方法。

第一，调整价格政策。大幅提高粮食和生活必需品的价格，使之与"农民市场"的价格基本持平。这次经济政策调整首先从提高粮食购销价格入手，以调动农民生产积极性，恢复农业尤其是粮食生产的增长，确保国民经济稳定发展的基础。这次价格调整的特点是：通过价格上的大幅度上调减小了农民市场和国营商店的价格差；以大米价格为基准，也调整了其他物资及产品的价格；对于生产各种生活必需品及消费品的地方工厂，有限度地赋予了价格的决定权，缓和了价格决定中的中央集权化。

第二，调整工资政策。作为粮价和物价全面调整的配套措施，朝鲜从2002年7月1日起，根据市场状况，重新制定了城乡居民的工资标准，并从8月起开始执行。工资政策的调整，一方面强化以效益为主的工资制，另一方面采取措施将价格制定权部分地赋予下级单位。政策调整"坚持集体主义原则，最大限度地发扬劳动者的生产积极性，坚持真正的按劳分配、多劳多得"。这次政策调整的力度很大，工资是根据部门、工种和技术等级

---

① 《朝鲜中央年鉴》，朝鲜中央通讯社，2000，第189页。

（无技术、一般技术、高级技术）上涨的，涨幅比物价低，军人和矿工上调17～20倍，一般劳动者上调15～17倍。底层朝鲜劳动者的标准工资也由原来的100～150元上调到2000元，矿工上调到6000元，标准大幅度提高。新制度保障家庭生活支出增加的部分，通过确立以生产业绩为中心的工资支付制度，调动人们工作的热情。

第三，取消配给制。价格和工资改革后，从2002年7月1日开始，朝鲜废除了除粮食供应以外的一切日用品配给制，它意味着朝鲜居民有钱就能从国营商店购买东西，并不再受每次限量或凭证购物的约束。根据新规定，政府将不再向2200万国民发放用于食物等基本必需品的配给券。朝鲜取消配给制，居民完全用货币来购买粮食，国家粮食定价为44朝鲜元/千克，和农贸市场的实际价格相近。废除了配给制，根据业绩实施差额工资制，私有概念和多劳多得的意识正在扩散。

第四，设立综合市场。1992年4月，朝鲜制定了《社会主义商业法》，1999年1月和2004年6月，对该法进行了修订。半个多世纪以来，朝鲜一直存有农贸市场，但严加控制，百姓只能通过私下交易去获得日用商品。2003年3月，朝鲜政府将过去仅限于买卖农贸产品的"农民市场"，扩大为也可以交易工业制成品的"综合市场"，在一定范围内放开价格，实行了价格双轨制，并肯定了农贸市场在推动社会主义商品流通方面所起的补充作用。此外，还允许工厂企业把计划之外的产品拿到市场上出售。有了国家的明确支持，各级政府积极兴建综合市场，并对经营者征收市场使用费和国家缴纳金。放宽市场产品限制、允许工业品交易，极大地丰富了商品供应，也改变了原先国营商店一统天下的面貌，而且商品的价格自行按供求关系实现调整。更主要的是，集贸市场正在带动朝鲜的流通和服务业出现巨大的变化：小区里出售食品和轻工业品的商店纷纷开张，主要街道两旁出现大量餐饮设施，路边的固定摊点不断增加。个体经营者的增加，提高了参与者的收入，增加了购买力，促进了市场活跃性。

第五，改革金融体制。取消外汇，调整汇率，挤压黑市，深化外汇制度、银行制度改革。朝鲜实施"7·1经济管理改善措施"后，为了解决朝币汇率脱离实际的问题，在采取单一固定汇率制的同时施行了汇率现实化措施。2002年8月，朝鲜废除了国定汇率（1美元兑换1朝鲜元），将贸易汇率单一化。这一措施表明，政府一方面要在出口中提高本国产品的价格竞争力，另一方面也要加强对市场流通外汇的控制并增加外汇收入。2003年6

月，政府在综合市场上设立"外汇兑换所"，以黑市汇率向本国人兑换货币，开始实行双重汇率制。实行新的汇率政策后，朝鲜在外汇管理上出现了一些新的变化，如平壤乐园百货商店的所有商品价格过去全部以美元标价，现在则改为朝元标价。此外，与过去不同的是，外国人在外汇商店内不能用普通朝鲜货币购买商品，必须用经商店内外汇兑换处兑换的朝币（外汇兑换证明）才能购物，外汇商店拒收从其他渠道兑换的朝币。即各外汇商店为维护自己商店的利益，协助国家对外汇市场的整顿和加强管理工作，规定只有从自己商店内开办的外汇兑换处兑换的朝币，才能购买本商店的商品。

2003 年 3 月 26 日，朝鲜第十届第六次最高人民会议通过了在全国发行人民生活公债的决议，不再把它看成是资本主义的东西。公债发行方式为，2003 年 5 月 1 日至 2013 年 4 月 30 日有效期 10 年的公债，分 500 朝元、1000 朝元、5000 朝元 3 种面值，发行时间为 2003 年 5 ~ 7 月。这种公债无利息，通过兑奖和到期返还奖金和本金的方式发行。现在 1 欧元兑换 155 朝元，100 欧元兑换 3 张面值 5000 元的债券。总发行量为 400 亿 ~ 500 亿朝元，可为 2003 年增加 10% 左右的财政预算。朝鲜还合并了银行。据韩国中央日报网 2003 年 11 月 4 日透露，朝鲜新设立的经营信用银行已同朝鲜合营银行、信托银行合并。此举意在清理经营不善的银行，提高银行经营功能。

第六，加强对外开放。首先，调整对外贸易体制。1992 年朝鲜引入"新贸易体制"的概念。12 月，朝鲜最高人民会议第九届第四次会议决定，将政务院的贸易部等有关对外经济部门统一合并为对外经济委员会，以下放外贸管理权限，减少中央政府的垄断与控制。政务院各部委和地方行政经济委员会可独立从事国际贸易业务。这与 1984 年贸易体制的变动相比，更显示出朝鲜要在冷战后新的国际环境中，在多边化、多样化方针基础上，快速发展对亚洲各国和西方各国贸易往来的灵活性与积极性。通过贸易权分化，谋求搞活贸易。从来都是以中央政府为中心开展的贸易活动，开始容许市、郡和企业单位，通过基层单位经营，诱导贸易活性化。但是进出口手续等贸易行政业务，仍由贸易省一元化独揽，防止在贸易活动中不必要的过度竞争，确保秩序。2004 年 1 月朝鲜在贸易省下面新设了"国际贸易仲裁委员会"，为了解决对朝投资的相关法律问题，还实行了在朝鲜国内允许设立外国法律咨询公司的措施。2004 年 7 月将"民族经济联合会"扩大改编为"民族经济协力委员会"，按照行业，新设专门公司。另外，2004 年 9 月将三千里总公司拆分为三千里（IT、出版物）、明智（重工业、矿业）、光复

（铁路、公路）三个总公司，把业务进行了分割，通过整顿贸易管理机构，整理虚假分支机构，提高了效率。

这种体制与政策的变化意味着：（1）朝鲜已认识到，为克服 90 年代后因社会主义国家剧变而出现的外贸困境，自立经济建设必须扩大同西方国家的贸易，但由于贸易习惯上的差异，现有的传统贸易体制已难以扩大与西方国家的贸易，必须改革，以适应国际惯例；（2）引入新体制后，生产企业将直接设立贸易组织出口自立产品，直接从国外筹措所需物资，这将促使一向以中央统一计划为主的企业不得不面向国际市场，接受市场需求及其运作机制的影响，从而改变以往的经济运行机制，引发产业结构的外向化和经济结构的开放化、市场化；（3）各部、委、道主管生产的行政机关成立贸易公司后，行政机关便具有了对外贸易等经济部门的职能，这将促使行政部门更快适应市场经济的需要，进而推动整个经济由"自给自足"走向市场、走向开放。

其次，设立经济特区，并在特区实行特殊政策。1991 年 12 月，朝鲜将罗津、先锋地区（621 平方千米，1993 年又增加了 125 平方千米）设定为自由经济贸易区。这一开发措施的基本意图就是要把罗津、先锋地区建成朝鲜经济发展与对外交流的中心。为此，朝鲜制定了一项三阶段综合建设开发计划，即 1993 ~ 1996 年为第一阶段，主要是修建和扩建铁路、公路、港口、通信等基础设施，改善投资环境，创造良好的投资氛围；1996 ~ 2000 年为第二阶段，主要工作是把该地区建设成为国际货物周转基地、出口加工贸易基地、国际观光基地等；2001 ~ 2010 年为第三阶段，主要工作是继续扩大和完善上述各项目标。至 1998 年底，在罗津特区，外国投资项目签订合同的有 7 亿美元，实际投资 8800 万美元。在特区实行了特殊政策。在特区内，禁止外汇券和美元的流通，并将美元对朝鲜元的汇率由 1 美元 = 2.14 元，改为 1 美元 = 200 元。允许私人的经济经营活动，如允许私人经营饭店、旅店等服务业。在特区内取消了政府对企业的经济补助，并实行企业的独立核算制。在特区内开设了自由市场。

最后，吸引投资，加强与他国的经济合作。为了促进外国企业对朝投资，朝鲜全面改编与吸引外资相关的法规，允许合营公司的直接出口，并且工资、电费等经常性费用可以用朝鲜元支付。积极制定低于周边国家的税金、公纳金优惠措施，例如制定了企业所得税 10% ~ 25%（东南亚30% ~ 35%），交易税 1% ~ 15%（东南亚 30% ~ 60%），电费 67 美元/千瓦时（周边国家 80 ~ 120 美元/千瓦时），水费 38 美元/千立方米（周边国家

120～130 美元/千立方米）。此外，以海外同胞为对象，举办投资说明会，提出各种优惠措施。朝鲜最初以 21 个国家的 164 名海外朝鲜族同胞为对象举办了投资说明会，缔结了海外朝鲜人贸易协会（OKTA）—国际贸易促进委员会之间的相互合作协议书。并且计划在开城工业园区附近形成侨胞企业专用工厂用地。投资罗先特区基础设施时，表明了无偿支援 250 万坪土地的方针（贸易省副相金容述）。

第二节　安全需要下的"先军政治"

一　"先军政治"提出的历史背景

（一）"先军政治"提出的国际环境

　　冷战期间，朝鲜半岛处于美日韩的南三角与中苏朝北三角的对峙中。但是苏联解体之后，朝鲜半岛的力量均势不复存在，在这种形势下，韩国采取了积极主动的外交战略，调整它同中国以及俄罗斯的关系。1990 年 9 月 30 日，韩国同俄罗斯建交。1992 年 8 月 24 日，韩国实现了同周边国家关系的正常化。韩国还利用冷战后国际形势的变化，积极推动同东欧前社会主义国家和蒙古人民共和国的关系，同这些国家建立外交关系，拓展了韩国的国际生存空间，韩国的国际地位和国际影响力大大提升。与此相反的是，俄国以及东欧国家因为多种原因同朝鲜的关系反而疏远了，朝鲜被边缘化了，其国际地位和影响力被弱化了。东北亚的地缘政治格局则由过去的朝苏、朝中的北方力量联盟与美日韩的南方力量联盟的对抗，转变为孤立的朝鲜同韩美日同盟的力量对抗，朝鲜处于孤立的地位。伴随着社会主义国家之间经济协作关系的迅速瓦解，国际敌对势力加紧了对朝鲜的孤立和扼杀活动。冷战结束，亚太地区进入战略重组阶段，半岛上原有的战略平衡被打破，国际力量重新组合分化，尤其是美国为了建立美国主导下的冷战后国际新秩序，一方面加强同发达国家的协调与合作，与此同时，也加强了对第三世界的干涉与控制，对少数几个社会主义国家则仍然不放弃冷战思维，采取遏制政策，尤其是对朝鲜，以美国为代表的西方发达国家，仍然采取封锁高压政策。美国依靠其强大的实力，试图迫使朝鲜改旗易帜，通过不断对朝鲜施加强大的压力，进行史无前例的扼杀政策，进而以朝鲜的"崩溃"为前提，实现南北统一和美国主导下的东北亚秩序。

（二）"先军政治"提出的国内背景

如上文所描述，冷战结束后朝鲜出现了严重的经济困难，加之 1994 年 7 月 8 日，金日成主席逝世，朝鲜社会主义事业遇到了前所未有的困难局面。西方国家预言金日成去世之后的朝鲜三年之内就会崩溃。当时，朝鲜面临着艰难的选择，是将有限的资源投入到人民生活必需品的生产上，以提高人民的生活水平，还是投入到军事上，用以维护国家的主权和生存。继任的朝鲜领导人金正日经过缜密的思索后指出："我们没有糖丸照样可以生存，但没有枪杆子则无法生存。"于是朝鲜以 1995 年 1 月 1 日金正日视察前线部队为标志，宣布整个国家进入先军时代。1998 年 9 月 5 日，朝鲜最高人民会议通过了新的宪法，确立了国防委员会为国家最高行政机关的政权体制，从而实现了先军政治的法制化。

二 "先军政治"的内容及实践

（一）"先军政治"的提出及内容

金日成时代，提出了切合当时实际的主体思想，朝鲜在建国初期取得了巨大进步和飞速发展。随着时局及国内外政治、经济形势的变化，金正日及时提出了"军事为先"思想，并身体力行地将这一"先军"思想贯彻到党和国家的各项工作之中。"先军政治"是 1995 年 1 月 1 日朝鲜领导人金正日视察蟠松哨所时提出的，总体上是对金日成主体思想的继承与发展。"先军政治"是朝鲜在面临西方敌对势力军事威胁时，为了捍卫政权而采取的措施，被称为"万能宝剑"。"先军"思想是金正日提出的治国思想。金正日认为，朝鲜要想在汹涌澎湃的全球化浪潮中站稳脚跟，必须将军事工作作为一切工作的先导，必须视军事任务为其他各项任务服从和围绕的中心。

"先军政治"的提出，与朝鲜历史上一贯重视军事建设的国家传统战略相一致。在先军政治思想的指导下，军队几乎参与到社会主义建设的所有领域，朝鲜也实现了军队和人民在思想、工作态度、生活作风上的完全一致。只有"枪杆子才能出政权"，"只有枪杆子才能保卫社会主义"，是朝鲜建国后深入人心的标语口号。20 世纪 50 年代后，随着朝鲜劳动党奉行自主路线和国际共产主义阵营的分化，把基于主体思想的基本要求定为国策，即思想上主体、政治上自主、经济上自立、国防上自卫，要达到这样的要求，就必须进一步发展军事力量，以摆脱对大国的军事依赖。1962 年 10 月发生古巴导弹危机和美国扩大对越战争之后，朝鲜半岛局势趋于紧张。苏联在关键时刻的妥协被朝鲜认为是对盟友的背叛，让朝鲜更加深了对"自主国防"的重要性和必要性的认识。在思想领域，朝鲜开始加紧对依赖外国、崇拜外国的"事大主义"思想的批判，以主体思想武装全体人民。在国家建设中，1962年12月的朝鲜劳动党第四届中央委员会第五次全体会议上，提出了经济和国防建设并举的新战略。1974年2月，金正日被推举为党中央政治委员会委员、党中央委员会总书记的接班人。从此，金正日直接参与领导了朝鲜国内外政策的制定和调整。这也为朝鲜两代领导人的国内外政策能够保持连续性提供了保证。朝鲜人民在"一手拿枪，一手拿镰刀和铁锤"的口号下，投入到了贯彻新的战略路线的斗争中，以"全国军事化，全国要塞化，全军现代化，全军干部化"为目标，朝鲜军事实力大大提高。这一时期，也是东北亚格局发生变动的时期，朝鲜依靠坚实的经济实力和国防力量，在诸如"普韦布洛号"间谍船事件、"EC121"间谍飞机事件、"板门店事件"等一系列朝美对峙中，坚持了自主路线，捍卫了国家主权和尊严，也保证了亚太地区的稳定，朝鲜得出结论：美国之所以不敢对朝鲜动手，就是因为害怕朝鲜一心团结的力量和强大的国防力量。由此可见，朝鲜长期以来就因为复杂的国内外因素，形成了重视军事的国家传统和牢固的国防基础。

"先军政治"的思想就是将"军事第一"和"加强国防力量"作为国家第一要务，简单地说，就是一切以军事工作为先，一切以军事工作为重。其核心思想是对这个国家进行军营式的准军事化管理——但并非军事管制，朝鲜人民军将成为这个国家最有权力的阶层，军队的重要性被提升到前所未有的地步。同期，美国人建立伊拉克禁飞区和北约对波斯尼亚塞族军队的打击，让朝鲜领导人这样认为：国家和民族的命运不是取决于幅员大小和人口多少，而是取决于军事力量如何。具体而言：

（1）突出军队在社会阶层中的最高地位。朝鲜通过对社会阶层次序的调整，将军人置于工人、农民、知识分子三大阶层之前，进一步突出军人的地位。即把本属于工、农、知识分子子弟的军人作为一个阶层单列出来，并将之置于工、农、知识分子三大阶层之前位。据朝鲜金正日国防委员长的阐述："革命军队是革命主体的核心力量、主力军。军队就是人民，就是国家，就是党。"这是先军政治的思想基础，朝鲜认为：军队和国家政权同样具有革命的工人阶级的性质，都把人民群众的利益放在第一位。兵弱国将衰弱，国家政权也将陷入危机。军队就是国家这种逻辑，只有在实践中把国防事业看做国事中的大事抓起来，把加强国防视为革命的根本，才能最大限度得到体现。

（2）执行"先军"领导方式，以治军方式推动全社会工作。由领袖重点抓军队工作，再以治军方式推动全社会工作。领袖抓军队主要是以走访视察军事单位、进行现场指导方式开展。通过现场指导，鼓舞了军人的士气，赢得了军人对领导的忠诚。金正日身体力行贯彻这一思想。作为国防委员会委员长和朝鲜人民军最高司令官，金正日每年外出视察，去的最多的地方就是部队。如1998年，他曾74次到部队视察，走访了部队的174个单位。有资料统计，从1995年初至2002年前夕的7年里，金正日行程17.7万多千米，走访、视察军事单位700余个。对社会工作，朝鲜领导人要求各级干部像指挥战斗那样指挥工作，提出的方针政策也多用军事术语来表达，比如对具体的经济任务要开展"进攻战"、"歼灭战"等。有些重大经济项目经常直接由军队来承担。保障军费投入，加强军事威慑作用。朝鲜认为，在社会主义阵营解体后，自己更加直接地站到了对帝国主义作战的前沿，既没有了左右翼，也没有了后方。因此，必须在"全民武装化、全国要塞化"的基础上，加强步兵军的现代化建设和威慑性战略武器的开发。朝鲜领导人多次强调，"国家财政再困难，也要优先保障国防费用的支出"。近年来朝鲜每年的军费支出约占其GNP的20%～25%，1994年其军费支出为56.6亿美元，占GNP的26.7%。

（3）启迪军魂，增强凝聚力。朝鲜通过"先军政治"，选择军人作为社会进步的先导，用军人的奉献精神焕发国民的凝聚力。相对于一般群众而言，军队作为一个训练有素的特殊群体，以其整齐威武的集体形象、无条件服从命令的军人品质，成为一种体现力量和凝聚力的象征。朝鲜实施的"先军政治"的主要做法之一，就是在全社会倡导军人精神，将军人定位为引导社会发展的先导力量，宣扬以军人精神焕发国民的凝聚力和对领袖的忠诚。

（二）"先军政治"的本质

"先军政治"是加强人民军队，使之成为所向无敌的革命武装力量，来保卫祖国的安全与革命胜利果实的政治方式，是一种以人民军为核心和主力，牢固地建设革命的主体，以革命精神战斗性地推进整个社会主义建设的政治方式。"先军政治"的本质不仅在于单纯地使军事先行，而且还在于依靠以军队为主力军保卫祖国，加强主体的革命力量，大力开展社会主义建设，这是先军政治的内核。"先军政治"的核心思想：一是以军事为先原则，解决革命和建设中出现的一切问题，即军事是国家工作的重中之重，国家的力量首先要投入军事以及国防领域，经济建设必须服从军事需要；二是以军队为革命的主力军，依靠军队推动社会主义事业的全面发展。也就是说为了实现社会主义革命的伟大胜利，必须以军队为核心，以军队为革命的主体，充分发挥军队的先锋队作用。

（三）"先军政治"的实践

1. 实现"先军政治"的合法化

首先，巩固国防委员会的地位。1992 年 4 月，朝鲜第九届最高人民会议第三次会议首次对"社会主义宪法"进行了修改：把原隶属于中央人民委员会的国防委员会升格为独立机构；分设国家主席和国防委员会委员长职位，国防委员长代替主席行使武装力量的指挥权。1993 年，国防委员会成立，其地位与中央人民委员会相同。1993 年 4 月，金正日当选国防委员会委员长。修宪后，加强了国防委员会的地位和职能，"金正日第一期体制"正式出炉。其次，实现"先军政治"的法制化。1998 年 9 月 5 日，朝鲜最高人民会议通过了新的宪法，确立了国防委员会为国家最高行政机关的政权体制，从而实现了先军政治的法制化。1998 年 9 月，朝鲜最高人民会议第十届第一次会议对 1972 年颁布、1992 年修订的宪法进行了较大幅度的修改和补充。新宪法删掉国家主席和中央人民委员会的有关内容，废除国家主席制，将政务院改为内阁，实行国防委员会、最高人民会议常任委员会、内阁领导体制。选举顺序修订为先选举国防委员会委员长，其次选举最高人民会议常任委员会委员长。宪法结构顺序修订为国防委员会一节在前，最高人民会议常任委员会一节在后。在国防委员会的性质表述上，由原来的"国防委员会是国家主权的最高军事指导机关"修改补充为"国防委员会是国家主权的最高军事指导机关，是总体的国防管理机关"。宪法扩大了国防委员会委员长的职权。原宪法第 113 条规定"国防委员会委员长指挥统率一切武装"修改补充为"国防委员会委员长指挥统率一切武装，全面指导国防事业"。此次修宪，从宪法角度使国防委员会和国防委员会委员长的地位进一步得以提高、权力得到加强。最后，将"先军思想"写入宪法。2009 年 4 月，朝鲜修改了宪法，正式把"先军思想"写入了宪法。修改的宪法还规定国防委员长领导国家的全部工作，国防委员会制定国家的重要政策。这强化了国防委员长的地位和权限，委员长（金正日）作为最高领导人，地位与"永远的主席"金日成相同，可以批准和废除重要条约，行使赦免权以及宣布进入紧急状态。国防委员会也拥有了更加强有力的职能，成为朝鲜国家最高权力机构。

2. 建立"先军政治"的国家政治体制

朝鲜领导人对国家政权机构进行了改组，金正日进一步强化和巩固了国防委员会的权利。1998 年 9 月 5 日，最高人民会议第十届第一次会议规定，国防委员会是国家权力的最高军事领导机关，是总括性的国防管理机关。朝鲜民主主义人民共和国国防委员会委员长指挥和统率一切武装力量，领导全部国防事业。国防委员会在宪法中被排在最高人民会议之后的第二位，高于内阁和司法检察机关。名义上的最高权力机关中央人民委员会被撤销了，政务院被改为内阁，并逐渐沦为一个单纯管理国民经济的机构。这不是要把国家机构本身变成军事机构，而是在社会主义政治体制框架内保证重视军事，最大限度保证军事发展。

金正日在这次会议上继续当选为委员长，朝鲜人民军总政治局局长赵明禄次帅被任命为第一副委员长，人民武力部部长金一哲次帅和另一位军队元老李用茂次帅被任命为副委员长，另有 6 名委员，同以往不同的是，这次当选的委员增加了一些重要的党和政府官员。1998 年以后国防委员会成员的变化是，2003 年 9 月 3 日前总理延亨默被任命为副委员长，金一哲改任国防委员会委员，延亨默于 2005 年 10 月 22 日病逝。2009 年 2 月 19 日，前总参谋长吴克烈大将被任命为副委员长，同年 4 月 9 日，人民武力部部长金永春次帅被任命为副委员长，2010 年 6 月 7 日，朝鲜劳动党中央行政部部长张成泽被任命为副委员长。国防委员会执行下列任务和职权：（1）领导全国武装力量和国防建设事业；（2）设立或撤销国防部门的中央机关；（3）任免重要军事干部；（4）制定军衔，授予将领以上军衔；（5）宣布战时状态，发布动员令。国防委员会直接管辖那些最重要的权力部门，这包括人民武力部、人民保安部、国家安全保卫部和第二经济委员会，这种将国防、安全和军工集中管理的方式，充分显示了朝鲜"先军政治"式的特色。

3. 实施普遍义务兵役制

所有公民都有根据国家需要服兵役的义务。朝鲜现在正处于停战时期，实行的是普遍的义务兵役制，也就是所谓的"先军制度"。每一位高中毕业后的男性公民都将进入军队服役 5 年。如果有幸考入大学，则兵役的履行可以推迟到学业完成之后，而且服役的期限从 5 年缩短为 2 年。服役期为：陆军 6 ~ 8 年、海军 5 ~ 10 年、空军 3 ~ 4 年。义务兵可服役至 40 岁。

4. 研究核武器，实施"核政治"

朝鲜核问题是朝鲜"先军政治"谋求国家安全过程中的集中表现。朝鲜在谋求自身安全过程中大打核牌，核成了其国内及国际政治生活中的重要因素，为此我们将其命名为朝鲜的"核政治"。

朝鲜"核政治"的战略意图。第一，"求核"以自保。冷战以来，朝鲜半岛一直处于分裂分治状态，长久以来，北部的朝鲜与南部的韩国分庭抗礼。在长期的对抗中，南北双方都有至关重要的战略支持。中、苏是朝鲜倚重的盟国，美、日等国则是韩国的后盾。冷战后，朝鲜半岛的力量对比发生重大变化，主要表现在两个方面：一是朝鲜丧失了传统盟国的支持。中、苏与韩国建交，它们与朝鲜的关系随即都跌入谷底。朝鲜与这两个国家 1961 年签署的同盟条约名存实亡；二是苏联解体以及东欧剧变不仅使朝鲜丧失了廉价物资的主要来源，而且也失去了重要的产品销售市场。受此影响，1991 年的朝鲜经济萎缩了 5.2%，1992 年进一步下滑了 7.6%。此外，俄罗斯、中国等朝鲜的传统贸易国在对朝贸易上采取新的现汇支付的方法，朝对外贸易因此锐减。朝俄贸易从 1992 年的 6 亿美元降到 1994 年的 1.15 亿美元。面对朝韩力量对比的不利变化，朝鲜领导人铤而走险，通过寻求核武器以求自保。第二，"求核"为"拉"美。"求核"的另一个目的是制造一个能够与美国进行持续的、直接对话的热点问题，并以此为契机实现朝美关系的正常化。1973 年以来，寻求同美直接对话并最终实现两国外交上的相互承认成为朝鲜外交的重中之重。尽管朝鲜表现得锲而不舍和超乎寻常的主动，但朝美关系发展举步维艰。朝鲜无力阻止自己的传统盟国与韩国建立外交关系，更无与美国讨价还价的筹码。通过"求核"使美国与自己保持一定强度的直接谈判不失为有一定胜算的险招。

三 朝鲜"先军政治"的影响

(一) 直接导致朝鲜核问题的产生

在"先军政治"政治思维的指导下朝鲜研发核武器并由此引发了所谓的"朝鲜核问题"。朝鲜半岛核问题可以说是由来已久，朝鲜半岛核危机是二战以来，朝鲜为了维护自身的安全和主权独立完整以及自身的生存发展而采取的独立自主的核安全保障战略，是由美国对朝鲜采取的长期敌对封锁包围政策和最终颠覆朝鲜现行制度的对朝政策所决定的。冷战结束后，国际环境的变化明显有利于韩国。加上这时朝鲜的经济情况陷入困境，尤其是国际贸易形势每况愈下，据统计，朝鲜 1990 年对外贸易额为 47.7 亿美元，1991 年则降为 27.7 亿美元，下降了 41.9%。① 1995 年朝鲜的许多工厂处于停产半停产状态，朝鲜经济处于停滞甚至崩溃的边缘。与此形成鲜明对比的是，韩国的经济形势却越来越好，韩朝两国实力对比差距拉大，韩美期待着以德国的方式按照汉城的条件统一朝鲜半岛，在十分困难的情形下，朝鲜不得不调整改变有关同韩国、美国的对外政策。朝鲜核问题是冷战结束后，朝鲜国际生存环境以及地缘政治发生巨大变化的结果。

朝鲜半岛核危机也是冷战后美国东亚政策乃至全球战略调整的结果。冷战结束后，国际形势发生了根本性的变化，在这种国际形势下，朝鲜就把拥有核武器作为反对美国的遏制与威慑，确保自身安全的利器。所以，从 20 世纪 90 年代冷战结束以后，朝鲜加快了核计划步伐，开始加速研制核武器，希望早日成为拥有核武器的国家。美国对于朝鲜的这一动向十分敏感，并保持密切关注和高度戒备。这就决定了冷战结束后的朝鲜半岛必然再起波澜。在 1989 年初，美国通过间谍卫星疑似发现朝鲜宁边有增加核反应堆设施的迹象，由此美国认定朝鲜要研制核武器，并于 6 月向韩国通报情况，认为最迟在 1995 年朝鲜就可以研制成核武器，就可以拥有生产核武器的能力。1990 年 4 月，美国国防部官员正式提出了朝鲜核问题，美国以其提供的资料和卫星照片为依据，质疑朝鲜正在研制核武器，认定在朝鲜平壤以北 90 千米处的宁边地区增设核反应堆及其附属设施。美日联合向朝鲜施压，朝鲜核危机至此爆发。

（二）冷战后朝鲜核问题的发展历程

第一次核危机爆发于 20 世纪 90 年代初，以朝鲜退出《不扩散核武器条约（NPT)》达到顶端，以日内瓦《朝美核框架协议》的签署实现缓和。第二次朝核危机，发生于 21 世纪初，以 2006 年朝鲜核爆达到顶端。第三次核危机发生于 2009 年。朝鲜核危机冲突方主要是美国和朝鲜，中国、韩国、日本、俄罗斯也牵涉其中。具体而言：

第一次朝核危机。1985 年 12 月，朝鲜加入《不扩散核武器条约》。按照该条约规定，成员国必须接受国际原子能机构对其核设施的检查，但朝鲜却一直拒绝接受其检查。1990 年 4 月，美国国防部官员正式提出了朝鲜核

---

① 陈峰君、王传剑：《亚太大国与朝鲜半岛》，北京：北京大学出版社，2002，第 334 页。

问题，美国以其提供的资料和卫星照片为依据，质疑朝鲜正在研制核武器，认定在朝鲜平壤以北 90 千米处的宁边地区增设核反应堆及其附属设施。美日联合向朝鲜施压，强烈要求朝鲜与美韩签署核保障协定，朝鲜宣布要退出《不扩散核武器条约》，美国等国举行联合军事演习，朝鲜半岛局势骤然紧张起来，第一次核危机由此爆发。

1991 年底，朝鲜半岛北南双方签署了互不侵犯协定。韩国政府宣布韩国不存在任何核武器，表明美国已经完全撤除其部署的核武器。1992 年 2 月朝韩订立《朝鲜半岛非核化共同宣言》，同年 3 月，美韩两国暂停年度联合军事演习，4 月，朝鲜与国际原子能机构（IAEA）达成核保障协议，并接受了 IAEA 的 6 次核查。在此基础上，朝韩双方又达成同时检查对方核设施的协议，成立两国核控制委员会，一切都在向良性化方向进展。

1993 年 1 月，美国再度施压，与韩国举行以朝鲜为假想敌的联合军事演习。朝鲜强烈抗议，宣布全国进入"准战争状态"，并于 1993 年 3 月 12 日，第一次宣布退出《不扩散核武器条约》。美国随即宣布制裁朝鲜，形势骤然紧张。5 月初，因朝鲜试射"劳动—1 号"导弹，美国指责朝鲜破坏对话气氛，缺乏诚意，朝美北京会谈告吹。美国转而将美朝对话国际化，把问题提交联合国。在美国执意坚持下，联合国安理会通过 825 号决议，要求朝鲜重新考虑退出《不扩散核武器条约》问题。朝鲜声明：825 号决议是对其内政和主权的严重侵犯，警告美国对由此产生的后果承担全部责任。为打开僵局，中韩两国紧急磋商，取得共同合作、化解危机的共识。在各方外交努力下，6 月朝美双方在纽约举行四轮高级会谈。朝方宣布暂不退出《不扩散核武器条约》，双方发表《联合声明》，就反对武力威胁、保证无核化朝鲜半岛的和平与安全、相互尊重主权与互不干涉内政等三原则达成共识。然而，朝美双方在剑拔弩张的背后，却在加紧日内瓦双边谈判。不久，双方发表《美朝关于核武器的声明》，重申《联合声明》的三原则，作为交换，美国向朝鲜提供轻水反应堆，朝鲜尽快与 IAEA 恢复接触，磋商核设施安检问题。

1994 年 2 月，朝鲜同意 IAEA 对其核设施进行安检，朝美进一步达成有利于缓和局势的协议，朝韩双方的良性接触也重新开始。3 月，朝鲜与 IAEA 围绕被怀疑是否提炼钚的第 7 处核设施的安检问题发生争执。美国宣布将在韩国部署"爱国者"导弹，秘密计划对宁边实施海空联合打击。韩国拒绝对此加以配合，金泳三告诉克林顿："只要我还是总统，就绝不出动韩国 60 万大军中的一兵一卒。"朝鲜则毫不示弱，宣布"以对话回答对话，以战争回答战争"。形势骤然紧张。金泳三接连出访日本、中国，强调和平解决朝核危机，并不断把消息传递给美国。在中韩共同努力下，朝鲜表示愿意重开谈判。美国前总统卡特随后访问平壤、汉城，展开穿梭外交。同年 10 月，朝美双方在日内瓦正式签署了《朝美核框架协议》。协议规定，朝鲜同意冻结现有的核计划，即同意不再向一座发电量为 5 兆瓦的核反应堆重新添加核燃料，终止两座石墨减速反应堆的建设，封闭核燃料处理厂，并最终拆除上述核设施；美国承诺对朝鲜不以武力相威胁、改善朝美关系并提供两个轻水反应堆，每年提供 50 万吨的重油，以缓解电力、燃料供应的紧张状态。"日内瓦框架协议"为第一次朝核危机画上了句号，世界为之松了一口气。随后，在朝鲜半岛，虽然有朝鲜导弹试射引起的不安，但主流是积极的：2000 年南北首脑金大中与金正日举行首次峰会，美国国务卿奥尔布莱特首次访问平壤，多个欧洲国家与朝鲜建交。

第二次朝核危机。2002 年是《朝美核框架协议》签署的第 8 个年头，但协议的执行情况很不好。小布什政府还把朝鲜列入"邪恶轴心国"名单。2002 年 10 月 3 日至 5 日，美国负责东亚太平洋事务的助理国务卿凯利访问朝鲜。回国之后，他向政府汇报说，朝鲜向他承认了没有停止发展核计划。11 月 14 日，美国正式宣布，由于朝鲜没有履行 1994 年《朝美核框架协议》，决定从 12 月开始中止对朝供应重油，并希望朝鲜半岛能源开发组织的成员国也停止向朝鲜供应重油。11 月 29 日，国际原子能机构通过决议，要求朝鲜放弃核计划，开放"所有相关设施"，并接受核查。决议还要求朝鲜在 2003 年 3 月之前提供其对核问题采取立场的文件，以便国际原子能机构决定下一步采取的行动。美国指责朝鲜的核秘密开发违反了"日内瓦框架协议"，12 月宣布终止对朝鲜的重油燃料援助。朝鲜针锋相对，指责美国未兑现承诺，继而撕掉核设施封条，拆除 IAEA 的监视器，勒令核检人员限期离境，公开向美国叫板。朝鲜半岛出现第二次核危机。

第二次核危机以后，为探索和平解决朝鲜核问题的途径，在中国的推动下，2003 年 4 月 23 日至 25 日，中、朝、美三方在北京举行了三方会谈。朝鲜在会谈中曾提出同时消除美朝安全疑虑的"一揽子"解决方案，要求美国作出回应。此后，为了把日趋严峻的朝鲜核危机纳入谈判解决的轨道，以和平方式确保朝鲜半岛无核化，在中国的倡导和主持下，自 2003 年 8 月断断续续举行了六轮由中、朝、韩、美、俄、日六方参加的会谈。前四轮会谈基本上是"务虚",讨论实现无核化的原则,虽然尚不涉及具体行动,但已显现会谈的艰辛。2005 年 9 月达成"9·19 共同文件"后,会谈进入"务实"阶段,顿时陷入僵局。先是美国以洗钱、伪钞等为由对朝进行金融制裁,朝鲜坚持不解除制裁不参加六方会谈,使会议中断一年多,这期间朝鲜于 2006 年 10 月又进行了核试验。经过多方努力,会谈恢复,并于 2007 年 2 月达成《落实共同声明起步行动》即"2·13 共同文件",但随后又出现"汇业银行资金问题",会谈再度中断。9 月,第六轮会谈第二次会议通过《落实共同声明第二阶段行动》,但文件规定的 2007 年 12 月 31 前须完成的承诺至今未完成。

第三次朝核危机。2009 年,朝鲜半岛再次成为世界瞩目的焦点。朝鲜先是发射卫星,宣布永远不再参加六方会谈,继而又于 5 月 25 日,在咸镜北道吉州郡进行了地下核试验,并推出《朝鲜停战协定》,使东北亚局势骤然紧张。朝核问题进入新的危险时期,针对联合国安理会通过的 1874 号决议,朝鲜作出强硬回应,宣布绝不放弃核计划,朝鲜决然走上"有核国家"之路。同时,将美国及其追随者的封锁视为战争行为,并采取坚决的军事应对措施,以报复对抗制裁。

美国对此反应强烈,停止向朝供应重油,不时对朝施加压力,并将朝核问题提交联合国安理会讨论。朝美双方唇枪舌剑、针锋相对,既有的矛盾进一步激化,朝鲜半岛再度成为世界关注的焦点。

(三)冷战结束后朝鲜"先军政治"影响下的朝美、朝日关系

1. 朝美关系

冷战结束对朝鲜半岛局势产生了深远的影响,但冷战思维却仍在半岛作祟。由于朝鲜实行"核政治"与美、韩、日等国进行博弈,美加强了与日韩的军事同盟关系,更加重视对朝鲜半岛事务的介入。朝美关系在此背景下经历了四个阶段的发展时期。

第一,冷战结束初期的朝美关系(1990~1994 年)。这一时期朝美关系的特点是在"遏制"与"反遏制"的反复较量中进行"渐进式的接触"。冷战结束初期,朝鲜半岛周边各大国与朝鲜半岛国家关系发生了重大变化,半岛南北关系也走向缓和。但是,缓和趋势并没有朝人们预期的方向发展。第一次朝核危机的爆发,使朝美关系趋于紧张,1994 年,朝美签署了"日内瓦框架协议",标志着朝美关系进入了一个新的阶段。

第二,相互调整与适应的朝美关系(1995~2000 年)。这一时期朝美关系的特点是朝美相互接触与对话增多，在克林顿政府后期朝美关系实现重大突破。美国与朝鲜签订核框架协议后，对朝鲜半岛事务的影响进一步增大。1995 年，克林顿宣布放宽对朝鲜的贸易和经济限制。此后，朝美间接触与交往增多。1995 年，朝美关系实现了几方面"零"的突破：一是克林顿首次接见朝鲜访美人士，并问候金正日；二是美国政府首次向朝提供了 22.5 万美元的水灾援助，允许朝驻联合国大使访问华盛顿；三是美国军人首次赴朝参加国际会议，朝官方贸易代表团首次访美，双方开始了直接贸易。1996 年 4 月，美韩提出举行由美、中、朝、韩参加的四方会谈建议。朝鲜方面经过相当一段时间的考虑后同意举行会谈。1997 年 12 月 9 日，四方会谈首轮会议正式启动。从此，美国在四方会谈框架内，加强了与朝鲜的对话，同时缓和了与朝鲜的关系。1999 年 8 月，四方会谈第六次会议无明显进展，但同时进行的美、朝协商中，双方就朝鲜导弹问题进行了激烈的讨价还价。朝方表示，出口导弹是"为了获得外汇"，作为停止出口"导弹"的交换条件，有必要就经济援助问题进行协商。

　　1998 年 2 月，金大中政府上台后，推行"阳光政策"。2000 年 6 月，南北首脑会晤，韩方表示支持朝鲜与美国改善关系。从此，朝美关系的发展不再受韩方的牵制。2000 年 10 月上旬，金正日委员长派赵明禄特使首次对美国进行访问，向克林顿转交了金正日的亲笔信。这是自朝鲜半岛停战近半个世纪以来朝美最高级别的官方会谈。双方认为，朝鲜和美国改善关系是国与国之间自然的目标，改善关系在 21 世纪将对两国人民都有利，同时也将保障朝鲜半岛和亚太地区的和平与稳定。十几天后，美国务卿奥尔布赖特为准备克林顿访朝，先期访问了平壤。金正日与奥尔布赖特举行了 6 个小时会谈。会谈中除导弹问题外，双方还讨论了"采取具体步骤缓解朝鲜半岛紧张局势必要性"等问题。奥尔布赖特表示，朝美应该努力捐弃前嫌，集中精力为两国人民构筑更加光明的未来。朝方认为，奥尔布赖特此行将使两国关系"进一步获得突破"。但是，由于克林顿总统处于执政末期，他的对朝政策受到国内政治因素的牵制，他的平壤之行被迫取消了。朝美关系又在关键时刻陷入停滞状态。

　　第三，新世纪初的朝美关系（2001～2008 年）。2001 年初，布什新政府上台后，全盘否定了克林顿政府时期的对朝鲜政策，对朝鲜态度强硬。为协调美对朝鲜政策，2001 年 5 月 25 日至 26 日，美、日、韩举行对朝政策协调会。美方通报了布什新政府对朝鲜政策的审议结果和今后推进对朝政策的方案。2001 年 6 月 6 日，布什总统发表声明，宣布与朝鲜进行无条件对话。美国通过韩国政府以及朝鲜驻联合国机构等途径与朝鲜保持着接触。2001 年 6 月 13 日，朝鲜驻联合国官员与美国新任朝鲜半岛和平特使普理查德进行了接触。"9·11"事件后，美将重点转向反恐，尽管朝公开表示反对一切形式的恐怖主义，并加入了两个反恐国际公约。但在美对阿富汗的军事行动结束之际，2002 年 1 月末，布什在发表的国情咨文中仍提出了"邪恶轴心"论。美国把朝鲜公开指责为支持恐怖主义的国家，并把朝鲜列为美国的七个"核打击对象国之一"。为此，2002 年 2 月 14 日，朝鲜《劳动新闻》发表署名文章，抨击美国的"邪恶轴心"论。认为美国的行为使两国关系处于最坏状态。美国在加强对朝鲜指责的同时，不断加强与其盟国——日、韩的协调，增加对朝鲜的联合军事压力。2002 年 3 月，美、日、韩再次举行对朝政策协调会。美方认为，在"9·11"事件后，按美法律，朝被列为"支持恐怖主义国家"，但同时也并不认为朝与塔利班和基地组织有关。2002 年 3 月 21 日至 27 日，在美国主导下，美韩进行了自朝鲜战争以来规模最大的联合军事演习，给朝鲜半岛局势再度带来紧张。但是，美朝继续保持接触。布什 2002 年 2 月访韩时，有意放风愿与朝方对话。美方通过朝驻联合国机构表示，美愿与朝进行无条件会谈，希望派普里查德特使访问平壤。这表明朝美双方都未关闭对话的大门。

布什时期虽然也声称一直坚持对朝接触政策，但这种"接触"具有与以往不同的特点。一是必须在朝鲜弃核前提下，才能恢复美朝直接对话。二是利用各种强大外交手段，使朝鲜让步。三是在处理方式上，试图将问题扩大为东北亚地区安全和核安全合作问题。四是适度保持对朝压力，强调不会用武力手段解决问题，但也拒绝排除动武的可能性。这些特点正符合布什政府的战略意图，即一方面将建立反恐和制止大规模杀伤性武器扩散放在优先的位置，另一方面也强调大国之间的合作。在对朝问题上所采取的以遏制和威慑政策以及全力营造朝鲜核危机"国际化"的方针，正是这种指导思想的体现。另外，布什政府认为"美国的任何对朝鲜半岛政策都在相当程度上取决于与日韩的合作"。因此，美除继续重视美韩同盟外，其半岛安全政策的一个突出重点是在朝核问题上加强了美、日、韩三方协调立场。布什政府一方面渲染"朝鲜威胁论"，另一方面在加强美日和美韩军事同盟关系的同时，支持日韩双方在安全领域内的合作，欲进一步加强"美日韩对朝政策的协调机制"，强化美日韩三方战略安全合作。美采取这一政策，一方面可以扩大对朝鲜的压力，另一方面，对于美国在东北亚地区的两大盟国日本和韩国，加强这两国在安全领域内的协调机制，无疑能促进美国所谋求的整个亚太地区战略目标的实现。

因此，布什时期美国的半岛政策，一方面巩固与韩国的联盟，另一方面对朝方实行"接触中的遏制"和"遏制中的接触"两手互相交替的方针。美国认为，发展这样一种互动关系有助于美国政策目标的实现，这便是以美日、美韩同盟为基础，向整个朝鲜半岛拓展美国的势力，通过改善与朝鲜的关系，并最终把统一的朝鲜半岛纳入美国的全球战略体系。这样的政策目标体现了对朝鲜的遏制层面，也体现了对中、俄、日的遏制层面，在本质上符合美国全球战略。

第四，奥巴马政府时期的朝美关系（2009年至今）。奥巴马政府对朝政策在一定程度上延续了布什政府的接触政策。虽然奥巴马在对朝谈判方面有一些新的想法和相对灵活的举措，但在对朝原则性问题上并没有大的让步。奥巴马在上任时曾强调，防止核扩散是美国对外政策最重要的目标。奥巴马很难容忍朝鲜拥有核武器，朝鲜如通过核开发成为有核国家将对国际核不扩散机制构成严重挑战。2009年2月，美国国务卿希拉里在东亚访问期间再次阐明，美国的目标是使朝鲜最终弃核。美国绝不能承认或接受朝鲜将拥有核武器。这意味着美国不会同没有"弃核"的朝鲜实现关系正常化。美国方面表示将致力于推动建立一个无核武器的世界，并与其他有关国家一道寻求强化《不扩散核武器条约》的彻底实施。奥巴马总统上台后力图建立和平利用核能的新机制；同时要确保恐怖分子永远不能获得核武器或核材料。

自2008年年底开始，朝鲜在对韩关系上显现出强硬姿态。2009年1月30日，朝鲜又发表声明，宣布废除朝韩之间签署的《关于南北和解、互不侵犯与合作交流协议书》。2009年4月5日，朝鲜宣布发射了一枚通讯类卫星，而美、日则认为朝鲜试射了远程导弹。2009年5月25日，朝鲜宣布进行了第二次核试验。朝鲜的相关举措引起了全球尤其是东北亚国家的密切关注，其结果促使美国保守势力声音的上升，美国政府内部部分鹰派人士主张对朝进行严厉军事经济制裁，朝美关系重新陷入僵局。2009年8月4日，美国前总统克林顿访问朝鲜，克林顿此行是为了解决被朝鲜扣押的两名女记者的问题。克林顿在平壤受到了多名朝鲜高官的欢迎，并与朝鲜最高领导人金正日举行正式会晤，经由平壤的短暂停留，克林顿带走了由朝方扣押的两名美国女记者。克林顿的平壤之行给朝美关系带来了转机。2009年11月美国总统奥巴马在韩国访问时宣布，美国朝鲜问题特使博斯沃思将于 12 月 8 日访问朝鲜，开启朝美对话。朝美关系在 2009 年年底已经出现转暖迹象。

2010 年的朝美关系呈现非常紧张、一触即发的状态，突出表现在天安舰事件和年底发生的延坪岛炮击事件。天安舰事件事发于 2010 年 3 月 26 日，韩国"天安"号警戒舰在黄海朝韩两国争议海域发生爆炸沉没，造成 46 名船员遇难。韩军方内部认为天安舰沉船事件很可能是由朝鲜鱼雷改造成的上升式自导水雷引起的爆炸造成的。朝鲜祖国和平统一委员会 19 日发表"控告书"，指责韩国把"天安"号舰艇沉没事件与朝鲜联系在一起是对朝鲜的"严重挑衅"，是把局势引向严重危机的行动。天安舰事件引发了周边各大国的严重关切，朝美关系也由于美韩同盟的现实存在重新陷入动荡。2010 年 11 月 23 日，朝鲜和韩国在朝鲜半岛西部海域有争议的"北方界线"附近发生相互炮击事件。韩国国防部新闻办公室说，延坪岛遭到朝鲜海岸炮的炮击。朝鲜方面发射了 100 多发炮弹，韩国军方回击了 80 多发炮弹。延坪岛上两名韩国海军陆战队员和两名平民死亡，18 人受伤。朝鲜祖国和平统一委员会 11 月 26 日发表声明说，这一事件是韩国反朝对抗政策和军事冒险导致的"严重后果"。奥巴马政府仍希望通过对话来解决朝鲜核问题，并在未来一段时间内将通过"六方会谈"和美朝对话等政策来使朝鲜转变态度。如果"六方会谈"始终没有重启并开始实质性进展，未来不能排除朝美关系进一步恶化的可能。

虽然美国针对天安舰事件和延坪岛炮击事件表现出强硬的立场，但其与朝鲜接触的基本立场没有改变。在对美关系上，朝鲜采取了取巧战略。2009 年，朝鲜利用两个美国记者成功使克林顿访朝，而 2010 年又利用戈麦斯使卡特访朝。朝鲜利用卡特的来访，减缓外在压力；同时，通过民间接触，弃核道路上继续前行的信息就可以传递给美国。负责对美外交的重要成员全部被晋升是一个重要的信号。根据朝鲜最高人民会议常任委员会 2010 年 9 月 23 日政令，姜锡柱被任命为内阁副总理。姜锡柱是 1994 年朝鲜与美国达成核冻结协议的设计师，一个积极的信号正在被朝鲜传递，即朝美关系将成为朝鲜优先考虑的方面。同时，中国也成为朝鲜与美国博弈的工具。2010 年，朝鲜领导人两次访问中国，在朝鲜因天安舰事件陷入孤立的情况下，又把中国推到了前台。第一次访问中国之后，朝鲜暂时摆脱了自己的孤立状况。而第二次访问中国，恰逢卡特访问朝鲜。金正日避开了与卡特会面，这种怠慢美国的做法，是希望美国重新考虑对朝鲜的强硬立场，同时凸显与中国的密切关系。由于理论上朝鲜半岛仍处于战争状态，而朝美、朝日关系均未实现正常化，因此，在正式签订和平协定之前，突发性事件还会继续导致半岛局势不稳定，也随时可能使双边乃至多边关系受到损害。但同时，周边大国都在为解决冲突而进行着不懈的努力。从美国角度说，与朝鲜接触必须在六方会谈框架下进行。而金正日在访华期间，明确表态愿意重返六方会谈。但美国对与朝鲜对话开出了条件，即朝鲜要承担义务。这就要求朝鲜首先要有弃核行动，其次不要实施挑衅行为。可见，美国是将对话作为一种对朝鲜的遏制手段。

2. 冷战后的朝日关系

朝鲜半岛分裂后，日本与韩国在美国的撮合下，于 1965 年签订"和约"，日本承认韩国为朝鲜半岛唯一合法政府，从而关闭了与朝鲜对话和解的大门。朝日关系的非正常化成为东北亚地区的冷战遗留问题之一。

第一，朝日关系的发展历程。首先，二战后至冷战结束前的朝日关系。二战结束后，由于日本政府承认韩国为朝鲜半岛唯一的合法政府，实际上关闭了朝日建交的大门。战后，朝日之间虽然没有正式的官方对话渠道，但两国之间并非没有接触的机会，朝鲜也为打破朝日关系的僵局作出过多次努力。1955 年 2 月，朝鲜外相南日发表声明：准备就贸易、文化以及朝日关系其他各领域的有关问题，与日本政府进行商议，愿意讨论有关建立和发展朝日关系的所有问题。当时斯大林去世，苏联提出和平共处的口号，美苏关系缓和；日苏准备进行恢复国交的谈判；日韩之间因"久保田发言"[①] 而中断建交谈判。上述情况为朝鲜改变对日政策提供了有利的国际环境。但日方并未回应朝鲜的主动外交。"日韩和约"签订后，朝鲜并未完全放弃与日本建立正常关系的努力，但日本政府严格限制对朝交流。只有朝鲜体育代表团才被允许来日参赛，连赴日参加非政治性国际会议，如 1963 年 4 月和 1964 年 4 月分别在东京和大阪召开的国际模范城市会议、1964 年 10 月的国际标准学会和国际针灸学会，朝鲜代表团也被拒发签证。

20 世纪 70 年代初，以中美、中日关系的先后解冻为契机，对峙的朝鲜半岛也出现了缓和气氛。国际环境的变化使朝鲜再次调整对日政策，试图打开对日外交。1971 年 9 月，朝鲜领导人金日成在接见日本《朝日新闻》记

---

① 日韩会谈中，日方谈判代表久保田认为，日本在朝鲜半岛的殖民统治也带来了经济社会的开发。韩方要求日方收回这一发言。日方拒绝，谈判遂中断。

者时表示："我期待着与日本建立外交关系，但在最初阶段，朝日之间应该有贸易往来、文化交流和新闻记者的交流。"① 就日朝关系提出通过经济、贸易、人员的交往，最终走向双边关系正常化的新政策，意图通过实现日朝国交正常化，使日本政府对朝鲜半岛南北双方采取"等距离外交"，改善朝鲜所处之国际环境，推进朝鲜半岛统一大业。日本政府顺应国际缓和潮流，于1971年由党派议员成立了一个日朝友好促进议员联盟，以此名义向朝鲜的对外文化联络协会发出接触信号，首开对朝关系探讨之先河，朝鲜很快给予了回应。此外，日本开始放松了对朝方人士入境的限制。1972年9月，日方为申请入境的朝鲜考古代表团（调查高松古墓）发放签证。1972年10月，朝鲜国际贸易促进委员会代表团一行7人赴日，成为战后第一个访问日本的朝鲜贸易代表团。1972年，日本成立了日朝进出口商社，赋予其对朝发展贸易关系窗口的作用，这是朝日关系发展的第一次之起。1973年1月，日本外相大平正芳在外交演说中表示：政府将以"渐进、扩大"的方针与朝鲜进行接触。首相田中角荣也在关于施政方针的答辩中声明：政府将在人道、体育、文化贸易等各领域加深与朝鲜的接触和交流。表明日本政府的对朝政策出现了引人注目的变化，对朝交流的政策限制进一步放松。1月，平壤高等轻工学校足球代表团访日。3月，朝鲜广播技术代表团访日。5月，朝鲜记者同盟代表团应邀访日。7月，朝鲜教育文化职业同盟代表团赴日出席日本教育组合大会。8月，朝鲜国立万景台艺术代表团访日。日朝之间在文化和人员等各个领域的交流出现良好势头。

但日方过多的限制政策阻碍了朝日关系的迅速进展。如在政治外交方面，日本政府对日朝交流实行严格限制。虽表示将"考虑国际形势的演变和南北对话的进展，扩大在经济、文化、人道、体育等领域的交流"，但不准备与朝鲜发展官方关系②，再次放弃改善日朝关系的机会。朝日间既未互设商务代表机构，也未互派常驻记者，日方不允许朝鲜记者以采访报道为目的来日，不允许在日朝鲜人以政治目的访朝。在经济贸易方面，日本政府1961年4月批准对朝直接贸易，通产省发布《输出贸易管理规则》和《关于标准结算的省令》，解除对朝进行直接贸易和结算的禁令。1973年，允许

---

① Masao Okonogi：《Japan's Policy Toward North Korea：Developments in the Korean Peninsula, the United States, and Japan》，〔日〕《THE JCIEPAPERS》（英文版）第25期。

② Masao Okonogi：《Japan's Policy Toward North Korea：Developments in the Korean Peninsula, the United States, and Japan》，〔日〕《THE JCIEPAPERS》（英文版）第25期。

利用输出入银行的融资对朝出口大型机械设备，但到 1975 年一共只有 4 件、总金额 31 亿日元，其中利用输银资金仅 19 亿日元。而且日方常常采取行政指导或特别命令的方式限制对朝贸易。

进入 20 世纪 80 年代，与世界冷战气氛的进一步缓和相伴随，朝鲜半岛冷战气氛也略有缓和。日本对朝敌视的态度发生微妙变化，具体体现在其法务相古井的一次讲话中，其讲话着重指出日本视朝鲜为敌的时代过去了。这样由经团联会长稻山嘉宽发起，于 1980 年成立了一个旨在扩大日朝贸易的东亚贸易会，这可视为朝日关系发展的第二次之起，但好景不长，1983 年由于日本"富士号"船舶事件的发生使稍有起色的双方关系再度恶化，回落到 70 年代以来的最低点。

1988 年，东北亚国际局势的缓和为打破朝日关系僵局创造了良好的外部环境。7 月，韩国总统卢泰愚发表关于国际形势的"七七宣言"，认为国际局势明显缓和，半岛南北关系进入了新时代，"愿意积极地推进与朝鲜关系的改善"，对日本寻求缓和对朝关系给予理解。朝鲜表示将释放在朝拘禁多年的日本船员，为朝日直接对话铺平道路。日本政府也试图通过与朝政府对话，谋求朝鲜释放两名被扣多年的"第 18 富士山丸"的日本船员。① 1988 年 11 月，日本法务省允许出席"支持朝鲜自主和平统一第四次世界大会"的朝鲜总联干部 3 人返日，是首次允许在日朝鲜人为政治目的而出入境。1989 年，又无条件允许出席日本社会党大会的朝鲜劳动党代表团入境，放松了朝鲜对日政治性访问和在日期间政治性活动的限制。1989 年 1 月 20 日，日本外务省发表《我国的朝鲜半岛政策》，表示"日本政府不敌视北朝鲜，也没有使南北分离固定化的意图，希望改善日朝关系，早日解决'第 18 富士山丸'问题，准备就日朝之间的所有问题进行没有先决条件的对话"，但并未提出日朝国交正常化的具体政策目标。3 月 30 日，竹下首相在众议院预算委员会对以往日朝关系表示"反省和遗憾"，并呼吁举行日朝政府间直接对话。②

其次，冷战结束后的朝日关系。20 世纪 80 年代末期冷战体制的解体，进一步转变了日本的对朝敌对观念，表现在其首相竹下登 1989 年 3 月的一次讲话中开始使用朝鲜民主主义人民共和国之称呼，并对过去的侵略战争表

---

① 林晓光、周彦：《战后日朝关系的发展和演变》，《日本研究》2006 年第 2 期。
② 林晓光、周彦：《战后日朝关系的发展和演变》，《日本研究》2006 年第 2 期。

示遗憾。在此气氛下，作为政府外交的先驱，日方首先进行"政党外交"。1990 年 9 月 24 日，日本自民党副总裁金丸信和社会党副委员长田边诚率两党联合代表团访问朝鲜。在 25 日与朝鲜劳动党书记金容淳的会谈中，金丸信首先对"本世纪的一个时期内，由于我国的行为给贵国带来的痛苦和损害"表示"反省和谢罪"；建议双方"设置联络窗口，开始政府对话，尽快解决补偿问题"。朝方提出"早日建立国交"的方针。金容淳表示"在国交不正常的状态下进行谈判，可能会变成无限期的会谈"，并于 29 日正式建议"从 11 月开始举行关于国交正常化的政府间谈判"。在此期间，日方一行三次会见金日成主席，与朝鲜劳动党发表三党联合声明：（1）日方将对"日本在朝鲜 36 年的殖民统治"和"战后 45 年使朝鲜人民受到的损失"，进行"正式的谢罪和公正的赔偿"；（2）两国间设立直通航线；（3）日本政府保证在日朝鲜人的法律平等地位；（4）10 月释放两名日本船员，11 月为推进国交正常化开始政府间谈判。这一联合声明虽然对双方政府并不具有法律上的严格约束力，但有双方执政党首脑人物签字，有两国政府外交官员参与，实际上是以"政党外交"打开了朝日官方对话的大门。这是战后朝日关系发展的第三次之起，亦是 45 年来两国执政党之间的第一次正式接触。在此基础上，两国从 1991 年 1 月起至 1992 年 11 月先后进行过 8 次建交谈判，内容涉及日本对朝赔偿、双方经济合作以及朝鲜接受核检查等问题，因双方对某些问题分歧较大而使谈判无果而终后，又以朝鲜退出核不扩散组织、绑架日本妇女事件为因，两国关系急转直下，再次回到冰点。

1994 年由于《朝美核框架协议》的达成而使日朝关系枯木逢春。1995 年 3 月，日本主要大党组成联合代表团访问平壤，与朝鲜劳动党共同签署了关于恢复日朝邦交的协议，协议呼吁为清算不幸的过去和尽早实现邦交正常化做出积极的努力。这为双方重开邦交正常化谈判奠定了良好的基础，这可视为双方关系发展的第四次之起。这样在 1996 年 3 月和 12 月双方在北京进行了外务省课长级接触，同年日本向朝鲜提供了 60 万吨谷物援助，翌年 8 月双方举行了旨在为恢复谈判的预备会谈，11 月由自民党总务会长森喜朗为团长率联合执政党三党代表团访问朝鲜，与朝鲜就尽早恢复关系正常化谈判进行了讨论，并就两国有争议的关于在朝日本妇女回乡省亲问题达成协议。然而由于 1998 年 8 月 3 日朝鲜发射的人造卫星（日本称导弹）飞越日本上空，而使日本敏感的安全神经骤然紧张。日本以导弹发射为由停止了为恢复与朝鲜外交关系正常化而举行的谈判，延缓了签订对朝鲜能源开发机构

KEDO 10 亿美元的资助，停止了对朝食品援助，取消了飞往平壤的运输航班，冻结了日本国内向朝鲜的汇款，稍后又因朝鲜间谍船入侵日本海事件使僵化的两国关系雪上加霜。

进入 21 世纪，朝鲜半岛局势进一步走向缓和，1999 年 12 月日本组成超党派议员团访问朝鲜，双方就改善和发展双方关系达成三项原则，并举行了邦交正常化的预备会谈，而且为创造谈判气氛，日本政府宣布基于人道主义立场向朝鲜提供 10 万吨大米，并决定不把绑架日本人事件纳入 4 月份关系正常化谈判议题，借此来突破双方僵持局面。在此基础上，朝日之间于 2000 年 4 月和 8 月先后启动了关系正常化的第九次、第十次正式谈判，使一度中断的朝日关系发展进入一个新阶段。从两次谈判过程上看，不否认双方为使谈判达成协议并得以继续均曾煞费苦心，尤其是 8 月份的第十次谈判中在清算过去问题上，双方较以前立场均有所让步，这两次的谈判尽管未能取得实质性进展，但双方都没有把门关死，为日后的谈判得以继续留下了余地。

2000 年，朝鲜半岛形势发生巨大变化。1 月，意大利与朝鲜建交。不久，加拿大承认朝鲜。6 月，南北首脑会晤。8 月，实现南北离散家庭团聚。9 月，朝鲜劳动党中央书记金容淳访问韩国，就 2001 年金正日访韩达成一致。10 月，朝鲜领导人赵明禄访美，会见美国总统克林顿。美国国务卿奥尔布赖特访朝与金正日会谈，这是朝鲜战争结束以来，美国高级官员首次访朝。朝鲜南北关系和朝鲜外交的进展使得日本不得不调整对朝政策，加快对朝关系正常化的步伐。4 月、8 月和 10 月，日朝先后在平壤、东京和北京举行了三次会谈，7 月又利用出席"东盟地区论坛"的机会，进行了历史上第一次日朝外长会谈，虽未取得任何实质性成果，但对话频率明显加快。

从 1991 年 1 月至 2000 年 10 月，两国共进行了 11 轮邦交正常化谈判，但几乎没有取得任何实质性的进展。日方要求朝方优先解决绑架日本人问题，朝方要求日方优先解决清算历史问题，双方的主张针锋相对，这是两国关系陷于僵局的症结所在。2002 年 9 月 17 日，小泉首相对朝鲜进行了为期一天的"闪电式"访问。这是战后日本首相对朝鲜的第一次访问，因而被国际舆论称为"破冰之旅"。小泉首相与金正日委员长举行了会谈，并发表了《日朝平壤宣言》（以下简称《宣言》）。其主要内容包括：日朝清算不幸的过去，解决两国间的悬案，建立富有成效的政治、经济、文化关系；定于 2002 年 10 月重开日朝邦交正常化谈判；日本虚心承认过去的殖民统治给朝鲜带来巨大损害与痛苦这一事实，并对此表示反省和道歉；日朝建交后日本将向朝鲜提供无偿资金援助、低息长期贷款等经济合作；双方将基于相互放弃财产索赔权的基本原则进行邦交正常化谈判；在核、导弹等安全问题上，与有关国家进行对话等。《宣言》为朝日两国关系向前发展提供了指南。

然而，小泉访朝所取得的成果，很快就被日本国内对朝强硬舆论所淹没了，两国关系重新陷入僵局。2004 年 5 月 22 日，小泉首相第二次对朝鲜进行了访问，再次与金正日委员长举行了会谈，这给朝日关系的改善带来了新的契机和希望。此次朝日首脑会谈的要点有：朝日双方重申将继续履行《宣言》；朝鲜同意被绑架者家属回国；朝鲜方面将重新调查下落不明的被绑架者，日本也将参与调查；日本出于"人道主义"考虑，向朝鲜提供 25 万吨粮食援助和相当于 1000 万美元的药品；在双方遵守《宣言》的前提下，日本不实行经济制裁；朝鲜将为促成六方会谈取得进展而做出努力等。

小泉首相的两次访朝，是二战后日本对朝外交上的重大举措，《宣言》成为朝日邦交正常化谈判的指导性文件。小泉访朝以来，朝日关系虽出现了诸多波折，但都没有完全背离《宣言》的精神，而是围绕该宣言的精神进行着向心或离心运动。小泉的两次访朝，给朝日关系的改善带来了希望。但是，这种氛围未能维持下去。根据朝日达成的协议，朝鲜向日本提交了被绑架者横田惠的遗骨。日本经鉴定后宣布，遗骨与横田惠的 DNA 不一致，因而是"假遗骨"。朝鲜指责日本制造谎言，并强烈要求归还遗骨，而日本对朝制裁的呼声也越来越大。2004 年 6 月 14 日，日本国会通过了禁止朝鲜船只进入日本港口的法案。该法规定，日本政府可根据国内和平与安全的需要，禁止一些国家的"问题飞机、船只"进入日本港口。尽管该法没有明确提及哪些国家，但议员们表示，该法主要是为了让日本政府能够自行对包括"万景峰 92"号客轮在内的朝鲜船只进行制裁。

2006 年 7 月 5 日，朝鲜试射了导弹。对此，日本以自身安全受到威胁为由决定于同年 10 月 14 日起对朝实施为期半年的制裁，包括禁止朝鲜船只停靠日本港口、全面停止进口朝鲜产品和禁止朝鲜人入境等。小泉的以"对话"为中心的对朝政策转变为以"压力"为中心。朝日关系重新陷入紧张状态。

2006 年 9 月，安倍晋三当选为日本首相。作为二战后出生的第一位首相，安倍在担任内阁官房副长官、自民党干事长时，就以其对朝强硬姿态著称，特别是在朝鲜绑架日本人问题上表示"不解决绑架问题，日朝关系正常化便无从谈起"。① 并因此获得了许多日本国民的支持。出任首相后，安倍继承了小泉对朝"压力和对话"并重的政策，但更强调"压力"。上任后，安倍在内政问题上接二连三遭受挫折。为了提升急剧下降的支持率，安倍把锋芒指向了朝鲜。2007年1月4日，安倍举行记者招待会指出："如果不解决绑架问题，日本就不会与朝鲜实现邦交正常化；必须一边对朝鲜施压，一边通过对话来解决绑架问题。"② 安倍内阁还在联合国安理会通过对朝鲜制裁决议的过程中起了推动作用。对此，朝鲜发表声明指出："只要日本不改变态度，对话或磋商就没有意义。"③ 2007年9月，福田康夫继任首相。同年10月1日，福田在国会发表首次施政演说。他表示，将在解决绑架问题基础上为实现日朝关系正常化"尽最大努力"。这是继小泉以来日本首相再次在国会演说中直接表示将日朝关系正常化作为外交目标。福田的讲话表明日本的对朝方针从重视"压力"回到了重视"对话"的立场上。尽管如此，日本的对朝政策并没有出现显著变化。2007年11月2日，日本政府决定将对朝鲜经济制裁的期限再次延长半年。可见，绑架问题已被其前几届内阁推到了难以协调的地步，福田内阁在对朝政策上的回旋余地更加缩小。

第二，影响朝日关系的国际因素。朝日两国希望关系正常化各有目的。朝鲜想摆脱在国际社会被美国孤立的状态，获得日本的经济援助；日本希望减少来自朝鲜的导弹和核威胁，增强在朝鲜半岛问题上的发言权，走向政治大国。④ 而朝日关系正常化的走向受到多种因素的制约。

首先，"六方会谈"中的朝日博弈。"六方会谈"的目的是彻底解决朝鲜半岛核危机，于2003年8月27日正式启动。该会谈成为朝日政府勉强维持接触的主渠道。2005年9月13日开始的第四轮"六方会谈"第二阶段，朝日关系发生了戏剧性变化，双方接触多达五次，并就恢复政府间谈判达成

① 《福田首次施政演说：为日朝关系正常化尽最大努力》，http：//www.chinanews.com/gj/ywdd/news/2007/10-01/1040853.shtml。
② 《安倍期望早日重开朝核问题六方会谈》，http：//news.xinhuanet.com/world/2007-01/04/content_5565217.htm。
③ 《朝鲜官员认为安倍晋三执政期间日朝关系无望改善》，http：//www.chinanews.com.cn/gj/yt/news/2007/06-27/966764.shtml。
④ 潘双吉、谢晓光：《影响日朝关系正常化的美国因素》，《辽东学院学报（社会科学版）》2010年第2期。

了共识。在此基础上，2006 年 2 月 4 日至 8 日，朝日双方在北京举行了第
13 轮邦交正常化谈判。本轮谈判的特点在于兼顾了朝日各自优先关切的诸
事项，采取了邦交正常化、绑架、安全三大问题相对分离、同时谈判的
"并行方式"。就朝鲜而言，同意把日本最重视的绑架和安全问题与清算历
史和邦交正常化问题一并进行谈判，体现出了对谈判的诚意和灵活性。日本
也不再一味坚持先谈绑架问题，而是同意将绑架、邦交正常化、安全问题进
行"一揽子"并行谈判。① 但是，谈判中双方要价不断加码，最终谈判无果
而终，使谈判本身变得更加复杂和棘手。

2007 年 3 月 7 日，朝日双方在越南举行了第一次朝日邦交正常化工作
组会议。日方代表原口幸市强调："日朝关系正常化的前提是解决绑架问
题。这个问题得不到解决，就不可能实现日朝邦交正常化，这是日本政府的
一贯方针。"但朝方代表表示："朝日之间的绑架问题已经解决，朝方已经
做到了该做的一切。双方没有必要在这个问题上纠缠下去。"会谈因此暂时
陷于中断。2007 年 9 月 5 日至 6 日，朝日在蒙古举行了第二次朝日邦交正
常化工作组会议。双方就继续通过磋商促进邦交正常化达成了一致，但在日
本作为最首要课题的绑架问题上未能取得任何进展。通过几个月的努力，朝
日两国于 2008 年 6 月 11 日至 12 日在北京举行了磋商并达成协议。朝鲜同
意不再坚持"绑架问题已经解决"的立场，承诺重新进行调查，为将"淀"
号②客机劫持事件相关人员引渡回日本提供合作；日本将部分解除目前对
朝鲜实施的经济制裁，允许运送人道主义物资的朝鲜船只停靠日本港口，
解除对日朝间人员往来的限制，允许朝鲜包机入境。朝日工作磋商取得了
"一定进展"。鉴于这些情况，日本于 6 月 13 日宣布部分解除对朝鲜单独
实施的经济制裁。实际上，双方的让步和妥协都非常有限。在绑架问题
上，朝鲜虽从强硬的不予理睬态度转变为答应重新调查，但在关键的调查
方式和调查结果上未做任何承诺。而在"淀"号问题上，朝鲜也没有表明
将提供何种程度的合作。日方解除的对朝制裁也只是一小部分，其中允许
朝鲜船只入港一项还加上了"仅限于运送人道主义物资"的限制。日方表
示，实现部分解除制裁要以双方就重新调查绑架问题的方法达成协议为
前提。

① 金熙德：《21 世纪初的日本政治与外交》，北京：世界知识出版社，2006，第 322 页。
② 1970 年 3 月 31 日，日本发生了首次劫机事件，被劫航班名为"淀"号。

　　北京磋商实际上是朝日双方相互试探的第一回合。朝日两国于 2008 年 8 月 11 日至 13 日在中国沈阳再次进行了磋商，双方就朝鲜 2008 年内完成对绑架问题的重新调查和日本部分解除对朝经济制裁达成一致。朝鲜同意对绑架受害者的下落重新实施全面调查、成立专门的调查委员会、随时向日本通报调查进展，并使日方可通过与相关人员面谈、共享有关资料和访问相关场所等方式确认调查结果。日本同意与朝鲜成立调查委员会的同时，将解除对朝人员往来和包机飞行的限制。遗憾的是，日本首相福田康夫于 2008 年 9 月 1 日突然宣布辞职，朝方提出将暂缓成立绑架问题调查委员会。可见，"六方会谈"为朝日提供了对话的平台，双方借此举行了邦交正常化会谈，但未能取得任何明显的成果。朝日之间"行动对行动"的原则尚未取得实质性进展。

　　其次，朝美接触与朝日关系的复杂互动。在 20 世纪 90 年代的朝日建交谈判中，朝鲜主要采取了分化美日韩的"以夷制夷"战略。其目的在于，主要通过朝美对话得到"国际上的承认"，通过朝日对话得到"资金"，从而确立对韩国的优势地位。但是，美、日、韩加强了协调，日本采取对朝强硬对策，朝鲜的"以夷制夷"战略未能取得成功。21 世纪初，朝鲜改变其战略，采取了"对日强硬、对美单方面合作"的战略。

　　美国之所以影响朝日关系走向，有其深刻的原因：控制朝鲜半岛，维持在东北亚乃至世界的优势地位。自 20 世纪 50 年代以来，美国在东北亚地区一直保持与日本的同盟关系，并与朝鲜维持敌对状态。冷战结束后，强大的综合国力、在东北亚地区的利益和地位使美国在朝日关系发展过程中发挥着重要的作用，美国成为制约朝日两国关系发展的重要外部因素。冷战结束后，美国对朝政策的重要特征是接触与遏制并举。克林顿政府期间，"接触"占主导地位，在接触的基础上寻求外交解决；小布什政府采取的是"鹰派接触政策"，遏制占主导地位；奥巴马的上台虽然为美国外交在国际舞台上带来了更多合作的气息，但美国的对朝政策仍没有脱离遏制的"不变"与接触的"变"这一钟摆模式。[①]

　　冷战结束后，在对待朝日关系发展这一问题上，美国充分利用美日同盟，以反对共同的"威胁"为借口，成功地促使日本在对待朝鲜的问题上

---

① 于迎丽：《论美国对朝政策的"变"与"不变"——兼论奥巴马政府的对朝政策趋向》，《辽东学院学报（社会科学版）》2010 年第 1 期。

采取了同美国"遏制"与"接触"大体一致的政策步调，而日本在东亚地区的对外政策也是在"美国的追随者"这一大的框架内进行的。鉴于美日同盟关系、美朝敌对关系和美国的东北亚战略，美国要维持在东北亚地区的主导权和优势地位，势必会根据自身利益来影响朝日关系发展进程。美国的意图是通过朝鲜核问题造成朝鲜半岛局势的紧张气氛，以此来维持和加强美国同日、韩之间的同盟关系，维护自己在东北亚的主导地位。因此，只要美朝关系未发生突破性进展，朝日关系也难有大的改善。朝美关系如能取得顺利进展，将为朝日关系扫清"美国因素"的障碍。届时，朝日关系将会迎来一个新的转机。

再次，韩朝关系的变化给朝日关系增添不确定因素。2000 年 6 月 13 日，韩国总统金大中访问朝鲜，实现了第一次南北首脑会谈，双方签署了《南北联合宣言》。南北峰会是南北统一进程中的重要里程碑，是改善南北关系的一次重大突破，也影响了本地区的国际关系。2007 年 10 月 2 日，韩国总统卢武铉访问平壤，举行了南北第二次首脑会谈，双方签署了《南北关系发展与和平繁荣宣言》。此后，南北双方举行了一系列高层会晤。2007 年 11 月 16 日，双方举行了南北总理会谈，发表了经济合作八项方针。根据该方针，拟在黄海建立"和平合作特别地带"，并设共同捕鱼区；每半年举行一次首脑会谈；着手修复开城至新义州、开城至平壤的高速公路。同年 12 月 11 日，贯穿朝鲜半岛军事分界线的京义线铁路（自韩国汶山至朝鲜开城）全线通车。此时已有 64 家韩国公司在朝鲜的开城工业区建立了工厂，大约 2.1 万名朝鲜工人在这里工作，生产的产品包括钟表、服装和鞋等。韩朝关系出现了"融冰"现象。然而，2008 年 2 月李明博就任韩国总统后，对其前任的对朝政策进行了较大调整，采取了强硬政策。李明博主张把半岛无核化与经济援助措施相挂钩，以解决核问题的进展为前提发展南北关系。这给原本脆弱的韩朝关系增添了变数，损害了双方的互信。朝韩关系恶化，给日朝关系发展带来了不确定因素。

总之，小泉对朝"破冰之旅"后，尽管朝日双方均有改善关系的客观需要和主观愿望，但其双边关系的正常化进程依然是缓慢和曲折的。朝日双方毕竟对立已久，相互要价差距太大，如果日本不能在反省战争和替代赔偿的经济援助方面做出具体承诺，就不可能得到朝鲜的谅解与合作。而如果朝鲜不在彻底解决绑架问题上表现出积极姿态，就不可能打破朝日谈判的僵局。美国对朝政策的软化和韩国对朝政策的硬化，也影响了朝日关系的正常发展。

从长远看，朝日都不会放弃推动相互关系正常化的努力。但在短期内，朝日关系将难有突破性进展。作为国际地位更为有利的一方，日本将继续坚持"对话和压力"并举的对朝政策，努力提高自己对半岛局势的把握能力。日本虽然有可能加大对朝关系正常化的谈判力度，但若不把以往对朝政策做一番战略调整，其对朝关系发展仍将难以摆脱"一进一退"的局面。

第三，朝日关系正常化的意义。首先，对于朝鲜而言，可取得经济赔偿外交示范效应。在经济上，能够争取到日本的战争赔偿和投资资金以及援助，以尽快缓解国内经济困境，恢复经济活力。这是因为据说日本将向朝鲜提供大约50100亿美元的战争赔偿，此笔巨额资金如果能落实，对于朝鲜经济崩溃无疑可起到抑制作用。而在外交上，建交本身相对于朝鲜而言既是国际生存空间的扩大，同时还可借此产生一种示范效应，扩展与其他国家关系的改善进程。其次，对于日本而言，可取一石三鸟之利。在经济上，能够抢占朝鲜市场，利用朝鲜廉价劳动力从事加工工业生产和资源开发，纳朝鲜为自己的投资场所，把日朝关系转变为对日从属关系，这对于市场狭小、资源较少的日本来说是梦寐以求之事。在政治上，日本实现对朝关系正常化意味着日本战后处理的最终完成。改善显然被中美俄落在后面的对朝关系，从而为其成为联合国常任理事国、实现政治大国目标创造必要条件，有利于日本维护自身周边安全。最后，对东北亚地区而言意味着东北亚地区战略格局的重组。日本对朝关系一旦改善，将会进一步增大日本对朝鲜半岛的影响力，使日本能够与美、中、俄大国平起平坐，在东北亚秩序重组中占据有利位置。

第三节　中朝"改革开放起始阶段"比较分析

苏联解体、东欧剧变后，朝鲜经济陷入极度困难，国际社会关于朝鲜崩溃的论调常常见诸文章报端，朝鲜为摆脱内外交困的局面进行了一系列的改革。同为社会主义国家的中国自1978年实行改革开放后，经济取得了巨大的发展，中国的改革经验对朝鲜是否有借鉴意义？朝鲜能否进行中国式的改革开放？这成为一些人关注的问题。要回答这些问题，首先就需要分析两国改革的初始条件情况。

一 中朝"改革开放起始阶段"比较研究的现实性与可能性

为什么就中朝"改革开放起始阶段"要比较研究或可以比较研究呢?这主要因为:第一,改革开放是历史的必然趋势。一方面,事实上,中国和朝鲜同样面临着"新的革命"意义上的改革问题,即要从根本上变革长期以来形成的已经束缚生产力发展的那种高度集中的计划经济体制和经济运行机制,建立充满生机和活力的、适应现代社会生产和大规模商品生产内在需要的社会主义市场经济体制,同时相应地改革政治体制和其他方面的体制。另一方面,随着生产国际化程度的提高,各国经济对国际资源和国际市场依赖的程度也越来越高。特别是第二次世界大战结束以来,这种趋势越来越明显。各国之间的经济联系,不限于通过国际商品交换来沟通,而且通过国际直接投资、国际经济联合等渠道在直接生产过程中建立。这样,各国的再生产过程已建立在生产要素在国际范围内优化配置的基础上,从而开创了世界开放的新时代。现在的世界是开放的世界,因此,任何一个国家,不论是大国还是小国,也不论是发达国家还是发展中国家,要想获得发展或加快发展,孤立起来是不可能的,闭关自守也是不可能的,开放已成为当今世界经济发展的客观要求和大趋势。现在的世界是开放的世界,中国的发展离不开世界,朝鲜的发展也离不开世界,也离不开改革开放。

第二,改革开放是富民强国之路,有利于朝鲜半岛的和平统一。中国改革开放的实践已充分证明,改革开放是富民强国之路。朝鲜改革开放、发展经济、提高人民生活水平、缩小南北差距,有利于朝鲜半岛和平统一。事实上,朝鲜采取的一连串经济改革措施对改善人民生活和朝韩关系等具有一定意义。

第三,中朝两国是长期以来的睦邻友好国家,中朝改革开放的比较研究是有其政治基础的。中国一再强调,"双方政治上互相信任,传统友谊不断加强"。中国"愿与朝方一道,本着'继承传统、面向未来、睦邻友好、加强合作'的精神,努力把老一辈领导人开创的中朝友好合作关系继续推向前进"①。

第四,中国、朝鲜的改革开放有利于东北亚地区乃至世界的稳定和发

---

① 《中国领导人就中朝两国建交55周年致朝鲜领导人的贺电》,2004年10月7日《光明日报》第1版。

展。中国一贯主张中朝"在地区和国际事务中，两国密切合作，共同致力于维护本地区乃至世界的和平与稳定"①。

第五，有利于两国间谋求共同发展。中朝双方的"经贸和文化领域的交流与合作不断深化，给两国人民带来重要利益"②。

第六，有利于中国"坚持与邻为善、以邻为伴，继续实行睦邻、安邻、富邻的政策"③。

第七，有利于中朝争取和平崛起的国际环境。"中国的发展不仅给中国人民带来福祉，也会给世界各国特别是周边国家带来更多的发展机遇。""中国坚定不移地走和平发展的道路，在维护世界和平中发展自己，又以自己的发展来促进世界和平和人类共同发展。中国的发展绝不会对邻国、对别国构成威胁。中国永远不搞扩张，永远不称霸。"④

第八，比较和比较研究分析法普适性程度高。比较和鉴别是人类认识未知事物的主要方法之一。事实上，人们往往将比较和比较研究看成是认识事物的"最古老、最简明和最优越的"方法。中朝改革开放起始阶段的比较研究这一课题的基本方法就是比较和比较方法。比较方法的应用问题上，马克思也有过精辟的概括："极为相似的事情，但在不同的历史环境中出现就引起了完全不同的结果。如果把这些发展过程中的每一个都分别加以研究，然后再把它们加以比较，我们就会很容易地找到理解这种现象的钥匙；但是，使用一般历史哲学理论这一把万能钥匙，那是永远达不到这种目的的，这种历史哲学理论的最大长处就在于它是超历史的。"⑤ 比较是从对比和鉴别中认识事物的基本方法，是从经验事实中概括和提炼理论命题的基本方法，也是从反复发生的现象中作出规律性总结并据以预测未来的方法。简言之，以应用比较方法所具有的普适性、经验性和理性化特征，对"中朝改革开放起始阶段"进行比较研究，将有利于探索中朝各自的经济社会发展

---

① 《中国领导人就中朝两国建交 55 周年致朝鲜领导人的贺电》，2004 年 10 月 7 日《光明日报》第 1 版。

② 《中国领导人就中朝两国建交 55 周年致朝鲜领导人的贺电》，2004 年 10 月 7 日《光明日报》第 1 版。

③ 温家宝：《加强睦邻友好与互利合作　共创中俄关系的美好未来——温家宝总理向俄罗斯各界人士发表的演讲》，《中华人民共和国国务院公报》2004 年第 33 期。

④ 温家宝：《加强睦邻友好与互利合作　共创中俄关系的美好未来——温家宝总理向俄罗斯各界人士发表的演讲》，《中华人民共和国国务院公报》2004 年第 33 期。

⑤ 《马克思恩格斯全集》第 19 卷，北京：人民出版社，1963，第 131 页。

道路和预测未来的发展趋势和前景。这也是"中朝改革开放起始阶段"的比较研究的根本出发点和立足点问题。

二 中朝"改革开放起始阶段"的比较分析

这里首先要明确的一个问题：为什么不是改革开放的比较研究，而是"改革开放起始阶段"的比较研究呢？这里特别强调"改革开放起始阶段"，主要是因为：一是比较对象的一方朝鲜的改革开放仍然处于"襁褓"里面，即处于"起始阶段"；二是"起始阶段"的比较研究有利于使朝鲜政府和人民少走弯路，直接借鉴中国改革开放的经验和教训；三是"起始阶段"的比较研究有利于使中朝两国各自正视自己，进一步增强改革开放的信心；四是"起始阶段"的比较研究有利于科学预测朝鲜经济社会发展的未来走向、前景；五是"起始阶段"的比较研究有利于中国始终坚持"一个中心、两个基本点"的社会主义初级阶段的基本路线；六是"起始阶段"的比较研究有利于中国作为睦邻友好国家的作用；七是"起始阶段"的比较研究有利于国际社会对朝鲜现状与政策的解读；八是"起始阶段"的比较研究有利于认识朝鲜改革开放的必然性、可能性、现实性问题；九是"起始阶段"的比较研究有利于中国就朝鲜改革开放问题乃至朝鲜半岛问题的对外政策的选择。

既然如此，这里有一个时间界定问题。就中国和朝鲜的改革开放"起始阶段"的时间界定来说，是有一定困难的。大体上，中国改革的萌芽状态是70年代中期，即周恩来总理病重，把邓小平从江西"牛棚"接回来，邓小平开始分管一部分国务院工作，1975年他主持中央常务工作时期。"那时的改革，用的名称是整顿，强调把经济搞上去，首先是恢复生产秩序。"① 朝鲜改革的萌芽标志是20世纪90年代初和90年代末期：1991年末设立罗津、先锋自由经济贸易区，积极引进外资；"朝鲜对经济理论和政策的最明显改变是从1998年9月朝鲜最高人民会议通过修改和补充后的新宪法开始的，新宪法对过去的经济发展理论与政策进行了一些较为具体的修改及补充，如旧宪法中对个人商业活动限制严格，并作为逐渐取缔的对象，新宪法则把其视为现有计划经济体制的一种补充形式；放宽了居民去外地旅游探亲的限制，还从制度上取消了对非公有部门经济的扼制政

① 《邓小平文选》第三卷，北京：人民出版社，1993，第255页。

策等"①。一般说来，朝鲜在"改革作为一次革命"意义上的改革标志是
2002年7月1日开始的经济改革措施。"朝鲜从2002年7月1日开始大幅上
调了价格及劳动力工资，改变了价格决定方式，改变了配给制，建立了国家
计划的分权化，放宽了工厂企业自主权，相应地放宽了价格管制政策，扩大
了社会主义分配的差额化，改变了社会保障体系。这次改革措施对朝鲜经济
回升有无实质性效果，对此有不同的评价：一种认为它是朝鲜开始实行市场
经济的信号；另一种认为它只是计划经济框架中的保全改进措施而已。朝鲜
强调这次改革措施是为建设强盛大国的'经济调整政策'，是为进一步强化
社会主义和计划经济体系、提高人民生活水平的措施。"② 从中朝"改革开
放起始阶段"的历史沿革、基本情况看，目前从以下几个方面可以作比较
分析研究。

第一，关于"改革开放"提法、起步的比较分析。"改革开放"的提法
上，无论是中国还是朝鲜都有一个认识过程。中国在萌芽状态（1975年邓
小平主持党和国家工作期间）时用的名称不是改革，而是"整顿"，那时针
对中国国内动乱、国民经济严重瘫痪的状况，邓小平强调把经济搞上去，首
先是恢复生产。凡是这样做的地方都见效，有了明显的好转。但应该承认的
是，在那样的历史背景下，毛泽东不允许邓小平彻底纠正"文化大革命"
的错误，同样不允许把整顿继续搞下去。众所周知，中国真正意义的改革是
1978年12月中国共产党十一届三中全会开始的。就中朝改革开放起步的比
较而言，中国改革开放的起步有三个问题具有特别重大的意义：一是十一届
三中全会以后的改革开放是以对国际、国内形势的正确判断和确定正确的思
想路线、政治路线为前提的；二是十一届三中全会以来的改革开放是首先从
农村开始的；三是中国新时期对外开放的突破，是从沿海建立经济特区开始
的。兴办深圳、珠海、汕头、厦门四个经济特区，利用国外资金、技术、管
理经验来发展社会主义经济的崭新试验取得了很大成功。兴办经济特区后，
相继开放沿海十几个城市，在长江三角洲、珠江三角洲、闽东南地区、环渤
海地区开辟经济开发区，批准海南建省并划定海南岛为经济特区。之后，中
国又决定开发开放浦东，开放沿江、沿边城市和全国各省省会及一些有条件

---

① 张宝仁、王新刚：《浅析近来朝鲜经济发展理论与政策出现的新变化及其走势》，《东北亚
论坛》2004年第3期。

② 安永万：《朝鲜经济改革措施的分析及展望》，《东北亚论坛》2003年第3期。

的城市。改革开放的真正动机是解决人民的温饱问题。邓小平说："占全国人口百分之八十的农民连温饱都没有保障，怎么能体现社会主义优越性呢？一改革就调动了农民的积极性，然后我们又把农村改革的经验运用到城市，进行城市经济体制改革。"① 对改革的含义，邓小平认为改革是"中国的第二次革命"，是某种程度上的根本性变革。它要用新的经济体制代替束缚生产力发展的旧经济体制，同时改革政治体制和其他体制。它不是要改变社会制度的性质，而是社会主义制度的自我完善和发展，使其更加增强生机和活力。朝鲜到目前为止，还强烈反对使用"改革开放"提法，其比较有代表性的观点是："所谓改革，就是改变、改善以往或现行政策中那些不适应现实发展的东西，我们共和国自 1948 年成立以来一直在这样做。所谓开放，就是对与我国友好的国家、不敌视我国的国家友好交往，在这方面，我们也一直在这样做。因此，我们共和国不需要重提什么'改革'、'开放'的问题。"朝鲜甚至把"改革开放"说成是"美国的一个阴谋"②。在改革的起步或突破点上，与中国不同，不是以农村和自由市场作为突破口。也就是说，朝鲜的改革顺序同中国不一样，1997 年朝鲜通过了《价格法》，1999年制定了《人民经济计划法》，2002 年 7 月 1 日正式废除粮食配给制度，同时出台"扩大奖励制度"和"改善双重价格制度"政策。显然，朝鲜的改革是将减少政府的负担放在第一步，而以增加市场手段和解决物质供应的改革尚未真正启动。众所周知，因为朝鲜自 90 年代以来，就陷入了人民生活和经济建设的持续困境，所以，朝鲜的改革一开始就带有鲜明的解决经济困难和饥荒的色彩。

　　第二，关于"改革开放"理念的比较分析。这首先而且主要涉及对社会主义的理解问题。改革开放的理念离不开对社会主义的理解，从一定意义上讲，这是一个问题的两个方面。应当承认的是，无论是中国还是朝鲜对此都有一个认识过程。这里至少有三个问题：一个是对社会主义要不要重新认识的问题，一个是改革与社会主义基本制度的关系问题，还有一个是改革开放的范围问题。邓小平不只一次地指出，什么叫社会主义，什么叫马克思主义？我们过去对这个问题的认识是不完全清醒的。毛泽东晚年的悲剧，实践上的重大失误，归根到底是由于对社会主义基本理论没有搞清楚或误解造成

① 《邓小平文选》第三卷，北京：人民出版社，1993，第 255～256 页。
② 陈龙山：《朝鲜经济报告》，《东北亚研究》2004 年第 3 期。

的。现在，中国国内在以下几个问题上已普遍达成了共识："平均主义不是社会主义"、"贫穷不是社会主义"、"两极分化也不是社会主义"、"发展太慢也不是社会主义"、"改革也是革命也是解放生产力"、"发展是硬道理"、"解决中国所有问题的关键在于发展"、"社会主义要赢得与资本主义相比较的优势，就必须大胆吸收和借鉴人类社会创造的一切文明成果，吸收和借鉴当今世界各国包括资本主义发达国家的一切反映现代化生产规律的先进经营方式、管理方法"，中国所进行的改革是"社会主义制度的自我完善和发展"。这里所说的"社会主义制度"是指基本制度，而不是指作为其实现形式和运行手段与机制。中国通过改革所要完善的，是社会主义基本制度，而不是那些存在着缺陷和弊端的不能体现社会主义本质的原有体制；对于这种体制来说，则不是"完善的问题，而是改革、更新亦即革命的问题"。关于改革开放的范围，无论是改革还是开放都是全面的、全方位的。改革是全面的改革，既包括经济基础又包括上层建筑，既包括经济体制又包括政治、文化等方面的体制，既包括体制层面又包括思想观念层面。对外开放，既包括对发达国家的开放，也包括对发展中国家的开放，是对世界所有国家的开放。它不仅是经济领域的开放，还包括科技、教育、文化等领域的开放。朝鲜同中国一样，长期以来学习苏联模式，实行高度集中的计划经济体制。从对社会主义基本制度与具体体制关系的理解上，混淆其界限，一直强调体制的"无弊端性"。而现在仍然没有摆脱对社会主义的传统理解，提出实行不切实际的经济建设路线：优先发展国防工业。朝鲜劳动党总书记、国防委员会委员长金正日指出："我们党提出了反映'先军时代'要求，优先发展国防工业，同时发展轻工业和农业的经济建设路线。"[①] 朝鲜 2003 年和 2004年《劳动新闻》、《朝鲜人民军》、《青年前卫》的新年共同社论中都突出强调了"先军时代"、"先军思想"、"先军旗帜"、"先军政治"等。所谓"先军"，就是"军事领先"的意思。朝鲜 2004 年的新年共同社论中指出：伟大的"先军政治"是真正的爱国、爱民族、爱民的政治，遵循"先军政治"就有民族的尊严、民族的繁荣、和平与统一。"有关研究资料显示，朝鲜军费开支在 GNP 中所占的比例直到 1966 年维持在 10% 的水平上，而从1967 ~ 1971 年即上升到 30% 以上。从 1972 年以后，由于世界局势趋于缓和及半岛南北对话，朝鲜军费支出在 GNP 中所占的比例表面上降到了 14% ~

---

① 陈龙山：《朝鲜经济报告》，《东北亚研究》2004 年第 3 期。

17%之间。据一些研究机构推算，该项比例实际上仍然保持在25%～30%之间。"① "先军政治"实质上是一种在军事领先的原则下，解决革命和建设中出现的一切问题，以军队为革命支柱推进整个社会主义事业的政治。军事领先意味着把军事当做第一国事，首先致力于加强军事力量，即在制定路线和政策时把军事放在最优先的地位考虑，首先致力于加强国防建设。"优先发展国防工业，就是在经济建设中，把国防工业置于最优先的地位，把资金、技术、设备、人力、能源、原材料等所有经济要素最优先地投放到国防工业的发展上。同时，在产业结构上加强国防工业的主导地位，并要求相关产业部门首先为国防工业的发展服务。"② 就改革开放的广泛性来说，无论是改革还是对外开放其范围都比较狭窄。尽管朝鲜实行"先军政治"，可以说有其充分理由，这是由朝鲜所面临的具体而特殊的国际形势和国内形势决定的。但这同样不能否认这些都与对社会主义和改革开放的不切实际的错误理解有关。尽管"1998年8月，朝鲜首次提出以建设社会主义强盛大国为目标的冷战后国家发展战略"③，并且后来几年的《劳动新闻》、《朝鲜人民军》、《青年前卫》新年共同社论中一直强调提出"社会主义强盛大国"建设目标，但在什么是社会主义、怎样建设社会主义的基本问题上，缺乏应有的深层次反思和经验教训的总结；也没有正确认识和处理社会主义基本制度与改革开放以及改革、发展、稳定的基本关系问题。

第三，关于"改革开放起始阶段"时机的比较分析。事实上，虽然中国比朝鲜的改革开放早好多年，但从历史角度看，中国和朝鲜一样，在改革开放时机的把握上同样存在错过了机会的经验教训。比如中国50年代末一直到1978年由于对国际和国内形势的错误分析和判断，延缓了改革开放和发展经济的步伐。由于1957年夏季"反右"斗争扩大，直到"文化大革命"结束的20年中，中国在探索建设社会主义的道路上，在对社会主义初级阶段的主要矛盾的判断上，在处理社会主义经济建设和阶级斗争的问题上，出现了失误和曲折，因而未能制定出反映这个阶段所要解决的主要任务的路线。从1957年下半年到1978年的20年里，却对外闭关自守，对内搞"以阶级斗争为纲"，所制定的政策超越了社会主义初级阶段，先后以"左"

---

① 陈龙山：《我观朝鲜经济》，《当代亚太》2002年第9期。
② 陈龙山：《朝鲜经济报告》，《东北亚研究》2004年第3期。
③ 朴键一：《解读朝鲜：建设"主体的社会主义强国"》，《当代亚太》2001年第6期。

的指导思想搞经济的"大跃进"和政治的"文化大革命"动乱，使得国家的发展基本上处于停滞不前的状态，而这个时期正是战后世界经济迅速发展时期，先是西方发达国家经济增长的"黄金时代"（1973 年以前），后是"新兴工业国"的"腾飞时期"（1965 年以后）。当中国党和人民从"二十载朦胧"中走出，环顾周边一些国家和地区的经济腾飞，检视自身的得失成败，顿感良机错过，亟须转舵直追。1957 年日本的国内生产总值为 307 亿美元，跟中国差不多，而到 1978 年日本的国内生产总值已达 9713 亿美元，中国仅为 2203 亿美元，相差 4 倍多。[①] 在长达 20 年之久的"左"的年代，关于四个现代化的正确主张时断时续，难以一贯推行，这主要是因为对国际国内形势的判断错误和"以阶级斗争为纲"的指导思想没有得到纠正和解决。朝鲜和中国一样错过了 60 年代、70 年代改革开放和经济建设的"黄金时代"，而朝鲜后来对中国的 70 年代末 80 年代以来的改革开放"心存余虑"、"心有余悸"，又错过了 80 年代和 90 年代的关系世界经济全局的、长期的发展大趋势的经济全球化开端时期。从朝鲜国内的主要原因看：一是对国际局势的判断错误。如以美国为首的西方国家是封锁和制裁朝鲜，但事实上，还没有采取军事行动。朝鲜半岛南北互动，与中国、韩国、俄罗斯等周边国家的睦邻友好关系，都是朝鲜改革开放、发展经济、提高人民生活的良好的东北亚地区环境。二是对社会主义传统的、僵化的、教条的理解。三是与上述第一个、第二个原因相联系的国家的指导思想、经济社会发展路线、发展战略的失误。这里应该指出的是，中国在 1957 ~ 1978 年即十一届三中全会以前犯的错误也是极"左"的错误，而这个教训是极其沉痛的，给国家和人民带来了巨大损失，国民经济到了崩溃的边缘。

第四，关于"改革开放起始阶段"国内条件的比较分析。这里所说的改革开放的国内条件，主要指经济状况和人民的生活水平。90 年代以来的朝鲜改革开放的国内条件与 70 年代末到 80 年代末的中国改革开放的国内条件相比差距很大。这里的绝对"比较时差"是十年或十年以上。中国在 80 年代，全面开创了现代化建设的新局面，先后胜利完成了第六个五年计划和第七个五年计划，提前实现了第一步战略目标，为 90 年代的国民经济和社会发展奠定了比较坚实的基础。一是农村经济全面发展。1990 年与 1980 年

---

① 刘海藩主编《把经济建设和改革开放搞得更好更快》，北京：中央党校出版社，1992，第 24 页。

相比，农业总产值增长 84.6%，平均每年增长 6.3%。二是工业生产迅速增长。1990 年与 1980 年相比，工业总产值增长 2.3 倍，平均每年增长12.6%。三是基本建设和更新改造步伐加快。十年间全社会固定资产投资完成 2.77 万亿元，超过前 30 年的总和。四是对外经济技术交流取得突破性进展。1990 年与 1980 年相比，进出口总额由 381 亿美元增加到 1154 亿美元，增长两倍以上。五是科技、教育、文化等各项社会事业都有较大发展。十年间，共取得重大科技成果 11 万项，其中获国家奖励的近万项，一些领域已经达到或者接近世界先进水平。六是国家经济实力大为增强。1990 年与1980 年相比，国民生产总值由 4470 亿元增加到 17400 亿元，按不变价格计算，增长 1.36 倍，平均每年增长 9%。七是人民生活明显改善。全国绝大多数地区解决了温饱问题，开始向小康过渡；少数地区已经实现小康；温饱问题尚未解决的少数地区，人民生活也有不同程度的改善。从朝鲜经济发展状况和人民生活方面看，不与中国的同时期作比较，而是将中国的 1980～1990 年情况和朝鲜的 1990 年至现在的情况作比较，所凸显的是：朝鲜政府和人民面临的是内外交困的境地。朝鲜从 1990 年开始连续 9 年为"国民经济负增长时期"。根据韩国有关部门推算，朝鲜国民经济自 1990 年出现−3.7% 的增长率之后，到 1998 年连续 9 年为负增长。另据朝鲜公布的资料，1994 年朝鲜国家预算收支为 415 亿朝元，而 1998 年实现的收支只有200 亿朝元，1999 年预算收支也仅为 203.8 亿朝元。朝鲜长期以来是"缺粮国家"，从 1995 年开始，连年遭遇严重的洪涝、干旱等自然灾害，粮食产量严重、持续下降，造成了国民经济崩溃的局面。"据朝鲜有关人士介绍，朝鲜每年所需粮食为 780 多万吨，其中口粮为 480 万吨。1995 年以后粮食年产量根本无法满足这个基本需求。1999 年实际粮食产量仅为 241.8 万吨，只达到年均所需口粮的一半。"① 另有资料分析："目前朝鲜人口为 2350 万，假设每人月平均粮食需求量为 15 公斤，一年则需 180 公斤；全国人口口粮年需要量为 430 万吨，加上种子、饲料、工业原料等至少需要 600 万吨。但是 1995 年之后朝鲜粮食产量一直在 300 万吨以下，口粮的绝对不足量为30%～40%，从而导致深刻的粮食危机。"② 我们应当承认，朝鲜陷入如此困境而难以自拔，其主要原因是以美国为首的西方国家的经济制裁、经济封

---

① 朴键一：《解读朝鲜：建设"主体的社会主义强国"》，《当代亚太》2001 年第 6 期。
② 林今淑：《朝鲜经济》，长春：吉林人民出版社，2000，第 126 页。

锁，持续多年的严重自然灾害，不合时代发展的、缺乏活力的经济社会发展的指导思想和发展战略、经济体制、政治体制等问题。

第五，关于"改革开放起始阶段"国际环境及判断的比较分析。国际环境是每个国家制定自己国家的路线方针政策的基本依据之一。从中国来看，在十一届三中全会以前的很长时期，对国际形势做了不恰当的估计，过分强调了战争的危险，把备战放到突出地位，严重影响了经济建设。十一届三中全会以后，我们加强了对国际环境的研究，做出了世界大战短期内打不起来的判断。在对错综复杂的国际形势进行科学的分析和判断的基础上，邓小平提出了和平与发展是当代世界两大主题的新论断。1985 年 5 月，邓小平指出："现在世界上问题很多，有两个比较突出。一是和平问题。……二是南北问题。"① 1985 年 3 月他又明确提出："现在世界上真正大的问题，带全球性的战略问题，一个是和平问题，一个是经济问题或者说发展问题。和平问题是东西问题，发展问题是南北问题。概括起来，就是东西南北四个字。南北问题是核心问题。"② 这一论断高度概括了当今世界的态势，成为中国制定国内外政策的重要理论依据。江泽民在党的十四大报告中重申"和平与发展仍然是当今世界的两大主题"。中国党和政府认为，综合判断国际形势的现状和发展趋势，还是可以得出这样一个基本结论：国际形势走向并没发生根本性变化，而是呈现出总体和平、局部战乱、总体缓和、局部紧张、总体稳定、局部动荡的基本态势。中国共产党十六大报告鲜明地指出：世界多极化和经济全球化是不以人的意志为转移的客观趋势。基于这样的对国际形势的判断，中国积极主动地顺应历史潮流，进一步促进了改革开放。从朝鲜来看，我们应该承认，朝鲜所面临的具体的国际环境中不利于朝鲜改革开放的因素比中国多得多，但不是一直都是不好的和不利的或者只有不利因素。朝鲜改革开放萌芽状态阶段所面临的具体的国际形势确实严峻：一是由于苏联解体、东欧剧变，世界社会主义陷入低潮带来的新情况、新问题。二是以美国为首的西方国家的经济制裁、经济封锁。有消息说，日本已抛弃和平主义："扬言对北朝鲜实行经济制裁、可能发动先发制人的军事打击以及打算发展导弹防御系统——这就是日本新出台的、异常强硬的国家安全政策。如果要说日本小泉纯一郎的任期有何明显特征的话，那就是日本逐

---

① 《邓小平文选》第三卷，北京：人民出版社，1993，第 56 页。
② 《邓小平文选》第三卷，北京：人民出版社，1993，第 105 页。

渐放弃曾作为对外关系标志的和平主义。"① 如果说，这是事实的话，那么对朝鲜改革开放又是一种不利因素。三是在国际力量对比严重失衡的情况下，霸权主义和强权政治新的发展依然是造成世界动荡不安的主要根源。美国一意孤行地奉行单边主义，追求建立单极世界。四是影响和平与安全的不确定因素在增加，国际和地区安全形势出现新的紧张因素。国际军事力量对比失衡加剧，某些国家大幅度增加军费，积极扩军备战，强化军事同盟，动辄进行军事干涉，对一些发展中国家的军事威胁增大。这些都是朝鲜改革开放的不利国际环境因素。但 90 年代以来，朝鲜改革开放也有有利时机和有利因素，比较突出的有以下几点：一是 90 年初朝鲜半岛的紧张局势有了转机，1992 年 2 月南北双方签署了《关于南北和解、互不侵犯与合作交流协议书》等三个文件。二是 90 年代以来，经济全球化、经济一体化浪潮席卷全球。经济全球化这个名词在 80 年代末 90 年代初出现，很快风靡全球。对其意义进行多么高的估价都不过分。有人说，"全球化是一场为期 50 年不可逆转的世界经济变革"。还有人说，"在现代国际关系中，没有哪一种关系比世界全球化进程更为突出"。这有利于朝鲜以积极的姿态走向世界、推进改革开放的进程。三是朝鲜周边国家的经济发展，特别是中国的改革开放和稳定发展。这就是说朝鲜改革开放的周边国家的环境也有利于朝鲜的进一步改革开放。四是由于朝鲜与中国有在历史、经济、政治、文化、地理上的特殊的"传统友谊"和"睦邻友好"关系，可以借鉴中国改革开放的经验教训。这就是说，朝鲜改革开放的国际环境是机遇与挑战、有利条件与不利条件、希望与困境并存。

第六，关于"改革开放起始阶段"改革开放的必要性、迫切性的比较分析。就这个比较时间界定来说，是中国的 70 年代末 80 年代初和朝鲜的 90 年代末 21 世纪初，"比较时差"为大约 20 年。那么，完全可以说，任何没有偏见的中外学者，都希望朝鲜加快改革开放步伐，发展经济、提高人民生活。就中国和朝鲜"改革开放起始阶段"改革开放的必要性、迫切性来说，既有普遍性（共同性），又有特殊性。其共同性是：在当代世界激烈的综合国力竞争中，抓住机会者兴，丧失机会者衰，各国都无一例外地面临着严峻的挑战。改革既是社会基本矛盾运动的客观要求，又是新旧体制转换的必经途径，因而也关系到一个国家的前途和命运。就中国面临的国际国

---

① 《日本迅速把和平主义抛在脑后》，2004 年 10 月 17 日《参考消息》第 2 版。

内形势而言，这种严峻的压力和挑战具有中国的特殊性。而这又是改革开放的必要性、迫切性问题。一是中国经济同西方发达国家相比仍有很大差距。如果中国不改革开放、不加快发展经济，那么同西方发达国家的差距就会继续拉大，中国会处于经济上、政治上非常不利的地位。同中国周边的一些发展中国家和地区相比，也存在挑战和压力。二是中国国内人民生活水平的提高、社会发展、政治安定都需要经济的迅速增长。而经济的迅速发展和增长迫切要求改革开放。就朝鲜来说，无论是过去还是现在，改革开放的必要性、迫切性绝不亚于中国。这也是国际社会的普遍共识。一是朝鲜半岛南北经济发展和人民生活有很大差距。有文章指出："以名义GNI（国民所得）为例，1990 年韩国是2523 亿美元，朝鲜是 231 亿美元，朝鲜是韩国的 9.2%；到 2000 年，韩国名义 GNI 增长到 4552 亿美元，增长了 80%，而同期朝鲜的 GNI 不仅没有增长，反而减少到 168 亿美元，下降幅度达 27%，总体经济规模已经降为韩国的 3.7%。再从人均 GNI 来看，1990 年韩国为 5886 美元，朝鲜为 1142 美元，朝鲜是韩国的 19.2%；到2000 年，韩国的人均 GNI 上升为 9628 美元，而同时期朝鲜人均 GNI 却下降为 757 美元，仅为韩国的 7.9%。"[①] 二是经济陷入了严重的困境。国际社会普遍提法是"濒临崩溃的边缘"或"陷入了贫困陷阱"。"自进入 90 年代以来，朝鲜经济在国内外诸多不利因素的综合作用下，在 80 年代明显停滞的基础上进一步恶化，GNI（国民所得）从 1990 年起连续九年负增长，年均下滑幅度达到 −4.3%。"[②] 三是具体的经济政治体制的改革越来越迫切。与其他大多数社会主义国家一样，朝鲜具体的经济政治体制同苏联的高度集中的计划经济体制模式是紧密相连的。

第七，关于"改革开放起始阶段"发展战略的比较分析。这里所说的发展战略就是经济社会发展战略目标。世界上任何一个国家经济发展巨大成功的取得，其原因固然是多方面的。制定一个符合本国实际的正确发展战略，无疑是最重要的原因之一。中国在发展战略目标问题上也有一些教训，主要有：一是曾经提出过一些过高的、不切实际的、超越社会发展阶段的目标和口号。比如，"大跃进"、"浮夸风"、"共产风"。二是用一些空洞的政治口号来代替经济发展目标和人民生活水平的改善目标。三是虽然提出了实

---

① 陈龙山：《我观朝鲜经济》，《当代亚太》2002 年第 9 期。
② 陈龙山：《我观朝鲜经济》，《当代亚太》2002 年第 9 期。

现"四个现代化"的目标，但没有具体的战略目标、战略重点、战略步骤等。1979 年 12 月 6 日，邓小平同志与前来中国访问的日本首相大平正芳举行会谈。在会谈中，大平首相向邓小平提出了一个问题："中国根据自己独自的立场提出了宏伟的现代化规划，要把中国建成伟大的社会主义国家。中国将来会是什么样的情况？整个现代化的蓝图是如何构思的？"这样一来，邓小平首次提出中国现代化建设的战略目标是回答大平的提问的，后来逐渐形成了时间跨度 70 年的著名的"三部曲"发展战略。朝鲜有没有自己的发展战略？应该说有，但问题的关键在于是不是制定和实施切实可行的发展战略。如"优先发展国防工业"的路线和战略，尽管说这是根据朝鲜所处的特殊国际形势制定的，是从朝鲜当前所处的具体环境和条件出发的，但这也是朝鲜经济长期陷入困境而难以自拔的主要原因之一。优先发展国防工业，会加大本来其军费负担过重并超出国民经济所能承受的能力带来的压力。"在这种情势下，如果再强调优先发展国防工业，将本来已经极为短缺的资金、设备、能源、原材料、外汇等优先用于国防工业，并要求相关产业部门首先为国防工业发展服务的话，就势必会进一步加重工业、农业和其他产业部门资金、设备、能源、原材料、外汇短缺现象，严重影响这些产业部门的正常发展，从而进一步加重产业结构的畸轻畸重现象。而优先发展国防工业，加大对国防工业的投入，又势必导致军费负担的进一步加重。一个经济实力极为薄弱的小国，如果企图通过与美国比拼军事实力而实现自己的目的，最后很可能会因不堪重负而导致难以收拾的局面。"① 优先发展国防工业，无论作为经济建设路线，还是作为经济社会发展战略都很有必要进行反思和总结，而制定和实施什么样的发展战略，不仅关系到朝鲜改革开放的成功与否，而且关系到国家的生死存亡。

第八，关于"改革开放起始阶段"的政策实施的比较分析。就改革开放政策实施的比较来说，在这里只能涉及宏观层次的、总体上的问题，而且比较的核心问题在于推进和落实。中国改革开放政策的实施也不是一帆风顺的。特别是 1989 年的政治风波促使中国党和政府很冷静地考虑过去，也考虑未来。那时，有一个比较敏感的问题，那就是：是不是出现了动乱就可以怀疑"一个中心、两个基本点"？当时邓小平认为，"四个坚持本身没有错，如果说有错的话，就是坚持四项基本原则还不够一贯"。"改革开放这个基

---

① 陈龙山：《朝鲜经济报告》，《东北亚研究》2004 年第 3 期。

本点错了没有？没有错。没有改革开放怎么会有今天？这十年人民生活水平有较大提高，应该说我们上了一个台阶"。"我们的一些基本提法，从发展战略到方针政策，包括改革开放，都是对的。要说不够，就是改革开放的还不够。"① 这就是说中国没有因为国际大气候和国内小气候的变化，动摇改革开放政策实施的决心和信心，而促使改革开放的步子迈得更稳、更好甚至于更快。朝鲜在极其艰难困苦的国际、国内环境中能否出台一系列改革开放的政策措施。对此，国际社会应给予高度重视和关注。当然由于种种原因，朝鲜改革开放的步子迈得不大，甚至停止或半停止状态。基本情况是：一是对内最大的经济改革措施，即"7·1措施"最明显的内容是物价和工资的大幅度上调。二是1991年2月设立"罗津先锋经济贸易区"及颁布11部相关法律和法律规定，但进展不大；2002年10月，朝鲜政府宣布金刚山地区确定为旅游特区；2002年11月13日，朝鲜最高人民常任委员会颁布《关于设立朝鲜民主主义人民共和国开城工业地区》的政令，接着又颁布了《开城工业地区开发规定》等10余部法律规定。朝鲜又与韩国签订了《投资保障协议》、《防止双重关税协议》、《清算决算协议》和《商社纠纷解决程序协议》等协议，为南北经济合作创造了较为完善的法律环境，使双方的经济合作步入了法制化的轨道。特别是新义州特别行政区的设立、停办与有望重新启动更引起了国际社会的关注；中国温州人曾吕飚，在沈阳创办的中旭集团与朝鲜的贸易省等有关部门合作，承包了目前朝鲜国内最大的百货商场——平壤第一百货大楼。朝鲜在改革开放政策实施过程中会有困难和挫折，但只要及时总结经验教训，坚定不移地走下去，其前景会是美好的。

第九，关于"改革开放起始阶段"与国家发展方向的比较分析。这里的"国家发展方向"，指的是改革开放的结果是否会改变国家的社会性质问题。固然，80年代末90年代初的东欧剧变、苏联解体的一个重要方面的原因是所谓的改革"改向"。中国始终强调，我们搞的改革是中国特色社会主义的改革，我们搞的市场经济是社会主义的市场经济，我们搞的对外开放是中国特色社会主义的对外开放。这里的"社会主义"几个字是不能没有的，这并非多余，并非"画蛇添足"，而恰恰相反，是"画龙点睛"。所谓"点睛"，就是点明中国改革开放的性质、市场经济的性质。改革的对象不是社

---

① 邓小平：《在接见首都戒严部队军以上干部时的讲话》，《实事求是》1989年第4期。

会主义基本制度，而是束缚生产力发展的原有体制，当然，社会主义制度的自我完善和发展，只有通过对旧体制的革命性变革才能真正实现。如前所述，朝鲜有学者认为，改革开放是"美帝国主义的阴谋"。"美帝国主义对朝鲜经济封锁的主要目的，就是要逼迫我们（朝鲜）'改革'、'开放'，从而摧毁我们共和国的自立的经济基础和经济结构，进而消灭我们式的社会主义。发展社会主义经济的过程是社会主义计划经济与资本主义市场经济之间尖锐对立斗争的过程。美国的经济制裁和封锁，从本质上是逼迫我国经济'改革开放'，从而颠覆我国的社会主义经济体制，强迫我们接受资本主义市场经济体制。"① 这些观点都说明，中国和朝鲜在改革开放的内涵、改革的对象、改革开放与社会主义、改革开放与发展、改革开放与国家发展方向问题上有重大认识上的差异。

20世纪90年代以来朝鲜所面临的国际政治形势急剧变化，主要是因为朝鲜核问题引发的危机和霸权主义、强权政治所带来的压力。坦率地说，朝鲜现在的观念、做法和体制也是朝鲜所处的特殊环境的产物，国际社会应给予充分理解和解读。但国际社会却普遍认为，朝鲜的有些观念、做法、体制是过时的，影响了改革开放、经济社会发展，也影响其国际地位和形象。我们认为朝鲜同样存在亟待把思想认识从那些不合时宜的观念、做法和体制的束缚中解放出来，确立符合朝鲜实际的理论和路线的问题。笔者很赞成这样的观点："鉴于朝鲜的特殊国情及其所处的特殊国际环境，改革开放不可能也不应该一步到位，而只能是分阶段地、渐渐地进行，即所谓'朝鲜式'的。"②

---

① 陈龙山：《朝鲜经济报告》，《东北亚研究》2004年第3期。
② 陈龙山：《我观朝鲜经济》，《当代亚太》2002年第9期。

第五章

冷战结束前后韩国社会转型研究

第一节　冷战结束前后韩国的经济转型

一　韩国经济转型的国际环境

首先，第三次科技革命为韩国经济发展提供了难得的历史机遇期。20世纪50～60年代发达国家开始广泛应用第三次科技革命的成果，劳动密集型产业逐步向资本、技术密集型产业转变，一大批产业进入调整时期，特别是老牌发达国家的具有传统优势的制造业逐步被新兴产业所取代，大量的制造业企业开始向劳动力价格低廉、原材料价格便宜、运输成本较低的发展中国家转移。亚洲作为传统的人口密集地区，拥有资源、交通、政治等比较优势，顺利成为此次产业转移的接收地。正是得益于这样的产业分工的大背景，韩国的出口导向产业有了必要的外部环境。

其次，两大阵营的冷战为韩国造就了紧张条件下的安全环境、获得了外来经济发展援助。第二次世界大战结束后，世界分成为针锋相对的两个阵营，韩国紧邻中国、朝鲜，顺理成章地成为西方阵营的桥头堡。1953～1956年朝鲜战争结束前后，美国对朝鲜半岛除进行军事干预外，开始对韩国进行经济投入，美国以关贸总协定为基础，开始扶持韩国轻纺工业等劳动密集型产业。70年代，欧美日等发达的资本主义开始转变经营战略，把劳动密集型产业向资本技术密集型产业转化。为适应世界经济新形势，发达国家按照变化了的经济实力重新调整了国际汇率，马克和日元迅速升值，日本产品的附加值急剧提高，具有丰富劳动力资源的韩国成为发达国家工业结构转型、对外扩展劳动密集型产业的主要国家和地区之一。20 世纪 70 年代韩国工业结构的第二次调整正是与这种难得的国际条件密切相关的。同时，为了使一些发展中国家和地区的产品比较迅速地进入工业发达国家市场，欧共体和日本于 1971 年、美国于 1976 年开始向发展中国家实行普遍特惠关税制度（GSP）。在 GSP 中，韩国受益最大，仅 1980 年韩国就占 GSP 总额的12.9%。在日本和加拿大提供的特惠贸易总额中，占第一位；在美国和欧共体提供的特惠贸易总额中，占第二位。同时，随着中东地区石油产业的迅速崛起，中东国家对建筑及有关行业形成了大量需求，韩国的建筑工程行业迅速渗入中东，为韩国建筑业及相关产业的发展提供了一个难得的发展机遇。

最后，中国启动改革开放为韩国应对信息化时代的到来，进行主动的经济转型提供了良好的承接环境。1978 年中国实行改革开放，整个中国从东南沿海向内陆渐次开放，首先在沿海开放了 14 个经济特区，依靠劳动力优势大量引进外资及技术。特别是 20 世纪 90 年代苏联解体与东欧剧变，冷战结束，中韩建交，中国为韩国 20 世纪 70~80 年代的经济转型由劳动密集型转向发展技术密集型产业提供了良好的地缘产业承接地。由于地缘便利，韩国与中国沿海各地的贸易往来频繁，中国大连、青岛、上海等地迅速成为韩国投资的主要承接地，特别是以纺织业等劳动密集型产业为主的企业转移承接地。

二 冷战结束前政府主导下的韩国工业化

韩国经济腾飞与韩国政府强有力的作用是分不开的，韩国经济发展从20 世纪 60 年代初起步，政府基于本国劳动力资源的优势，实行外向型经济发展战略，通过调整关税、贷款投入和降低汇率等政策，重点发展轻工等劳动密集型产业，并提出"出口第一主义"的口号。到了 20 世纪 70 年代，韩国投资的重点开始转向重化工业，确立了钢铁、机械、石化、造船、电子和有色金属六大战略产业，并在金融支援、税收和相关法律等方面予以大力支持。20 世纪 80 年代，韩国再次进行了产业结构的调整，除进一步提高重化工业的出口竞争力外，同时积极发展电子、精密机械、精细化工、新材料、新能源等产业。进入 20 世纪 90 年代以后，韩国又将信息产业作为新的发展重点，同时带动第三产业的发展。具体而言：

战后韩国，经济环境异常恶劣，为缓解各种物资的严重缺乏状况，政府于 20 世纪 50 年代中期实行了进口替代政策。即以本国生产的工业制成品取代国外的进口产品，以满足国内市场的需要，并逐步实现自身的工业化。为了提高本国产品的竞争力，韩国政府首先实行了贸易保护政策，通过关税壁垒或非关税壁垒限制进口外国产品，刺激国内和地区内工业的发展，并以美国的经济援助为前提建立了一些专为国内市场而生产和销售的产业，进而形成了对国内的低粮价、低利率、低汇率的"三低"政策。

进口替代政策在一定程度上缓和了当时韩国物资短缺现象，为韩国经济恢复起到了重要作用，但其局限性也相当明显。韩国作为一个小国，本身的资源有限，市场也相对狭小，经济发展只有借助广阔的国外市场，充分利用战后世界经济迅速恢复的外部条件。因此，发展外向型经济就成为韩国经济发展的适时选择。

发展经济成为朴正熙政府的首要目标。政府放弃 20 世纪 50 年代执行的"三低"政策，鉴于韩国土地面积狭小、资源贫乏、人口密度较大等相对不利条件，同时鉴于其大半岛型国家拥有较长的海岸线和较多港湾等发展对外贸易的有利条件，韩国政府确立了发展出口导向型产业的政策方针，吸引大量外资，由此开始了韩国外向型经济的高速发展时期。

1973 年 1 月，朴正熙再次当选总统，朴正熙政府发表《重化工业宣言》，将重化工业作为经济发展新的重心，政府设立"重工业推进委员会"，全力以赴地发展政府确定的重化工业项目，同时，明确指定钢铁业、石化工业、造船业、工业机械、有色金属、电子工业等六个优先发展的产业，并对六大产业中的"主体企业"提供各种优惠政策。1978 年，通过出口补贴和税收减免使这些部门的保护率高达 16.4%。而除食品、烟草及六大产业外的其他产业的平均保护率仅为 2.3%。在国内市场上，重化工业部门的保护率更是高达 35%，远高于其他工业 3.6% 的平均水平。基于政府的优惠政策，在 20 世纪 60~70 年代，韩国出现了其他行业企业的平均成本相比"六大"产业企业大致高出 30% 的奇特现象。

任何国家的经济发展无疑都是以资金投入为前提的，工业战略的调整更是离不开政府的财政支持。韩国政府在对工业经济的资金支持方面是积极且不遗余力的。韩国政府在官方向重化工业资金倾斜的同时，还颁布了《国家投资基本法》，动员民间资金投向重化工业项目。《国家投资基本法》规定：银行储蓄存款的所有者和经营者，拥有养老基金、邮政存款、人寿保险的机构和个人，都必须购买"国家投资基金"，即每一种类型的储蓄都被强制性地动员起来,从而保证国家对重化工业的投入有尽可能多的资金。据统计,韩国自第二次世界大战后到 1963 年,政府投资在总投资中的比重达 31.7%;20 世纪 70 年代发展重化工业时期,比重上升到 33.2%。

正是由于韩国政府采取了一系列切实可行的措施加速重化工业的发展,韩国的重化工业产业政策才迅速地取得了成效。1972 年,韩国重化工业在出口结构中的比重为 23.8%。到了 1982 年,重化工业在出口中的比重已达到了 54.2%。

重化工业政策保证了韩国 20 世纪 70 年代经济稳定高速的发展。据亚洲开发银行统计,1971~1978 年,韩国经济实际年增长率达 8.7%。其中,1972~1978 年国民生产总值年均增长率达 10.8%,1970~1979 年出口年均增长率高达 39.2%,重工业和化学工业的产品在出口总额中占的比例从 21.3% 上升到 34.7%。

这一时期韩国产业政策调整的成功,除了政府的坚定支持外,还取决于韩国所拥有的异常丰富而廉价的劳动力资源,这是不可忽视的重要因素之一。20 世纪 60 年代初,韩国完全就业的劳动力仅占潜在劳动力的 57%,而"完全失业"的劳动力约为 2.9%,其余约占总数 40% 的劳动力可以被归入隐性失业的范畴,这还不包括更大数量的情愿以最低生活标准受雇于企业的农民。韩国劳动力资源所特有的取之不尽、对工作待遇要求极低的状况,一直持续到 20 世纪 80 年代末,这保证了韩国在工业化的每一阶段都具备充足的劳动力资源。

三 冷战结束后韩国经济的结构性转型

20 世纪 70~80 年代,资本主义世界的经济危机又一次周期性爆发,西方国家经济普遍进入滞涨时期,贸易保护主义在各国中普遍兴起,各国为缓解国内的就业压力,增加了劳动密集型产业在各发达国家内部的占比。由于韩国工业经济的发展主要依赖于政府的支持、有利的国际条件、极低的劳动成本,使其一段时期内所生产的产品的技术含量相对较低,对外缺乏竞争力,劳动密集型产业在国际竞争中竞争力逐渐降低,以劳动密集型产品为主的韩国经济产业结构难以为继。因此,对于严重依赖国际市场的韩国不得不慎重考虑其产业结构的问题。

1. 冷战结束后韩国经济转型的国内外环境

第一,冷战结束后韩国经济转型的外部环境。韩国通过贸易立国走出了一条经济发展的成功之路。但由于其对外依存度过大，尤其是出口主要集中在几种产品上，使得韩国经济相对脆弱，国际市场一旦发生变化，经济就会受到很大冲击。如1996年国际市场上半导体芯片价格暴跌，韩国出口额大幅度减少，损失惨重。在利用外资上，韩国主要倾向于依靠间接投资，因而对直接投资限制较多，致使外国直接投资发展缓慢。冷战结束后，从前敌对的两大阵营有所缓和，军事紧张的氛围有所缓解，各国的注意力逐渐从军事安全方面转向经济、社会的发展上来。作为两大阵营对冲的前沿地带的东亚各国经济纷纷进入快速发展时期，特别是中国自改革开放后经济迅速发展，利用人力资源的优势大力发展外向型经济逐步成为世界性工厂，这给韩国带来了巨大的外在竞争压力，与此同时，亚洲新兴工业化国家基本都将钢铁、化工、机械、电子、船舶等行业作为发展的重点，造成了严重的产业趋同，使韩国以重化工业为中心的出口结构面临来自周边地区的挑战。

当对手不复存在或者已经不构成威胁的时候，集团内部一致对外的团结紧密程度就变得相对松散。冷战结束以前，韩国产业技术的获得以引进为主，大多以许可证贸易的方式引进其同一阵营的日本和美国的成熟技术，而冷战结束后，随着东亚各国经济的腾飞，在技术引进方面对韩国也构成了竞争。另一方面，作为同一阵营的日本等国也开始慎重考虑对其技术出口甚至开始阻碍其技术进口，20世纪80年代后期，韩国的技术引进计划在实施中就受到了来自发达国家尤其是日本封锁的阻力。当全球性汽车、钢铁、化工、电子产品的生产过剩，产业技术的更新换代已经不可能再依靠引进来实现的情况下，韩国不得不考虑其自身经济发展的趋向问题。

第二，冷战结束后韩国经济转型的内在要求。首先，劳动力密集型产业优势逐步丧失。在韩国经济发展中，形成了庞大的社会间接资本，基本构成了韩国自主经济的框架。政府干预造就了其重化工业、劳动密集型产业和第三产业的发展，加速实现了工业化，实现了工资福利制度的现代化。如果以欧洲工人的工资指数为100，韩国1993~1994年度的工资指数已达到78，1995年则达到89，这样使其电子、化纤、服装等劳动密集型产业的优势因劳动力成本的提高而大打折扣，韩国劳动力的优势已经不复存在。其次，大企业垄断的负面效益显现。韩国一直倡导出口主导型的经济发展计划，为了增强产品的对外竞争力，多数优惠政策侧重于出口大企业和重点产业，加速了财团集团的集中化和财团经营的多极化，财团集团伴随着韩国的经济高速发展而迅速膨胀，韩国的主导产业均被少数大财团系列企业所左右，企业财团对韩国社会生活的影响都十分深远，它们的名字出现在韩国社会的各个方面，包括汽车、电视、棒球队甚至医院。以 2003 年为例，三星、现代汽车、LG 和 SK 四家最大的财团出口总额达 1117 亿美元，占韩国总出口额的55%。它们还共同占有了韩国市场资本总值的 1/3，以及 2003 年韩国外商投资的 43%。一方面，大企业的发展利于实现规模经济，增强了韩国在国际上的竞争力，韩国的汽车、电子、钢铁等产品通过现代、大宇、三星、浦项等大企业走向国际市场，但大企业为实现规模的迅速扩张，往往采取过度的负债经营。据统计，韩国 30 家大集团自由资金比率只有 18.2%，甚至其中一些不足 10%。这使得这些企业不得不依赖银行和非银行金融机构的贷款，从而使银行的风险增加。与此同时，大企业争相进入利润高的行业，又造成重复投资的情况。例如三星公司进入汽车市场使得韩国国内本来已趋饱和的市场竞争变得更加激烈。此外，大企业垄断导致中小企业不得不成为他们的附庸，处于一种被强者支配的地位，这阻碍了中小企业的发展。另一方面，韩国的大企业对经济的支配地位进一步表现为政治上的影响力。在东方政治文化背景下，企业家的政治情结浓厚，甚至开始向政界靠拢，"商而优则仕"的现象屡见不鲜。近几届韩国内阁不少部长都出自三星、现代、LG、SK 等大企业的管理层。政界与经济界的联系千丝万缕。韩国政府主导的经济发展模式使得政治生活中权钱交易和腐败现象日渐严重。政府在经济生活中的各个领域控制力强大，使得官员的决策权扩展，过多的控制和更大的行政权为腐败提供了机会。韩国历届政府均难逃脱腐败的怪圈，韩国前总统全斗焕、卢泰愚均腐败缠身，两位前总统因腐败受审；金泳三、金大中虽没有腐败事件，但是他们的儿子均因腐败入狱；前总统妻儿和侄女婿卷入受贿风波，2009 年 5 月 23 日，卢武铉在其家乡山区坠崖身亡。

2. 金融危机打击后韩国经济的浴火重生

1997 年 7 月，韩国爆发严重的金融危机，经济遭受了自第二次世界大战以来最为沉重的打击。外债背负达 1569 亿美元，而美元外汇储备只有 37亿。外延扩张型和速度型发展模式是导致金融危机发生和深化的重要原因。这种粗放型增长方式在市场需求品种少、批量大的时候还行得通。但随着经济的发展，尤其是世界经济进入开放化和信息化时代，技术、信息、质量等的作用愈发重要，但韩国仍热衷于走速度型外延增长道路，缺乏成功的产业升级相配合，由此导致了产品的技术竞争力赶不上发达国家和某些新兴工业国和地区，加之相当部分劳动密集型产品的价格竞争力又遇到发展中国家的挑战，因而在危机前夕，贸易逆差迅速扩大，外汇储备急剧减少。这是导致金融危机爆发和深化的主要原因。

值得注意的是，尽管此次金融危机主要发生在亚洲（这一历史偶然地发生在了亚洲，因金融投机而起），但它的出现已完全不同于以往资本主义国家周期性出现的经济危机，从某种程度上讲，它的爆发是工业化升级转型步入信息化、后工业化过程中市场失灵的外在表现。按照系统理论解释就是，旧的系统逐步失灵的同时，新系统还未建立，在过渡时期对于稳定系统的探索仍会继续，这是历史的必然。从随后由美国华尔街次级债危机引发的、至今仍无法估计其影响的全球性的金融危机中就不难看出，这种趋势仍在继续，世界经济发展模式仍在调整之中。

危机发生在虚拟领域，却对实体经济产生极大的破坏作用。面对这一新型的经济形态，每个国家都面临着不同程度的挑战。为尽快摆脱危机，韩国进行了一系列的政策调整：

第一，加快大企业结构调整，增强企业活力。金融危机发生后，韩国政府推出"企业互换"政策，通过企业之间合并、分离、出售等资产置换，迅速淘汰集团下属的劣质企业，使这些大企业集团得以把主要力量放在原先已确定的重点经营领域上。现代集团、LG 集团、鲜京集团、三星集团清理其所属企业，将主要经营领域集中在各自占优势的行业内，韩国大企业集团主要产业的分工基本明朗。与此同时，政府责成消除贷款的交叉式担保，降低了企业资产负债率，使得 30 家大企业集团的资产负债率的平均水平由危机发生时的 500%，按要求在 1999 年底降至 200%。

第二，国有企业民营化。金融危机后，政府分阶段实施民营化计划，在这一过程中，国外资本被获准同国内资本一样，可以购买韩国民营化企业的股权。此外，政府还在改善企业内部管理和提高经营透明度等方面制定新的规范。如为与国际接轨，使企业账目能够如实反映其经营情况，全面实行了国际标准的复式会计制度；为加强对企业的经营监督，强化董事会功能和股东监督功能，施行增加了公司外人员担任理事、扩大小股东权利等办法。

第三，整顿金融秩序，改革官治金融，理顺监管体制。1998 年上半年，开始对金融业进行整顿，采取清退破产、合并及向海外出售转让等三项措施。关闭资产结构和经营状况恶化、恢复无望的商业银行，并将 7家银行合并成为实力雄厚的超大型银行，通过国际招标把第一银行和汉城银行拍卖给美、英财团，把双龙证券公司 50% 股份卖给美国早安公司。此外，政府放弃对银行业务直接干预的传统做法，将原来分立的四个监管部门（银行监督委员会、证券监督委员会、保险监督委员会、非银行监督局）改组合并为统一的金融监督委员会，并由该委员会对金融市场进行监管。

第四，扶持高新技术产业，努力实现经济增长方式的转变。首先，政府层面，及时调整产业方向。20 世纪 80 年代的韩国经济没有像世界许多发达国家那样出现经济停滞不前的现象，反而维持了持续高速增长，韩国政府选择了扶持高新技术产业，实现经济增长方式转变的策略。具体而言，为扶持高科技产业，促进经济恢复并积蓄发展后劲，提高韩国的国际竞争力，韩国政府实施了 "21 世纪精英工程"，从 1999～2005 年 7 年间，每年投资 2000 亿韩元，以信息通信网络、计算机、人文科学等为重点，兴建一批研究生院和大学，在高校内建立具有世界一流水平的研究中心。同时，更加重视知识经济、信息产业的开发，鼓励向 "最高附加值产业" 投资，向作为韩国今后经济发展 "主力军" 的风险企业投资。为此，韩国政府不但确定了 1 万亿韩元风险企业基金的来源，还制定了一系列促进措施，如设立 "韩国技术交易所"，促进技术转让和商品化；建立 "国际技术代理人" 制度，以吸引海外韩侨、科技人才；在中学开设培养企业家精神的课程，在因特网上开设 "网络风险企业大学"；等等。据韩国财政经济部统计，在 1998 年和 1999 年中，韩国创办的风险企业近 5000 家，其中大部分是在 1999 年一年中涌现出来的。仅一年时间就创造了大约 27 万个就业岗位。针对风险企业大多集中在汉城地区的情况，政府将创办风险企业的热潮引向地方城市，在全国各主要城市建立了 20 个风险投资区。其次，企业层面，韩国的大企业财阀们在实践中意识到电子、信息通信等风险企业的潜力，开始将大量资本由过去投向 "重、厚、长" 大型设备的模式转投至高新科技产业。从 1999 年末至 2000 年 4 月初，现代、三星、LG 等大企业财团累计投入 12 亿美元资金用以收购国内风险企业股权。与产业结构升级、风险产业投资增加相联系，为了留住人才，大企业集团纷纷推出新政策，如对技术人才实行 "股票优先购买权"；对经营利润超过指标的部分进行 "成果分配"；打破论资排辈惯例，大胆起用年轻技术人才担任领导职务；提供优惠待遇，广招海外高级人才等。

第五，大量引进外资，为经济增长提供资金保障。韩国政府面对金融危机发生后资金外流、境内资金极度匮乏的困难局面，为从根本上防止外资流出，并吸引外资重新注入，于 1998 年 5 月颁布新的《外国人投资促进法》，并采取一系列吸引外资的优惠政策，放宽外国人在韩国投资限制，韩国企业中外国人持股的最大比例由危机前的 50% 扩大到 55%；放弃对短期金融市场和期限在 5 年以内国外贷款的控制；准许财务健全的企业自由借入海外的短期资金；开发外国银行在韩国的外汇贷款业务；开放债券市场、股票市场，实行衍生金融交易自由化；放宽对外商投资产业种类的限制，开放不动产市场；允许外国企业收购韩国国内企业，在 1148 个行业中，只有 22 个行业保持不对外开放；改善对外国投资者的服务，减少投资程序，提供一次到位服务。此外，政府还推出了促进外商直接投资的其他辅助措施，如重点外商企业的所得税减免（前 7 年全免，7 年后 3 年免收 50%）；提供为期 50 年的低成本租用土地；建立自由投资区，地点由外商自己选定等。上述政策和措施稳定了在金融危机中起伏不定的韩国金融市场，吸引了大批外国投资者，同时也使得国家的信用度回升，为韩国经济复苏并步入增长阶段注入了新的活力。

经过种种努力，韩国经济率先复苏，迅速实现"V"型扭转，韩国的年均经济增长率从 1998 年的 - 6.5% 上升近 17 个百分点，达到 1999 年的 10.1%，居亚洲各国经济增长之首；人均国民生产总值从 1998 年的 6300 美元升至 1999 年的 7700 美元；韩元对美元的汇率在同期由 1800∶1 升值到 1150∶1；外汇储备由 540 亿美元升至 750 亿美元；经常性收支也因外贸顺差的巨幅增长（由原来的负增长增至 100 亿美元）而首次成为债权大于债务的国家。

另外，有一点是值得特别注意的，那就是强烈的民族精神对韩国摆脱危机发挥了不可估量的作用。韩国能够在较短的时间内从危机中摆脱出来，同其长时间以来重视发展教育、提高人口素质，尤其是注重民族自立精神的培养有着直接的关系。韩国教育的特征之一，是在加强科技知识教育的同时加强"精神教育"，从幼儿园抓起，贯穿于小学、中学、大学全程教育始终。尤其是当国家遇到困难时，全国上下各种舆论工具利用各种有效形式进行的宣传，形成了全体国民精诚团结共克时艰的氛围。国家资金极度困难的时候，韩国民众自觉捐款献金，低价出售珠宝首饰为政府筹集 13 亿美元巨款；在韩国股市低迷，企业难以进行直接融资之时，股民踊跃入市，使资金短缺企业通过股票和债券市场融资渡过财务危机；在政府因财政困难而减少国办高等学校教职员工的 1/4 工资时，减薪者泰然处之；在韩国经济萎缩、产品外销受阻，国民动用储蓄资金大力购买国产品牌、在国内进行旅游消费等一致行动，极大地促进国内消费，使有效需求不足的状况得以扭转，支持经济走出低谷。正是上述在国家陷入危机后国民所表现出来的为世界所动容的高度爱国精神和超强的凝聚力，形成了创造"汉江奇迹"的精神支柱。

总之，韩国的发展过程是"东亚奇迹"的典型代表，韩国采用的是政府积极干预经济的发展模式。在已经实现工业化的国家和地区中，韩国的经济模式应该说是非常有特色的。这种模式既不同于欧美国家的"企业自主型"市场经济模式，也不同于香港政府的"积极的不干预主义"，而且与日本的"政府指导型"市场经济模式也有不少差异。韩国政府所实行的是经济上的"积极干预主义"。从长期经济战略的确定，到具体的短期经济计划的出台，再到与实现经济计划密切相关的经济政策和法律法规的制定，都有韩国政府的影子。韩国工业化过程具有自己明显的特征，主要体现在实行私有财产制度的前提下，国家力量与市场力量高度融合，政府凭借国家的力量制定经济发展的战略计划，确定经济发展的目标以及发展方向，并有效地调动各方面的资源，推动经济走向高速增长，简而言之，即国家驾驭社会，政府主导私营部门，举国家之力发展资本主义。具体而言：（1）政府具有明确而执着的经济现代化取向，政府领导人对经济发展具有坚定决心和献身精神。朴正熙接管政权表现尤为突出。（2）政府官僚机构的高效运作和政府官员的相对廉洁奉公，有力地主导了民间经济发展。特别是由一位副总理直接领导的经济企划院，更是发挥了核心和关键的作用。（3）韩国政府实行了比较稳定和始终一贯的出口补贴、税率、汇率、利率等经济政策。（4）韩国政府制定了比较切合实际的经济开发五年计划，而且贯彻执行也比较彻底。（5）韩国政府能够洞悉国内外形势的变化，适时调整经济社会发展战略，保持了经济在较长时期的持续增长。（6）韩国政府在维持良好的市场秩序、纠正市场失败方面做出了极大努力，取得了显著成效，市场法制体系较为完备。

万事有利就有弊，韩国经济的快速发展，是依靠政府的强力政策和诱导政策来实现的，而不是依靠自有资本主义，尽可能地强化政府的职能，简化甚至抹杀民主程序，使用强有力的行政手段和经济政策强制推行或诱导推行经济发展战略，政府主导资本主义工业化，这就注定给韩国的民主转型带来许多后遗症，诸如财团政治、地方主义等。

第二节 激烈斗争中绽放的民主之花

政治文化在韩国的政治转型的过程中起到了重要的作用，原有的儒家文化深刻地影响着其政治道德价值，而以美国为代表的西方政治文化的输入对韩国新一代政治家形成了观念上的冲击；加之基督教在韩国的迅速传播，使得韩国的政治文化存在着一种矛盾性。

一 韩国政治文化概略

文化特别是政治文化在一个社会的发展中具有重要的作用。传统文化的继承、外来文化的输入，都会深刻地影响着社会的发展。政治文化是政治关系中一种精神和心理的反映，它是人们在政治生活中形成的对政治的感受、认识和道德习俗规范的复杂综合。它是一种特定的政治意识形态，一经形成就具有较强的稳定性，并会对政治系统的运行产生重要影响，政治文化往往是政治系统政治合法性的重要组成部分，是政治合法性中规范性的一面，民众往往会依靠政治文化对政治系统的政治行为做出是否符合的判断，从而影响民众认同。

关于韩国政治文化，尹亨燮教授认为，朝鲜的权威主义具有隶属文化的特征。在日本帝国主义统治下形成的民族主义抗拒权力，并由此产生了对政治的嫌恶和不关心。在美国军政的统治下导入了西欧民主主义。由于国土分裂，造成了南北之间"黑白论理"。正是由于这些因素形成了今天的韩国政治文化。正是由于历史的沉淀和现实的冲击、内部的矛盾和外部的影响相互作用才形成了韩国现代政治生态。

首先，儒家文化是韩国政治文化的核心，韩国是在东亚的儒家文化圈中最忠实于儒家文化的国家，儒家文化对韩国的影响不仅局限于政治生活，而且具体到社会生活的方方面面，并在当今韩国的政治社会生活中仍有深刻体现。儒学对韩国政治社会生活的影响是从李朝开始的。通过对高丽王朝覆灭的反思，李太祖大力排佛兴儒，儒学成为李朝文化体系的核心。在当今韩国社会生活比较通行的行为规范和伦理道德准则基本上都来源于儒家文化。同时我们也应该认识到，韩国文化并不是单一性的或是一元化的，儒家文化对韩国政治生活的影响更多是形成一种传统，而以美国为代表的西方文化输入则直接影响着现代韩国的政治生活。以美国为代表的西方文化的输入及其与韩国传统文化的并存和冲突就是韩国政治文化的一个重要标志。传统文化的大量存在，支持了强大的家长制政府，韩国权威统治在战后能够长期维持正是基于这一文化。

其次，韩国独立后，美军进驻韩国，美国与韩国的关系在朝鲜战争后变得更加密切，由此，韩国的政治生活直接受到美国的影响，所有的政治制度设计，几乎完全照搬美国的政治制度和思想，韩国人急切寻找一种现代化的途径，因此美国的政治制度成为韩国学习的捷径，基督教在韩国迅速传播，特别是 20 世纪 60 年代以后，基督教在韩国快速发展。到了 20 世纪 80 年代中期，韩国的新教徒已经达到了 900 余万人，占到总人口的 24%。截至 1989 年，有神父 15222 人、教堂 2000 多座，教徒人数列法国、意大利、西班牙之后，居世界第 4 位。基督教在韩国的大量传播和信徒的急剧增加也在一定程度上改变了传统文化的面貌并推动了韩国的政治变革。很多韩国知识分子，特别是大学生接受了现代西方民主政治观念，要求自由、平等、人权，反对暴政，并掀起了声势浩大的民主运动。

二 第二次世界大战结束后韩国的权威主义及其特点

冷战结束前后韩国经济社会状况及政治状况，特别是韩国民主政治的演变是一个曲折发展的过程，大致经历了三个阶段：第一阶段是引进与试验期（1948 ~ 1961 年）；第二阶段是工业化进程中民主力量的成长期（1961 ~ 1986 年）；第三阶段是民主政治履行与巩固期（1987 年到现在）。

李承晚政权和朴正熙政权的两种不同的专制。1945 年第二次世界大战结束，韩国从日本的殖民统治下获得了独立。战后的韩国百废待兴，社会秩序混乱，政府缺乏强力控制，政府提出的政治和经济发展战略无法得到切实有效的实施。1945 年 9 月 8 日，进驻朝鲜半岛南部的美国按照维持秩序、遵循民主原则，以建立一个有效的政府使朝鲜成为一个自由和独立的自治国家的理念开始改造南部朝鲜。随后，冷战格局形成，朝鲜半岛又成了冷战格局的焦点。在美国等西方势力的干预下，1948 年成立的大韩民国引进了西方式的民主宪政制度。同年 7 月 12 日，韩国国会通过《大韩民国宪法》，7 月 20 日，李承晚当选韩国第一任总统，8 月 15 日，大韩民国政府在汉城（今首尔）成立。

1948 年的《大韩民国宪法》是"一部自由色彩很浓的民主宪法"。① 它

---

① 路易斯·金亨等编《宪政与权利》，北京：生活·读书·新知三联书店，1995，第 322 页。

明确规定了广泛的公民权利条款；政府领导人的产生基本上是采用选举的方式；在立法、行政和司法之间实现分权与制衡。但是，"民主"不是一蹴而就的事情，不是一部宪法就可以解决的事情，民主政治的运行受到经济基础、社会基础、文化基础等方方面面因素的影响。"民主"并不适应刚刚从日本帝国主义统治下解放出来、具有浓厚儒家文化传统的韩国，"民主"不是李承晚追求的目标，他利用"反共"的意识形态宣传和专制机器打击反对党的力量，以维护其专制统治。

从 1948 年当选第一任总统到 1960 年当选第四任总统的 12 年间，权力斗争是李承晚真正关注的问题，李承晚将全部精力都用在了同反对党的周旋和斗争中。如 1952 年，李承晚利用朝鲜战争的特殊环境，逮捕了 50 名国会议员，从而使由国民直接选举总统和实行两院制国会的改宪案获得通过，为其连任总统扫清障碍。韩国宪法规定，总统任期四年，只能连任一次，但李承晚为了再次当选总统，于 1954 年 9 月 6 日指使自由党国会议员向国会提出了以"对现行宪法实行期间的总统，不适用只能连任一次的规定"为主要内容的宪法修正案，由于独大的自由党议员人数和"四舍五入"的计票办法，提案获得通过，李承晚再次获得连任。凡此种种，在李承晚时代，违反宪法，强行修宪，制造借口，捏造罪名，打击反对党。① 民主成了纸面上的文字，新独立的韩国并没有能随着建国而同时建立起有效的政治和经济秩序。

1960 年汉城爆发"四月人民起义"，把李承晚政权推翻。"韩国现行宪法序言中写道：'要继承 1960 年 4·19 起义所显示的反抗非正义的民主理念。'因而，1960 年的'四月人民起义'就成为韩国人民反对独裁统治、争取民主和正义的一次伟大斗争而永载史册。"②

李承晚政权倒台后，韩国进入了以许政为代总统的"过渡政府"时期和张勉政府时期。1960 年，韩国国会通过宪法修正案，把总统制改为内阁制，把一院制国会改为两院制国会，把选民直选总统改为国会间接选举总统。修宪后，总统成为虚位元首，内阁掌握一切行政权，内阁有权解散国会，国会对政府有不信任权；新设立了拥有宪法解释权、弹劾案和解散政党案审判权的宪法法院；同时，取消了第一共和国时期对言论、结社、出版、集会等自由的限制。然而，张勉政府一直未能控制住混乱的政治局势。韩国

---

① 郭定平著《韩国政治转型研究》，北京：中国社会科学出版社，2000，第 41~43 页。
② 郭定平著《韩国政治转型研究》，北京：中国社会科学出版社，2000，第 43 页。

处于严重的无序状态之中，政府面临严重危机。

1960 年 5 月 16 日以朴正熙为首的军事集团发动了一场"旨在把我们的国家从动乱和毁灭中拯救出来"的军事政变。从此，韩国的政治发展乃至整个韩国社会进入了一个新的历史时代。朴正熙集团开始了"开发独裁"的经济发展模式。朴正熙"开发独裁"的权威主义有以下几个方面的特征：第一，采取军事政变和军事专政的手段清除妨碍社会发展的权力斗争、官场腐败、政治权力对经济生产的控制和吞食等"绊脚石"，维护社会稳定。打击了在"民主"幌子下搞个人权力争夺和旧的政治传统，有效地抑制社会的分裂和动荡，把中央政府的精力集中到发展经济上来。第二，确立了"经济发展第一"的战略方针，把韩国带上了现代化的发展道路。朴正熙政权继承并强化了张勉政府提出来的"经济发展第一"的方针。从张勉到朴正熙有一个重要的变化，就是张勉政府除了经济发展之外，还努力建设民主政治，而朴正熙政府则把"经济发展第一"的方针变成了单一的国家目标。这一转变是由多种因素决定的，最主要的有两点：一是朴正熙为了弥补政变和军人统治在政治上缺乏合理性的缺陷，从而全力以赴追求高速经济发展；二是，朴正熙认为生存权是人的最基本的权利和需要，发展经济比发展民主更重要，民主要建立在经济发展的基础上，为了迫切的经济建设可以暂时先以牺牲民主为代价。正如朴正熙在《我们国家的道路》一书中所写的："我们的内部条件还不成熟，还不足以承受民主政制，因为我们的君臣观念绝不可能在一个晚上就被某种民主思想所改变……在我们的农村存在着大量文盲，那里经济落后，传统文化势力很强。在城市，存在着大量失业和对社会不满的情绪。最主要的还是因为国家工业发展水平从整体来看仍然很低。"第三，形成有效的现代官僚体系。朴正熙的权威主义政体不仅吸纳了大量少壮军官进入国家机构，而且还积极吸收那些受过良好教育、具有专门知识和专业特长的技术精英，使政府机构的结构分化和功能专业化提高了，推动政府管理向科学化和理性化方向发展。权威政府通过军人维持秩序，利用专家制订规划主管发展，这种高效有力的权威体制对发展经济有极大的推动作用。在朴正熙"开发独裁"的权威主义时代实现了令人惊叹的经济发展，经济快速增长促进了市民社会的发育，从而奠定了民主化的基础。20 世纪 60 ~ 70 年代韩国经济的高速发展和现代化进程促使社会结构持续分化，国家与社会的关系发生了重大变化，市民社会逐渐成长，这种国家与社会关系的变化直接导致了权威主义统治的合法性危机。在反对权威主义的社会民主力量中，中产阶级、工人阶级以及青年学生发挥了重要作用。中产阶级在韩国经济的高速增长过程中得到了迅速成长，并在韩国的民主转型中发挥了重要作用。根据韩国社会学家洪斗承的研究，中产阶级大致分三个部分：（1）具有渊博的专门知识和高教育水平的医生、律师、大学教授等担任高级专门职务的人和在政府、企业以及其他社会团体担任高级行政、管理职务的人，称为中产阶级。（2）由技术水平略低，教育和训练时间不是特别长，从事一般专门工作的人们当中的被雇佣者，在政府和民间企业从事事务性工作的人构成新中产阶级。（3）在职业种类中，分散于各行各业，本人、家族成员，必要时雇佣少数帮工，开展个人事业的专门技术、贩卖活动、服务行业的从业人员和独自经营的手艺人等形成的旧中产阶级。依此定义，1970 年中产阶级占劳动人口的 30%，到 1980 年就增加到 40%，由此可见这一期间韩国的中产阶级迅速壮大。韩国的中产阶级是经济高速成长的受益者，这使得他们成为社会的中坚力量，一旦社会出现较大的政治经济危机，中产阶级就会转化成现实的政治力量。此外，20 世纪 70 年代以后，韩国的工人阶级逐渐成熟，不断参与到各界群众的民主运动当中，提出明确的民主要求，将经济斗争与政治斗争结合起来。如工人运动之中影响最大的就是 1979 年 4 月爆发的 YH贸易公司工人罢工，这次斗争提高了工人阶级的政治威望，进一步加强了工人运动与民主运动的连带性。

但是，朴正熙政权实行的特种形态的产业化给后来的民主化进程也带来了消极的影响，主要体现在以下四个方面：（1）在产业化过程中国家培养出了巨大的企业即财阀，以致形成了少数财阀企业左右国家经济的局面。财阀是民主主义的顽强抵抗势力，是奉承效率至上的技术官僚的经营主义和军事主义的堡垒。由于韩国政府在经济发展过程中推行"增长第一，分配第二"的方针，韩国经济虽然在 20 世纪 60～70 年代获得迅速发展，但其政策偏向则是资本家和大财团，工人阶级的福利和工作条件没有得到重视，工人阶级的工资长期得不到提高，长期的低工资制度是韩国经济高速增长的牺牲品。在军事政权时代，韩国工人阶级的要求受到抑制，1971 年《国家安全保卫特殊法》颁布以后，不允许罢工和罢市。工会领导是自上而下任命的，因为不能真正反映工人群众的要求，不可能发挥应有作用。"维新体制"时期工会活动更是被禁止。朴正熙政权的权威主义不是通过军队领袖而是通过财阀传承下来。（2）朴正熙"开发独裁"专制主义使官僚权威主义在韩国社会扎根。朴正熙在推进产业化过程中形成了强大的官僚体制，当 20 世

80 年代后期韩国向民主化转变时，庞大的官僚组织成为一个巨大的障碍，变成了反对民主改革的顽强的抵抗势力。（3）"开发独裁"体制带来了权威主义劳动管理。这种权威主义的劳动管制在韩国资本主义的高度发展阶段就成为劳资关系发展变化的障碍，它不仅妨碍了企业的民主化管理，也压制了劳动者的政治参与。（4）朴正熙政权的产业化战略造成了排挤湖南（全罗道）的地区差别。排挤湖南的地区差别不是单纯的地区间不均等发展，而是因为一再出现集中于特定地区并排挤某一特定地区的产业和财阀的偏向。到了 20 世纪 80 年代湖南问题升级，终于出现了全斗焕政权派兵镇压光州民主运动的"光州事件"。

韩国的权威主义虽然经历了不同的时期，其统治在不同时期存在若干差异，但从整体上看，其共同点多于不同点，韩国社会在此期间形成的一些特征为其民主转型的成功提供了重要的基础。总的来说，韩国权威主义主要有如下两个特点：

第一，经济发展第一的战略。现代化理论强调，若干必需的社会经济条件对于成功的民主转型是必要的。现代化理论并不否认其他因素的作用，但认为经济发展水平是一国实现民主转型的关键条件，一般说来，一个国家的人民越富裕，就越倾向于支持民主。经济的发展有利于民主转型，是因为经济的发展会带来社会结构的分化、中产阶级的壮大、教育水平的提高、民主文化的孕育和对外开放的扩大，而这些无疑是影响民主转型是否成功的基础条件。

第二，高效的官僚组织体制与广泛的社会动员机制。在朴正熙时期，大批军人进入各级政府机构，各级政府部门的领导基本上都是军人。军人领导与官僚政治相比，具有强烈的务实精神、强调管理和纪律、重效率、重视知识和技术的特点，所以朴正熙时期的军人政治尊重科学，具有理性的社会精神气质。

三 后权威主义和民主进程的推进

卢泰愚的后权威主义时代。从朴正熙遇刺身亡到全斗焕、卢泰愚，韩国一直延续着权威主义统治。20 世纪 80 年代末期，韩国进入卢泰愚的后权威主义时代。从权威主义到后权威主义的转变，有其深刻的国内国际社会背景：20 世纪 80 年代后半期国际形势发生了急剧变化，美苏关系缓和，两极格局变动。1988 年时任苏共总书记的戈尔巴乔夫在克拉斯诺亚尔斯克的讲话中明确地提出了要与韩国改善经济关系的意向。当时中苏关系也迅速解冻，韩国周围大国的外交已经开始更多地追求各自政治、经济的实际利益。同时，美国对韩国推进民主化进程的压力也有所增加，1986 年美国总统里根宣布不再支持菲律宾的马科斯独裁政权。以上种种外部条件的变化给韩国内政产生了影响。

从国内社会的变化来看，在 1984 年韩国人均国民生产总值就已达到 4000 美元。人均国民生产总值 3000～4000 美元是区分发达国家和不发达国家的分水岭。在这一时期劳资纠纷增多，广大国民要求缩小贫富差距，实现社会公平成为社会发展的必然要求。另一方面，到 20 世纪 80 年代后半期，韩国中产阶级的人数已占六七成。中产阶级队伍的成长意味着整个社会的教育水平、生活水平和人口素质有了普遍的提高，通常认为这是民主政治的重要前提。中产阶级要求与其经济地位相适应的政治权利，在民主运动中相当活跃。在这样一种十分复杂的历史条件下，韩国的政治发展面临着严峻的选择。1987 年 6 月，各阶层群众要求修改宪法实行总统直选制的反政府示威运动扩大到全国范围，当时政府已经丧失了依仗警察的力量来维持治安的能力。由于韩国经济的飞速发展、综合国力的增强和国际地位的升高，来自三八线以北的压力也逐渐减小。

正是在这种国际国内形势下，全斗焕上任伊始便宣布，任期七年届满后和平移交政权，不再谋求连任。虽然，全斗焕政府秉承朴正熙政权的"开发独裁"权威主义政策，但其权威主义色彩有所减弱。执政的民正党发表了"六·二九民主化宣言"，承诺修改宪法，实行总统直接选举制，以及扩大政治自由和保障基本权利等。从此，打开了韩国通向实质性民主化的大门，实现了军人政权向民选政权的和平交接，开创了战后韩国宪政史上的先例。

1988 年 4 月，国会选举的结果使韩国历史上首次出现了"朝小野大"的局面。执政的民正党获得 125 席，占议席总数的 41.8%，平民党、民主党、新民主共和党分别获得 70、59、35 席，如果在野三党联手就可以压倒执政党。到 1990 年 2 月民正党、民主党、新民主共和党三党合并成民主自由党为止的 19 个月中，这届国会是韩国议会制民主史上最具积极性和最有影响力的一届议会，在这个意义上，它与以往的橡皮图章议会有着本质的区别。

然而，民主化进程并不是一帆风顺的，事情总是在曲折中前进。1987年 12 月在总统直选制选举中曾领导民主化运动的金大中和金泳三分裂，导致民正党候选人卢泰愚当选，进而扩大了地域之间的矛盾，从而使民主化事业发生倒退。1988 年 4 月，在国会选举中，地域主义盛行，各政党同各自的领袖——卢泰愚、金泳三、金大中和金钟泌的出生地区结成地域联盟，以往"民主和反民主"的政党之间的隔阂弱化了，取而代之的是在其结构上更加浓厚的地域结构。人格主义和地域主义相结合，极其鲜明地表现出韩国政治中传统力量的影响力。金泳三和金钟泌领导的两个在野党同卢泰愚领导的执政党三个党于 1990 年 2 月合并成拥有 2/3 以上议席的大执政党——民主自由党，使国会对政府的关系再次恢复原状。三党合并加剧了地域主义，而在大执政党内部民主派人士和旧政治圈人士混合在一起，一方面搞乱了民主改革的形势，另一方面使得清算权威主义体制进程步履维艰。不仅如此，政党的理念和政策的一致性被削弱了，政党沦为稳定权力和争取权力的简单工具，三党合并与当时保守的政治气氛阻碍和延缓了民主化进程。靠权威主义势力本身进行的民主化，一方面虽然可以大为减少转变过程中产生的尖锐矛盾和牺牲，另一方面又由于其先天不足而在清算权威主义体制和进行民主改革时不可避免地带有局限性。如在全斗焕政府中任要职的一大批人继续留在卢泰愚的权力核心之中，就连卢总统本人也在此之列。所以国民称卢泰愚政权是"温和的军事政权"，最多也不过是"次民主体制"。

金泳三政权的成功与失败。1992 年 12 月，执政党候选人金泳三在第十四届总统选举中赢得了胜利，从此开始了所谓的"文人政府"时代。人们期待着这位"民主斗士"出身的总统在其任期内把韩国从"向民主过渡"阶段带入"民主的巩固"阶段，他自己为此也做了不懈的努力，把民主改革作为国政运营的主要目标。然而，金泳三政府却把韩国带入了"IMF 时代"，对实质性的政治民主化并没有作出很大的贡献。金泳三上台伊始，在建设"新韩国"的旗帜下大刀阔斧地进行了一系列的改革：（1）匡正历史。韩国在过去 30 多年的权威统治时期为求一时的经济发展压制自由，打击反对派，扼杀了韩国人民的民主要求。金泳三上台后，为了开启民主政治的新时代，强有力地匡正历史，特别是为在"12·12 事件"和"5·18 事件"中蒙受不白之冤的人们平反昭雪，对发动政变和煽动内乱的责任人进行了审判。尤其是对两位前总统全斗焕和卢泰愚的审判在国内外产生了很大的影响，正如金泳三在 1996 年新年国政演说中讲到的那样，拘留和审判前总统，永远清除落后的不幸的军事政变遗产，以此来恢复军队的真正名誉和国民的自尊心。（2）惩治腐败。腐败一直是韩国政治和社会生活中的一大顽症痼疾，金泳三政府执政后便大刀阔斧地肃贪惩腐，从政府内部抓起，从政界上层抓起，对不法行为的调查不设"禁区"，不留"避风港"。在强劲的反腐疾风中，通过财产公开和专案调查，一大批贪官的乌纱帽纷纷落地。1993年8月和1995年7月，韩国先后颁布实行了"金融实名制"和"不动产交易实名制"，这两项重大改革对于打击政商勾结和政客非法敛财具有一定的积极作用。1993年7月，韩国修订了《公务人员伦理法》，规定四级以上公务人员必须进行财产登记，高级官员必须公布个人财产。1995年12月19日国会通过了《选举法》和《政治资金法》，进一步规范选举过程和政治资金的筹措与使用。金泳三总统率先垂范，公布了自己的财产，并承诺在他的任期内不收一分政治资金。金泳三政府的反腐败斗争在一定程度上改善了政府形象，得到了广大国民的赞许，在国际上也产生了良好的影响。（3）军队改革。由于30年来韩国一直由军人出身的总统执政，军人在社会各界拥有庞大的势力，军人干政习以为常。在政治转型开始后的卢泰愚时代，一旦社会和政治出现不稳，一些军人又企图回到权威主义的老路上去。金泳三执政后，为了彻底铲除军人统治的根基，对军队进行了空前的改革，改变了军队主要职务的任命程序，高级将领的任免不再由军队内部控制，而是直接由总统和国防部长官决定。这项改革铲除了军队叛乱的种子，军队的性质由此发生了根本性的变化。军队的职能被严格限定于捍卫国家主权和防止外来侵略，同时还严肃查处了军队中的腐败问题，为建立文人政府领导下的现代军队体制打下了基础。（4）人事改革。金泳三为了确立文人民主政治制度，组成了在人事结构上不同于以往历届内阁的新内阁。在25位内阁成员中，除国防部长官是军人出身外，其他成员都没有军队背景，这与历届内阁中军人占绝大多数的情况形成了鲜明的对照。其中有15位教授和学者、两位律师以及一些有改革倾向的议员和公务员，基本上排除了那些职业官僚和政客，新内阁执政党成员仅占8名，还不到内阁成员总数的1/3，尽量照顾到在野党和无党派人士。从地区区别来看，新内阁成员分别来自于汉城市、釜山市、京畿道、江原道、庆尚道、忠清道、全罗道、半岛北方等地，数量上大体平衡，从而改变了以往的"庆尚道政权"（指庆尚道出身的内阁成员占绝大多数）的局面，为克服韩国政治的地域主义倾向迈出了一步。（5）地方自治。早在1949年韩国就颁布了《地方自治法》，但在军事权威主义时代地方自治制度遭到彻底破坏，韩国民主人士和政治反对势力始终把实现地方自治当做民主化进程的一个重要组成部分，金泳三在竞选时承诺在他任期内实现地方自治。1995 年 6 月，韩国举行了地方行政长官和地方议会的选举，在 875 名广域（特别市、直辖市、道）议员中，执政的民主自由党仅占 286 席，而民主党则占 355 席，自由民主联盟占 83 席，无党派人士占 151 席，韩国政治在地方上出现了朝小野大的局面。尽管如此，金泳三政府仍然一如既往地推动地方自治的实现，扩大地方权限。1996 年 1 月 3 日，总务处颁发了《国家机能转让地方政府方案》，地方政府事务在全体国家事务中所占的比率从 13% 上升到 18%，进一步强化了地方自治功能。

虽然金泳三政府对推动韩国民主化进程作出了一定的贡献，却将韩国经济推向了崩溃的边缘。尽管韩国金融危机的爆发同 1997 年 7 月开始发生的东南亚金融危机、日元贬值和国际投机势力的炒作等因素有密切关系，但其根本因素是内因，而不是外因，金泳三政府对此负有不可推卸的领导责任。正如 1997 年 12 月 11 日上午，金泳三发表对国民谈话时说的那样："我国经济到了如此境地，作为总统，深感责任重大，不知是否该对国民说一声对不起。"从某种意义上而言，可以说韩国金融危机是金泳三当政五年里的重大决策失误造成的，其政策失误主要体现在以下几个方面：（1）金泳三上台后，为了惩治政经勾结的"韩国病"，把推进政治民主化置于一切工作的首位，忽略了经济的健康发展和产业结构的升级，没有认识到政治民主化会对经济产生负面影响，人为地造成了民主主义阻碍经济正常发展的结果。（2）金泳三走马灯似地频繁更换总理和主管经济的副总理是一个重大错误，也是他独揽大权、滥用职权，把出现问题归咎于别人的具体表现，实际上这是同他追求政治民主化背道而驰的。在他执政的五年里更换了五位总理，平均一年换一位总理。这种做法既动摇了政府的权威性又破坏了政策的连续性，毋庸说要发展经济，就连基本的社会经济正常秩序都被搞乱了。（3）金泳三政府在发展民主政治和维持经济高增长率的同时，并没有重视经济结构和产业结构调整。进入 90 年代，韩国出口受到美日等西方国家的技术优势和发展中国家的价格优势两方压力，但在这样前后受逼的形势下，韩国企业不但没有改变过度负债经营和外延膨胀的老做法，甚至也没注重企业的内涵发展和产品结构的调整以及技术层次的升级，反而变本加厉地向别的集团经营的传统领域大肆进行重复投资和盲目投资，抢夺市场份额，致使企业债台高筑，到期无力偿还。另一方面，韩国金融机构职权不明确，管理机制不健全，违背原则乱借乱贷，致使呆账、坏账成堆，既影响了银行信誉，又堵死了举债门路，国家缺乏高效、健全的金融监督机制。面对如此深刻的矛盾，金泳三政府却热衷于政治民主化建设和不切实际的"世界化战略",终于造成"文人政府"的失败。总之,金泳三政府的政治改革虽然对提高政治过程的合理性起过积极的作用,但是未能在政治经济和文化的层次上深化民主化,也没有解决政经勾结、腐败舞弊、地域主义和亲缘主义等问题,特别是没有把发展民主和发展经济有机地统一起来,因此对实质性的民主化并没有作出多大的贡献。

金泳三政府最大的失败就在于其作为文人民主政府没能建立起使民主主义与经济共同发展的任何模式。如何通过民主主义手段,促使经济有效运转,摆脱经济危机,便成为金大中政府的历史课题。受命于危难之际的金大中总统于1998年2月25日正式宣誓就职,他的当选是韩国历史上第一次实现了朝野之间政权的和平交接,其上任后,韩国全部偿还了1997年12月19日向国际货币基金组织筹借的用于克服外汇危机的135亿紧急支援资金。韩国经济全面复苏,可动用外汇储备大幅增加。韩国还推进了政治改革。金大中政府成立了"劳资政委员会"并将其制度化,推动了民主化进程,进行的财阀结构调整和金融改革,很好地消除了政经勾结的根基。但是,亲缘主义、地域主义、人格主义和党首一人体制等阻碍民主发展的因素依然存在,总体上给人的印象是韩国的民主政治裹足不前。

总之,经济基础决定上层建筑,经济是一个社会赖以存在和发展的基础,李普赛特就经济发展与民主化进行研究,提出了经济发展与民主化正相关的结论。韩国民主体制的建立主要是从修改宪法、总统选举和国会选举等方面展开的。1987年10月12日,韩国国会通过了新宪法修正案,并顺利通过了公民投票,1988年2月25日韩国第九部宪法正式生效,为韩国民主转型中民主政体的建立打下了基础。韩国的民主转型并没有在民主体制基本建立起来之后就停止下来,而是不断地进行巩固和发展。在韩国的整个民主政治转型过程中,虽然曲折与反复不断出现,一些政治弊病依然没有彻底根除,但总的来说,民主转型还是在不断地巩固,民主政治的发展还是在不断地走向成熟。总统直接选举,进一步提高了政权的合法性,同时立法部门和司法部门的独立性进一步得到提高,宪政机制中的制衡机制进一步得到实现,地方自治制度的实施和对新闻自由、结社自由的保障,使得国民的政治参与权利进一步得到保障。从卢泰愚第一次通过直接选举实现政权的和平交替,到金泳三第一次建立文人民主政权,再到金大中第一次由反对党通过大选获胜上台执政,就可以清晰地看到韩国政治转型的历史轨迹和韩国民主政治发展的重大进步。

在过去的长期民主化斗争中，韩国社会严重分裂，民主派与反民主派的对立、体制派与反体制派的对立由来已久，影响深远，从而导致政治压制与政治报复的恶性循环。金大中的上台反映了国民的真正和解。不断清算权威主义，巩固民主转型的成果，为韩国民主政治的进一步发展打下了坚实的基础。如何对待过去的权威主义是每个向民主转型的国家所必然要面临的问题，这是一个十分棘手的问题，处理不妥当，就极有可能引发政局的动荡。正如亨廷顿所言，取代权威政府的民主政府面临着一个更为严重的、更容易被情绪化的，而且政治上更为敏感的问题，即民主政府如何处理对普遍违反人权的指控，如暗杀、绑架、虐待、强奸或不加审判的监禁等由前权威政权官员所犯下的罪行，是法办与惩治合适？还是宽恕与遗忘妥当？然而，由于韩国民主转型的过程是以权威统治的全面妥协为基本特征，在野党的总裁都曾受过权威主义的迫害，在野党赢得总统选举后，对权威主义的清算不可能采取宽恕与遗忘的方式，而只能是法办与惩治。新一届政府对前任政府的清算，也算得上是韩国独特的政治文化。在韩国的30多年的权威主义统治时期，为了追求经济的高速发展，对自由、人权进行压制，打击反对派。1995年10月27日，前总统卢泰愚积累巨额政治资金的事件曝光后不久，金泳三于7月24日颁布"5·15特别法"，追诉前总统全斗焕在1980年光州事件中的责任。一个月之内，两位前总统先后被捕，在世界政坛引起轩然大波。对两位前总统的审判更是被称为"世纪大审判"，全斗焕被判死刑、卢泰愚被判无期徒刑，这标志对过去权威主义的清算达到一个高潮，金大中当选后，释放了全斗焕和卢泰愚，标志着对权威主义清算的终结。

冷战的结束使得军事权威主义的存在缺乏必要的合法性支持。为了避免军人干政的弊端再次出现，韩国宪法确立了军人保持政治中立的原则，这为军队改革奠定了基础。金泳三当选总统以后，对军队进行了大幅度的调整和改革：解除了原陆军参谋总长、国防安全指挥部司令、首都卫戍司令和特种部队司令等职务，任命一批没有政治色彩的军官担任军中要职；打击军中的政治帮派势力；改革军中的主要职务任免程序，取消了以前一直实行的"军队认可"的制度，军队高级将领的任免不再由军队内部控制，而是直接由总统和国防部长官决定。这一系列改革基本铲除了军人统治的根基，为建立文人政府领导下的现代军队体制打下了基础。

1988年3月8日，韩国国会通过了修改地方自治法的议案，民选地方长官，实行地方自治。此后韩国地方自治制度逐步得以推行和完善，这对韩国的民主政治发展无疑起到了较大的作用。随着地方自治制度的实施，在制度层面和政策实践过程中，地方政府和议会能够反映当地居民的意见和要求，采取和实行比较适合本地实际情况的政策。在地方自治制度实行后，地方政府和议会就会更加重视地方居民的意见和利益，而不是像过去那样只听中央政府的指令。这就必然会而且实际上已经引起了中央与地方关系的重大变化，即把长期以来地方政府对上负责的体制逐渐转变为对下负责的体制，谋求发展地区经济和提高当地居民的福利，从而更积极、主动和灵活地为地方居民提供优质服务。通过采取一系列的改革措施，韩国的民主体制进一步得到完善。作为东亚国家中成功实现民主转型的范例，韩国的民主转型不仅对东亚国家具有示范意义，也成为世界民主化浪潮中的一种典型，进一步丰富和发展了民主转型理论。

同时，观察韩国的政治生活，有三种现象特别引人注目：一是韩国学生的民主化运动和工潮次数之多、程度之激烈，是其他任何国家的现代史上都没有过的；二是韩国自 1948 年建国后多次进行宪法修改，这在某种程度表明了韩国的宪政制度的内在问题；三是在韩国半个多世纪的政治史上有 32 年是由军人掌权的权威主义政权。展望未来韩国民主政治的进程，我们可以相信韩国的政治体制不会再复辟到权威主义，而是朝着民主主义方向继续前进，但是，民主化的步伐不会太快，前进的道路上还会遇上阻力。

第三节　南北关系问题上的摇摆

一　朝韩关系问题的由来

1945 年 8 月 15 日，朝鲜摆脱日本殖民统治，获得解放，同时苏联和美国以北纬 38°线为界，分别进驻北半部和南半部。朝鲜半岛从此处于分裂状态。1950 年 6 月 25 日，朝鲜战争爆发，南北以三八线为界的局面被打破。1953 年 7 月 27 日，《朝鲜停战协定》签署，交战双方在三八线附近的实际控制线成为军事分界线。至此，朝鲜半岛被人为地分割为两个国家，并且在冷战的大背景下分属于两大阵营。朝鲜半岛的分裂是世界上仅有的"完全因冷战而生，却未因冷战结束而止"的冷战遗留问题。二战结束以后，世界进入以美苏为主导的、以相互对抗为主要特征的两极冷战格局。在这种冷战格局的作用之下，朝鲜半岛被无情地分裂为两个国家，从此开始了南北对峙和相互敌对的历史。在对待南北关系问题上，全斗焕政府提出"民族和解民主统一方案"，卢泰愚政府提出"韩民族共同体统一方案"，金泳三政府提出"共同体统一方案"。这些方案的共同特点是，具有强烈的意识形态色彩，都主张用南方的自由民主体制统一北方，其实质是一种吸收式统一方案。金大中政府则提出"阳光政策"，它实质是一种通过与北方的和解与合作取得朝鲜半岛和平的新政策。

二 冷战结束前的朝韩关系

20 世纪 60 年代，朝鲜高举统一的大旗，相继提出了一些有关统一的方针与政策，并在舆论上形成强势。1960 年 8 月 15 日，朝鲜领导人金日成提出关于和平统一的方案。他指出，在没有外来力量干涉的情况下，在民主基础上进行自由的南北总统选举，是和平统一朝鲜的最合理而现实的途径。但他认为朝鲜半岛的现状还不能实现这样的目标。他主张建立南北朝鲜的联邦制，作为统一的过渡措施，保持各自的政治制度和独立活动，组成最高民族委员会，主要协调经济和文化发展。但当时韩国当局严重依赖美国和美国操纵的联合国，国内矛盾与冲突尖锐，当权者认为谈统一就是对共产主义的屈服，所以在统一问题上处于守势，面对北方的建议没有提出自己的政策主张。

进入 20 世纪 70 年代，国际形势出现了缓和，这为南北双方就统一问题进行接触创造了有利的条件。此时，韩国经济发展较快，国力有了较大的增长，具备了同北方进行对话和较量的实力与信心，在统一问题上较前有了一定的主动性。1970 年 8 月 15 日，韩国发出了同北方进行诚实竞争的呼声，表示愿采取措施逐步消除南北之间的各种人为障碍。1971 年 4 月，朝鲜第四届最高人民会议第五次会议提出朝鲜和平统一的八点纲领，其中要求美军从南朝鲜撤走、废除"韩美共同防御条约"和"韩日条约"，在民主的基础上举行自由选举，成立统一的中央政府，确保所有政党、社会团体和知名人士进行政治活动的完全自由，建立南北邦联，各自保留不同的社会制度，实现南北的经贸合作和科教文体的互相交流与合作，以及举行政治协商会议。1972 年 1 月 10 日，金日成提出：南北朝鲜缔结和平协定，在美国侵略军从南朝鲜撤出的条件下南北双方大幅度裁减武装力量，加强南北之间的接触和联系，为解决朝鲜半岛的统一而进行南北政治协商。1972 年 5 月，金日成在会见秘密来访的韩国中央情报部部长李厚洛时提出了朝鲜半岛统一的三项原则：反对外来势力的干涉，根据民族自决的原则自主地解决统一问题；超越思想、信念和制度的不同，促成民族大团结；以和平方法来实现统一，双方都不采取反对对方的武力行动。自主、和平统一和民族大团结的原则经南北双方确认，写入了1972年7月4日的南北联合声明之中。声明还建议为缓和朝鲜半岛的紧张局势采取一系列措施：停止相互谩骂和讲演，防止发生意外的军事冲突，不进行武装挑衅，在汉城和平壤建立热线电话以及建立部长级的南北协调委员会。这些措施迅速投入了运作。协调委员会正式成立，并举行了3次会议。朝鲜半岛南北红十字会开始了正式会谈。1973年4月，朝鲜政府提出了旨在消除南北方军事对峙状态的五点建议：双方停止增强武装力量和军备竞赛，撤走一切外国军队，裁减军队和军备，停止从外国运进武器，签订和平协定。6月23日，金日成发表了"防止民族分裂，实现祖国统一"的讲话，提出了朝鲜和平统一的五点纲领：消除军事对峙状态和紧张局势；在政治、军事、外交、经济、文化等领域实现合作与交流；组成各阶层人民及各政党、社会团体代表人物参加的大民族会议，广泛协商解决国家的统一问题；实行南北联邦制，采用高丽联邦共和国单一国号；南北方不得单独加入联合国，至少要在实现联邦制后作为一个单一国家加入。1977年1月25日，朝鲜劳动党、朝鲜民主党等18个政党和社会团体通过了《致南朝鲜各政党、社会团体、各阶层人民和海外同胞书》，提出了实现北方社会主义力量和南方的爱国民主力量的大联合，缓和南北紧张局势消除核战争危险、消除民族内部不和的根源、创造民族大团结的气氛以及召开南北政治协商会议等四点救国方案。20世纪70年代朝鲜半岛的统一进程取得的最大进展是双方确立了自主、和平统一和民族大团结的统一原则，规划了朝鲜半岛统一的基本方针。南北双方有过一些接触，但很快就中止了。

进入20世纪80年代，南北双方对于统一问题都更为重视，提出了许多建议。1980年10月10日，金日成在朝鲜劳动党第六次代表大会上提出了建立高丽民主联邦共和国的统一方案。该方案规定，在北南双方互相承认和容忍存在于对方的思想和制度的基础上，成立双方以同等资格参加的民族统一政府，建立联邦共和国，定号为高丽民主联邦共和国；北南双方实现地区自治，在联邦政府领导下，在符合全民族的根本利益和要求的范围内，实行独立的政策；联邦共和国不加入任何政治、军事集团，为中立国家。方案还为未来的联邦共和国政府设计了10条施政方针。南方全斗焕取代朴正熙后，奉行较为积极的争取统一的政策。1981年1月和6月，全斗焕曾两次倡议举行南北首脑会议，进行互访，以期恢复相互的信任和防止内战，至少也可以开展文化体育交流、经济合作。1982 年 1 月 22 日，全斗焕提出了《争取民族和解民主统一方案》。根据这个方案，朝鲜半岛南北双方能够代表民意的代表组成一个争取统一委员会，承担统一共和国的宪法起草工作，举行全朝鲜半岛的公民投票或大选，通过宪法，建立统一的立法机构、政府和统一的国家。韩国还建议双方达成一项《基本关系临时协议》，恢复业已中断的各项接触与对话。朝鲜把这一方案斥责为"虚伪"，是不着边际的"高调"，给予拒绝。北方提出，如果美国军队从南部撤走，南方实现社会民主化、停止"反共"对峙政策，南北双方即可进行对话。此时南北双方尽管都提出了建议和主张，但缺乏沟通，依旧是各唱各的调。相互猜疑，相互指责，缺乏谅解。但是加强联系、建立接触、推进统一事业是全朝鲜半岛人民的心愿，南北双方的领导人都需要顺乎民意。1984 年双方开始了一些实际接触。3 月，北方奥委会建议南北联合组队参加洛杉矶奥运会，双方恢复了体育交流。由于北方红十字会向南方遭受水灾的同胞提供救济物资，实现了南北物资交流，促进了双方的经济会谈。双方还达成了互相接待探亲团体和文艺团体的协议，同意国会议员之间的往来。朝鲜半岛严峻的紧张对峙中出现了对话和交往的可喜举动。但好景不长，不久，双方一切对话中断。北方提出举行由朝鲜半岛南北双方和美国参加的三方军事当局会议，缓和紧张的军事对峙局势。1987 年 12 月 30 日，金日成在第八届最高人民会议第一次会议上建议举行南北高级政治军事会议，以期解决如下问题：协商停止互相诽谤和攻击，实现北南之间的合作与交流、恢复民族纽带的问题等消除当前政治对抗状态的措施；协商裁减武装力量，停止军备竞赛，把军事分界线非军事区变为和平区，停止大规模军事演习等。卢泰愚总统执政后，韩国推行积极的"北方外交"，在维持同美国、日本的传统关系的基础上，加速发展同苏联、东欧国家和中国的关系，通过南北的合作实现朝鲜半岛的和解，加速统一的步伐。卢泰愚于 1988 年 7 月 7 日发表了特别宣言，称南方不再把北方看做敌人而是将其看做同一民族大家庭中的一员，促进南北双方之间的合作与和解，以及帮助北方摆脱在国际社会孤立地位。为此，他提出韩国政府将积极贯彻 6 项政策。1988 年 7 月 21 日，朝鲜最高人民会议常设会议致函韩国国会，建议举行北南国会联席会议，讨论缓和朝鲜半岛紧张局势和签署互不侵犯共同宣言。韩国朝野四党领袖在国会举行会议，同意来自北方的建议。8 月 15 日，卢泰愚提出无条件举行南北首脑会晤的建议。9 月 11 日，卢泰愚在"七七宣言"的基础上宣布了韩民族共同体统一方案：承认朝鲜半岛两个政权并存的事实，积极开展经济、文化和人员的往来交流，形成一个社会、文化和经济共同体，逐渐形成政治统一的条件，成立总统委员会、部长委员会和南北联合评议委员会，为实现民族的统一创造条件。

进入 20 世纪 90 年代，南方建议尽快举行首脑会议，以通过一部《韩民族共同体宪章》，其中包括实现和平与统一的基本方案、互不侵犯协议和建立南北联合机构等。经过双方的努力，终于在 1990 年 9 月举行了首次南北总理会晤，这是朝鲜半岛分裂 45 年后南北双方举行的最高级别会谈。为了实现这次会晤，南北双方从 1989 年 2 月 8 日到 1990 年 8 月底共举行了 8 次预备性会谈和 3 次工作会晤。北方还提出了南北对话的 5 项原则。总理会晤到 1992 年 9 月共举行了 8 轮。在会晤期间签署了《关于南北和解、互不侵犯与合作交流协议书》（南北基本条约）以及《朝鲜半岛非核化宣言》，南北双方分别以朝鲜和韩国的名称同时加入了联合国。但是由于双方在美韩军事演习特别是美军撤离以及朝鲜核核查等问题上的严重分歧，高级会晤中断，朝鲜半岛局势骤然紧张。20 世纪 90 年代朝鲜面临着最为不利的国际环境：苏联崩溃，不能再从它那里得到支持；同美国在核核查问题上发生激烈争吵；韩国发动主动攻势。

三　冷战结束后的朝韩关系

1993 年 3 月，金泳三总统提出分三阶段进行的统一方案，即"和解合作、南北联合、统一国家"，在统一问题上处于南攻北守的态势。1994 年 6 月，由于卡特的从中撮合，金日成和金泳三同意举行最高级会谈。它为朝鲜半岛的统一带来了一线新的希望。然而，金日成的辞世，北方宣布无限期推迟最高级会谈。在金日成时期里，南北双方由于长期的分裂与对峙造成彼此严重的猜疑乃至敌视。

进入 21 世纪后，随着国际形势的变化，朝韩关系取得历史性进展。1998 年，金大中就任韩国总统，宣布对朝鲜采取"阳光政策"，改"孤立"为"怀柔"，以化解敌意。2000 年 6 月，韩国总统金大中赴朝鲜，与金正日在平壤举行历史性会晤，双方签署了《南北共同宣言》，双方一致认为，"南方和北方认为旨在实现统一的南方联合之统一方案与北方初级阶段的联邦制方案互有共同点，双方将朝着这一方向推进统一进程"。这是朝韩双方第一次互相认可对方的统一方案。朝鲜政府目前坚持的是联邦制统一方案，核心内容有两点：一是朝鲜半岛将以一个民族、一个国家、两个政府、两种制度的方式实现统一，国号为高丽联邦共和国；二是统一后的高丽联邦共和国将永远是一个中立国家，没有外国军队驻扎，也不与任何国家结盟。韩国的邦联制统一方案即三阶段统一方案：第一阶段，南北结束目前的对峙状态，开始建设和解合作关系；第二阶段，南北双方依据交流、合作和相互信任原则建立和平机制，并在此基础上南北联合；第三阶段，南北通过民主程序建立立法机关和制定宪法，在此基础上通过大选建立统一国会和统一政府。尽管朝韩上述两种方案存在着诸多相似之处，但是"两个政府，两种制度"和"一个政府，一种制度"的目标还是存在着较大的差别。正因为目前还难以达成一致，所以在《南北关系发展与和平繁荣宣言》中没有写入统一方案方面的内容，朝韩双方还须共同探索。2000年6月后，朝韩双方开始举行部长级以及将军级会谈，并实现了离散家属的互访。南北峰会是南北统一进程中的重要里程碑，是改善南北关系的一次重大突破，也影响了本地区的国际关系。

卢武铉出任韩国总统后，极力通过扩大南北交往，向北方施加影响，力图以渐进的和平方式实现以南方为主体的统一。朝鲜鉴于经济陷于困境，在南北实力竞争中处于劣势，当前最大的利益是稳定内部，巩固政权意图发展，因此对韩国仍坚持"只进行民间交流不进行官方接触"、"只接受经济援助不进行政治对话"的立场，严控南北交往，以把握住南北关系发展方向和进程，严防来自南方的渗透与影响。2007年10月，卢武铉总统徒步跨过朝韩军事分界线，由陆路前往朝鲜访问，与金正日会晤，举行了南北第二次首脑会谈，双方签署了《南北关系发展与和平繁荣宣言》。此后，南北双方举行了一系列高层会晤。11月中旬，朝韩总理在韩国首都——首尔举行了15年来的首次会谈，签署了《北南总理会谈协议》等3份文件。发表了经济合作八项方针。根据该方针，拟在黄海建立"和平合作特别地带"，并设共同捕鱼区；每半年举行一次首脑会谈；着手修复开城至新义州、开城至平壤的高速公路。12月11日，朝鲜与韩国恢复了中断56年的贯穿朝鲜半岛军事分界线的京义线铁路的日常列车运行。

李明博政府2008年2月上台后对其前任的对朝政策进行了较大调整，采取了强硬政策，推行"对朝政策三原则"，将朝鲜弃核和实行改革开放作为韩国向朝鲜提供经济援助和发展南北关系的前提，放弃了前两任总统的"阳光政策"，从而导致朝韩关系不断恶化。朝鲜方面不仅停止了双方红十字会的联系和离散家属会面，而且立刻将常驻开城工业园区的韩国官员驱逐出境，接着试射了数枚短程导弹。后来朝鲜又于同年 11 月 12 日采取了对韩强硬措施，即严格限制和切断通过朝韩军事分界线的所有陆路通道；关闭板门店的所有南北直通电话；拒绝采集核物质样品。朝韩关系再次出现了"寒流"。还从 2008 年 12 月 1 日起采取包括驱逐朝鲜开城工业园区和金刚山旅游区的部分韩方人士、中断开城旅游、禁止朝韩铁路通行等一系列措施。2009 年，双方在开城工业园区运营问题上又起分歧，特别是朝鲜 5 月再次进行核试验以后，韩国宣布全面加入防扩散倡议，韩朝对立进一步加剧。随后，朝韩关系出现微妙变化。2009 年 8 月 16 日，朝鲜领导人金正日会见了韩国现代集团会长玄贞恩。随后，朝鲜亚太和平委员会与韩国现代集团联合发表了关于组织离散家属团聚、尽快重开金刚山旅游、恢复开城旅游并搞活开城工业园区等 5 项交流事业的协议。

四 对半岛局势的展望

从朝鲜半岛内部看，韩朝双方应该是推动朝鲜半岛走向和解、和平、统一的主体。诚如南北首脑《共同宣言》所指出的："南北统一问题要由其国家的主人——我们民族相互联合的力量自主地加以解决。"的确，韩朝双方都没有放弃在半岛建立和平机制的努力，双方在各个层面的会谈事实上已经朝着建立和平机制的方向做出了积极的尝试。

其一，朝韩首脑会晤机制。国家首脑由于掌握最高国家权力，具有重大决策权。因此首脑之间建立起良好的个人友谊以及制度化的会晤机制，对重大问题的解决将带来积极而有效的作用。2000 年 6 月，南北首脑在平壤举行的历史性会晤，是朝鲜半岛分裂半个多世纪以来，南北关系中最具有积极意义的历史性事件，双方签署的《南北共同宣言》被国际舆论赞誉为"和解合作新起点、和平统一里程碑"。两国领导人宣称，不仅要消弭冲突、消除战争，而且要"团结起来，自主解决统一问题"，这意味着南北双方关系开始从过去长达半个多世纪的互不信任与对抗转变为走向和解与合作的新道路。2007 年 10 月，南北首脑第二次会晤，签署了南北领导人共同宣言，朝着签署朝鲜半岛和平协定的道路前进。这说明首脑会晤要成为一种制度化的安排，需要半岛双方共同努力以及与半岛有关的各方大力支持。

其二，总理级会谈。朝鲜半岛南北总理会谈在 1990 年举行了 3 次，1991 年 10 月第四次总理会谈时，双方终于"首次在和谐的气氛中"，就签署《关于南北和解、互不侵犯与合作交流协议书》草案达成一致。1991年12月第五次总理会谈中，南北双方共同签署了这一协议。这是朝鲜半岛分裂46年来达成的第一个具有广泛实质内容的协定：包括相互承认和尊重对方的制度；在政治、军事上结束敌视与对抗；用对话和协商方法解决分歧与争端；把停战状态转变为巩固的和平状态；等等。正是总理级会谈推动南北双方同时成为联合国会员国，朝着共存共荣的方向迈进。总理级会谈也极大地推动了首脑会晤的进程，为首脑会晤奠定了基础。

其三，部长级会谈。朝鲜半岛南北首脑会晤后，南北国防部长会谈在一些具体问题上也达成协议，以利于从军事上保障《南北共同宣言》的履行；双方经济合作促进委员会会谈也取得进展，签订了投资保护协定，一些经济合作项目已进入实际运转阶段，双边贸易额已由1989年的1800万美元增加到2005年的10亿美元。

其四，各个层次的民间合作与交流。双方民间合作与交流不断扩大，成果显著。如双方红十字会会谈达成合作协议。作为双方改善关系的具体成果，南北离散家属代表分别在平壤、汉城、金刚山等地举行了5次会面，分别半个多世纪的亲人跨越三八线而拥抱在一起。在第七次部长级会谈的推动下，双方已经先后在朝鲜的金刚山及板门店举行了第四次总裁级的红十字会会谈、关于搞活金刚山旅游合作项目的会谈，进行了第五次离散家属团聚活动。目前有近600家韩国企业与朝鲜开展贸易活动，交易商品达到500多种。韩国现代集团与朝鲜有关部门合作开展的金刚山旅游项目自1998年启动后，至今已有20多万人前往金刚山观光，成为韩朝民间经济合作的一个成功范例。南北双方已经建立起了多层次的对话和交流的渠道，从首脑会晤到部长级会谈，从官方接触到民间交流，都取得了具体而富有成效的进展。但在如何确立新的和平机制以避免军事冲突等方面，双方尚未达成共识。因此，双方应以南北首脑会晤为起点，采取先易后难、循序渐进方式，化解分歧，逐步将现有多个层面的对话机制进一步完善并制度化，以推动双边关系稳步朝着和解、和平的方向发展。

第六章

冷战结束前后日本社会转型研究

第一节　冷战结束前后日本的经济转型

一　冷战结束前后日本经济环境的变化

20 世纪 90 年代以来，日本国内外经济社会环境都发生了很大的变化，主要表现在如下几个方面：

（一）国内经济环境的变化

日本经济 20 世纪 70 年代前后实现了赶超欧美的目标以后，就一步一步地走向了成熟，特别是进入 90 年代以后，日本经济的成熟化更为明显，主要表现在：

1. 农业劳动力转移的结束

1990 年，日本农林业的就业人数为 411 万人，比 1960 年的 1424 万人减少了 1000 万人以上，占就业总人数的比重也由 32.6% 下降到了 6.2%。2004 年，农林业的就业人数进一步减少到 217 万人，只占就业总人数的 3.2%。由于农业劳动力向非农产业转移在 1990 年前已经基本结束，20 世纪 90 年代每年平均只转移了 8.5 万人，只相当于 1960～1980 年平均 40.9 万人的 1/5 多一点，以农业劳动力大量供给为基础的低工资条件就彻底消失了。

2. 与欧美各国技术差距的消失

随着重化学工业的迅速发展，日本制造业技术在 20 世纪 80 年代就已达到了世界领先的水平，因而可从国外引进的技术越来越少了。由此，到 20 世纪 90 年代初，日本对外技术贸易已基本实现了收支平衡。1995 年，技术出口额达 56.21 亿美元，相当于进口额 39.17 亿美元的 1.44 倍；2004 年，技术出口额又达 163.54 亿美元，相当于进口额 52.47 亿美元的 3.12 倍。在上述过程中，对美国的技术贸易也由赤字转为了黑字扩大的趋势。1990 年，日本对美国技术贸易的出口额为 995 亿日元，进口额为 2553 亿日元，赤字为 1558 亿日元；2005 年，出口额为 88.39 亿美元，进口额为 52.26 亿美元，黑字为 36.13 亿美元。

3. 传统产业的大多数部门都进入了衰退阶段

继钢铁工业、化学工业之后，汽车工业和电气机器工业的发展在 20 世纪 80 年代达到顶点，在 20 世纪 90 年代后也进入了衰退阶段。以小汽车和彩色电视机的生产量为例，前者由 1990 年的 995 万辆减少为 2003 年的 848 万辆，后者由 1990 年的 1513 万台减少为 2003 年的 305 万台。由于以汽车和电气机器为代表的加工组装型工业是传统工业中的支柱产业，因此，其生产量大幅度减少，不仅使制造业的设备投资和雇佣大为减少，而且还宣告了以重化学工业迅速发展为中心的时代的终结。

4. 人口高龄化的迅速发展

自高速经济增长迅速实现了日本人口结构由多生多死型到少生少死型的转换以后，随着人均寿命的不断提高，日本就迅速迎来了人口高龄化的时代。2004 年，日本人的平均寿命男为 78.64 岁，女为 85.59 岁，日本是世界上最长寿的国家。2005 年，日本 65 岁以上的人口为 2567 万人，占总人口的 20.1%，日本是世界上老龄人口比重最高的国家。人口高龄化的迅速发展，不仅使年轻劳动力大为减少，使日本面临劳动力不足的时代，而且由于老年人社会保障特别是老人医疗费的迅速增加，社会保障支出已成为财政越来越沉重的负担。

（二）经济国际化、全球化发展

经济全球化作为世界经济的发展趋势，是以各国对外经济和对外经济关系发展为基础的生产力和生产关系的全球性发展，它既是当前国际经济和国际经济关系的综合体现，又是经济国际化和经济一体化的新特点、新阶段。20 世纪 90 年代以来，世界经济全球化无论在各国经济的国际化方面，还是在世界经济的一体化方面，都进入了全面发展的新阶段。就日本的情况而言，从 20 世纪 60 年代开始，贸易自由化和资本自由化就已经发展起来了，20 世纪 80 年代后，金融自由化又开始发展起来了。在上述过程中，随着对外直接投资的扩大，特别是 20 世纪 80 年代后期日元大幅度升值以来，由于企业海外生产的迅速扩大，日本经济的国际化就迅速发展起来了。进入 20 世纪 90 年代以后，受泡沫经济崩溃和长期经济萧条的影响，日本企业国际化、金融国际化、日元国际化的发展虽然遭受了一些挫折，但在世界经济全球化的大趋势下，日本经济的国际化、全球化仍在继续发展。以对外直接投资为例，2005 年末，日本海外当地法人企业共为 15182 家，比 2001 年末增加 26.7%；其中，制造业企业 8020 家，非制造业企业 7792 家，各占 50.7% 和 49.3%，与 2001 年末相比，分别增加 19.5% 和 30.9%。2006 年，制造业的海外生产比率达到了 17.1%，其中运输机械工业和信息通信设备工业分别为 37.1% 和 34.9%。

经济国际化、全球化的发展，虽然给日本经济提供了新的机遇，但与此同时，也对日本经济提出了严峻的挑战。日本面临着全面开放市场，引进市场机制的巨大压力。其次，由于经济国际化、全球化的迅速发展意味着国民经济的黄昏，因此，如何超越国民经济的局限，从全球经济的角度来实现日本经济的新发展，就越来越成为重要的政策课题。另外，面临全球性经济问题出现并影响世界经济乃至人类社会未来发展的局面，日本作为世界第二经济大国，在实现全球性经济协调方面也必须承担更多的义务，发挥更大的作用。

（三）泡沫经济的影响——"失去的十年"

日本在 20 世纪 90 年代爆发的经济危机，被称为是日本"失去的十年"。此次危机以 1991 年初四大证券公司舞弊丑闻被曝光为爆发点，经济形势急转直下，从泡沫经济转为衰退和萧条。

1. 经济增长持续低迷

日本经济自 1992 年以来持续低迷，平均增长率仅为 0.9%，有 7 年时间经济增长率低于 1%。在 1995 年和 1996 年虽然有短暂的恢复（实际 GDP 增速分别达 2.5% 和 3.4%），但受亚洲金融危机影响，在 1997 年 GDP 增速又跌落到 0.2%，1998 年跌落为 -0.6%。1999 年和 2000 年虽又有所回升，但 GDP 的增速也仅为 1.4% 和 0.9%。

2. 企业大量倒闭，负债规模空前，失业率攀升

从 1991 年开始，资产负债额在 1000 万日元以上的倒闭企业每年都达 1 万家以上。1995 年达到 1.51 万家，1996 年虽有所减少，也为 1.48 万家，但到 1997 年又比 1996 年增高 12.5%，达到 1.64 万家。1998 年再创新的纪录，有 1.92 万家企业破产，比上一年高出 17.1%。与此同时，倒闭企业的负债规模也达到了空前的水平，从战后到 1990 年的 45 年间，倒闭企业负债

规模超过 4 万亿日元的仅有一次，即 1985 年的 4.2 万亿日元。然而，在 1991~1996 年的 6 年间，年倒闭企业的负债规模少则 5.6 万亿日元，多则 9.2 万亿日元，到 1998 年则达到 14.38 万亿日元。企业大量倒闭，加之企业为进行重建而采取的裁员措施，使日本的失业人员比例大幅度增加，在 2000 年为 4.9%，2001 年 9 月为 5.3%。

3. 金融机构相继倒闭，不良债权规模急剧增加，金融系统信用等级评估普遍下降

金融机构的破产和倒闭是以往经济危机没有的，在政府的全面干预和保护下，战后日本的金融机构超乎寻常地稳定，以致形成了日本金融机构不会破产的神话。然而在这次经济危机的冲击下，1994 年 12 月，东京协和和安全两家信用社首先倒闭，到 1997 年金融机构倒闭达到了高峰，就连山一证券和北海道拓殖银行也难逃破产的厄运。这样，日本金融机构不会倒闭的神话破灭了，不良债权增加了，信用等级评估下降了，严重地危及企业的生存和政府宏观调控的力度。

4. 设备投资乏力，工业生产下降

在战后日本经济的发展过程中，设备投资特别是民间企业的设备投资在经济增长中一直起着"引擎"的作用。然而，泡沫经济期间形成的生产能力和生产过剩，以及泡沫经济崩溃后出现的需求不足，使企业原有的设备开工率大幅度下降，以致工业生产也呈下降的趋势。

5. 居民消费水平下降

日本官方的有关统计数字表明，泡沫经济崩溃后，工薪阶层的实际月收入逐年下降，1998 年比 1997 年下降了 1.8%。居民收入的减少势必对占日本国内生产总值 60% 的个人消费产生不利的影响，而消费不足又影响了生产的扩大和经济的复苏，这也是日本迟迟未能摆脱此次经济萧条的重要原因。

6. 经济形势恶化导致政局不稳

在经济形势恶化的同时，日本政局也进入了战后最为动荡不安的时期。在 1993 年以后短短的几年里，日本内阁六易其主，各届内阁对国内经济的改革措施或是偏离实际，或是不能持续，致使日本的经济形势进一步恶化。

二 日本的"政府主导型"市场经济体制

（一）政府主导型市场经济体制的含义及形成

所谓政府主导型市场经济体制，是指以私有制企业为基础，政府在维护市场机制的基础性作用的同时，又以强有力的计划导向和产业政策诱导，实现资源合理配置的经济管理体制。在这种体制中，企业、市场、政府三者关系的排列顺序为政府既调剂市场，同时又直接引导企业，并将重点放在企业。政府的主导性居于首要位置。政府这只"看得见的手"往往直接伸向企业，宏观调控的受力点侧重于企业。企业同时面对市场和政府两个调节者，企业决策受政府的直接影响。市场也在政府宏观调控的范围内，但它在政府与企业两个要素之间的中介地位并不明显。

日本政府主导型市场经济体制是在第二次世界大战以后形成的。二战结束时，日本面临的是 45% 的财富丧失，40% 的城市被毁，经济处于崩溃状态。如何使日本经济重新恢复起来，是摆在战后日本政府面前的现实问题。日本战前实行过的自由市场经济和战时统制经济的高度集中又使经济缺乏活力，两者都很难尽快实现日本的经济恢复。为了尽快摆脱战后日本经济的困境，日本政府接受了著名经济学家有泽广已提出的政府应该对社会扩大再生产，实施"倾斜生产方式"的建议。所谓"倾斜生产方式"，就是从社会扩大再生产的整体出发，选定某些重点产业，以这些重点产业发展带动全部产业的恢复和发展。日本政府"倾斜生产方式"政策的确立并实施，为日本政府主导型市场经济体制的形成奠定了基础。经过战后 40 余年经济的发展，日本形成了独具一格的，即政府有较强主动性、指导性、计划性的市场经济体制。从实践来看，这种经济体制使日本成功地实现了经济的起飞，并获得了极大的繁荣。

（二）政府主导型市场经济体制的特征

日本经济体制的重要特点是政府一直重视和强调对经济的管理、干预。日本特殊的经济体制，通常被定义为"政府主导型的市场经济"体制。

1. 官僚主导

官僚主导的特征首先表现在政府对大企业的特别优惠政策，促进大垄断企业实现超高速增长。垄断大企业同政府紧密合作，使国家垄断资本主义的机能充分运转。政府通过财政渠道直接对大企业注入资金，是官僚主导模式的重要手段。政府金融机构——"日本输出入银行"和"日本开发银行"，执行了政府向电力、石化、运输等大企业倾斜的政策，放款利率定得很低。例如，1974 年输出入银行贷款利率为 5.16%，而同属政府金融机构的"中小企业金融公库"，同期放款利率却是 7.91%，前者比后者低 2.75 个百分点。政府对大资本优惠政策的另外一个重要环节是税收优惠。日本政府根据

"租税特别措施"对大企业实施名目繁多的减税措施，变相向大企业提供补助金。这种做法导致了大企业法人税实际负担率非常低，中小企业法人税实际负担率反而较高的现象。此外，日本的公共事业（铁路运输、水、电等）为大企业亏本服务。政府通过集中资金对特定部门和企业进行扶持。

政府主导模式在20世纪50～70年代适应了资本主义发展潮流的要求，日本经济较为有序地发展，获得了巨大的成功，但这种体制也成为抑制企业活力的根源。由于政府可以左右民间大企业的主要人事任免和经营活动，企业事实上缺少自主权，加上企业习惯于寻求政府的指导和保护，导致企业自我发展和自我约束能力严重不足。大藏省集财税、金融政策的制定与执行、金融机构监管等职能于一身，权力过于集中且缺乏有效的监督和制衡机制，因此在大藏省内官员接受企业贿赂、官商勾结的丑闻时有发生。另外，日本特有的"退官制"——官员退休后进入大银行或大企业担任重要职务，使一些金融机构的主要领导人皆由大藏省退休的重要官员担任，造成这些金融机构胆大妄为，有关部门监管困难，市场竞争难以做到公平、公正、公开。准家族统治、官商结合渐渐成为经济持续发展的障碍。

2. 产业保护

20世纪50年代，日本堪称一个"重商主义"国家，用关税和其他贸易壁垒抵御外部竞争，埋头建立自己的工业体系。到20世纪60年代，日本的工业完全恢复元气，开始出击国外市场。在此期间，日本不计一切代价采取"复杂的选择性保护主义策略"，一方面发展精密的产品，逐步征服世界市场，同时关闭本国市场，不准外国竞争对手进入，而且随着科技进展，保护类别也随机调整。不过，日本的产业保护政策，也暴露出对生产效率低的农业、建筑业、流通业、通信业、金融服务业等弱势产业保护和管制过度的问题，造成这些被保护产业的生产率仅为美国的60%。20世纪80年代以后，日本为适应国内国际经济环境的变化，曾进行过数次较大的调整，但是这些调整均未能从根本上改变保护主义的产业政策，高效率、高流动性的有效竞争机制始终没有形成。

3. 企业相互持股

在企业相互持股的状态下，日本的垄断大企业主要呈现两种形态。一种为"托拉斯"，即某一生产领域占绝对优势的、庞大的产业垄断实体，如新日铁、兴业银行。另一种是占统治地位的"康采恩"，即由银行、信托投资公司、保险公司等金融机构和重要产业领域中的大企业群，以及控制流通部门的综合商社共同组成的一套网络系统。三菱、三井、住友、第一劝业银行、富士、三和等六大"康采恩"就是这种形态的典型。日本国民生产总值和商品零售总额的一半以上,控制在这几大"经济强藩"手中。它们割据国内,抢滩世界,网络遍布国民经济的各个领域。

团体导向是双刃剑。日本企业的运营机制,在很大程度上不是依靠市场本身的投入产出规律,而是保留了强大的政府干预,并得力于大企业之间的特殊关系,这使得它们能够借助团体的力量在短时间内集中资金,将新式产品迅速打入国际市场,实现了经济起飞。然而,当经济发展到一定阶段,需要以更大的活力和效率来实现新突破时,它的负面效应却越来越明显。在现代资本主义条件下,垄断企业一旦确立了其稳固的垄断地位就安于现状、缺乏动力、死气沉沉,对科技发展成果的采用持消极态度,企业发展出现停滞倾向。而且,团体导向以个体服从团体为基本要求,总是以团体或群体的利益作为压制个体权利和创造性的理由,因而权力往往集中于少数财大气粗的个人、家庭或政治势力手中,不利于实现权力制衡或民主决策,容易滋生腐败、陷入僵化。

4. "护送船队"

日本为了保证企业低成本运营,推行了以银行借贷为中心的"间接金融"主导制度,支持银行尽量贷款。为了保证金融体制的稳定,日本政府不允许银行倒闭。在某一银行经营恶化时,政府采取用实力较强的银行与之合并的办法加以挽救。大藏省还利用金融业务的批准权,限制金融市场的准入和金融机构的经营活动范围,限制外资进入,保护现有各类金融机构的既得利益。这就是日本政府对金融机构采取的"护送船队"式的保护政策。

在市场机制尚不能充分发挥作用的情况下,"护送船队"对支持日本的高储蓄率和高投资率一方面起到了重要作用,保证了有限的资金被顺利地投放到对经济增长起决定作用的产业部门。大企业很容易借到必要的资金,而且成本低廉,从而使规模迅速扩大,并保证了它们在世界市场的竞争中所向披靡。但是,另一方面,过度行政保护形成的超稳定结构,也使金融系统内严重缺少竞争压力和风险约束机制,捆绑了民间金融机构的手脚,致使社会资本效益低下,收益明显不如欧美国家。20 世纪 80 年代中期以后,日本国内外经济环境和条件发生了巨变,资金总量日趋庞大,资金供给出现了明显剩余,金融国际化的浪潮开始席卷世界,企业对政府银行资金的依赖程度逐渐降低,贷款市场开始出现供过于求的现象,迫使银行在竞争过程中转而向住宅贷款市场扩张，汹涌的钱潮不断流向有利可图的不动产和房地产业。企业借银行资金购买土地，股市和房地产价格上涨，企业再利用价值急速膨胀的资产做抵押，向银行借贷更多资金，从而又使股市和地产价格一路飞涨。大企业、银行和政府"三位一体"进行空前的土地投机，地价上涨和信用膨胀连锁反应，日本经济进入了典型的"泡沫式"发展阶段。

（三）"政府主导型"制度的缺陷[①]

二战后日本经济的高速增长，使日本政府对市场经济的行政干预、经济计划和产业政策的经验，受到了世界各国的重视。然而，随着经济实力的增强和经济全球化的发展，加上国际经济环境的日趋复杂化，日本"政府主导型"的强制性制度安排日益暴露其弊端和缺陷：第一，政府倡导的以"出口主导型"为主的"雁行模式"阻碍国内市场的开放，企业缺乏国际竞争力；第二，政府奉行的以充分就业和稳定为目标所采取的财政、金融等宏观经济政策，扭曲了市场，严重束缚了企业的活力和创新能力；第三，政府过分干预经济，造成"寻租"和"搭便车"行为，导致产品成本的升高及低效率；第四，日本式公司治理模式，即相互持股、主银行体制、终身雇佣制及年功序列制扭曲了产品市场、资本市场及劳动力市场，使优胜劣汰的市场竞争机制难以正常发挥作用。

以上政府宏观经济发展战略及对策上的强制性制度安排，在 20 世纪 90 年代以来日本经济的长期萧条中，突出体现于政府在治理萧条中各种政策的失误及僵化的机制改革之中。具体可分为以下几个阶段：

1. 萧条初期

政府对经济形势的判断失误。1985 年"广场协议"后日元汇率的急剧升值，不仅使日元的国际地位有了明显的提高，而且伴随着对外直接投资的急剧膨胀，日本取代美国成为世界最大的债权国。而日本国内地价、股价的直线上升，也形成了前所未有的"泡沫经济"。为了抑制经济的过度膨胀，日本政府于 1989 年末把金融政策的目标转向控制库存价格过度上升，由此法定贴现率在 1990 年 8 月升高至 6.0%。日本政府在 1990 年 4 月至 1991 年 12 月间实施了土地交易总量管制。该项紧缩措施使股价、地价狂跌，而股价、地价下跌与泡沫经济的上冲呈逆向螺旋式走势，最终造成经济衰退。显

---

① 金仁淑、冯志：《日本"政府主导型"经济制度的缺陷》，《现代日本经济》2004 年第 6 期。

然，针对"一高两低"（失业率高、经济增长率和出口增长率低）为标志的日本实体经济的自律性萧条，日本政府并未做出准确的判断和预测。因此，在 20 世纪 90 年代初日本经济刚刚下滑时，政府将经济恢复的中心放在了抑制日元汇率的升值所带来的对日本经济的负面影响上：1992 年 8 月宫泽内阁推出了规模达 10.7 万亿日元的"综合经济对策"，并在日元升值势头将要继续的基础上，于 1993 年 4 月追加出台了"新综合经济对策"，该项对策与同年 9 月细川内阁制定的"紧急经济对策"合计规模达 19.4 万亿日元。之后相继出台的经济对策有：1994 年 2 月出台的"综合经济对策"、1995 年 4 月出台的"日元升值经济紧急对策"和同年出台的"经济对策"。殊不知，20 世纪 90 年代以来日本经济长期萧条并非只是日元升值的表面因素所致，而是高速增长时期确立的日本外生性经济体制——经济管制与内生性经济体制——企业体系不适应日新月异的世界经济环境变化所致。这些因素的变化绝非单纯靠增加公共投资、刺激市场就能解决，而是一种"制度滞后"，需要一场彻底的变革。显然，日本政府对此没有足够的认识，只是采用以往常规的刺激经济的对策，也为日后长期萧条埋下了深深的隐患。

2. 萧条中期

政府宏观经济政策失灵。在二战后日本经济历次低迷期，出口都起到了带动需求的作用，但这次却一反常态，表现平平。受 1992 年末日元大幅升值影响，1993 年日本对外出口大幅度减少，1993～1995 年纯出口贡献度下降至负值。其原因是：从 20 世纪 80 年代后半期开始，日本对外直接投资急剧扩大，通过海外生产来满足海外不断增长的需求，由直接投资替代出口。而消费低迷主要因泡沫经济崩溃导致的"逆资产效应"，使人们的实际可支配收入增长放慢或下降所致。近 10 年间，日本政府为刺激经济发展，大力采取刺激经济总量的经济政策，然而这些政策缺乏连贯性，陷入了典型的"动态的非整合性"状态。从二战后日本治理经济衰退的经验来看，政府主要采取了凯恩斯的宏观管理政策，即以财政政策和货币政策来调节国内经济发展的不平衡。然而，面对 20 世纪 90 年代以来持续的经济下滑，政府采取传统的财政、货币政策均告失灵。首先，从扩张性财政政策来看，日本政府在 20 世纪 90 年代总共推出 9 次利用财政手段刺激经济的经济对策，总额达 129.1 万亿日元，相当于 2000 年度 GDP 数值的近 1/4。日本政府 10 年间公共投资年均增长 2.4%，而民间设备投资为 - 0.2%。而以公共投资为主的政府投资的过度膨胀，形成了重复型建设、无效率的投资，不仅使政府债台高筑（政府财政赤字已占 GDP 的 125%，高居 OECD 之首），而且也造成了对民间投资的"挤出效应"，使政府陷入了进退两难的恶境。其次，从扩张性金融政策来看，2001 年国民储蓄达 1400 万亿日元，但由于政府不合时机的超低利率及零利率政策，因此无法转为投资，从而不仅使央行的利率政策过早用尽，使市场失去了减息预期，而且手段单一，无法灵活运用增加通货量的重要工具。毋庸置疑，在经济高速增长时，日本政府所采取的宏观经济政策比较适合国内市场相对封闭的"赶超期"，而在经济全球化的开放体制下却无法发挥原有的效果，其成效大打折扣，最终影响了政策的力度。

3. 全面衰退期

陷入全面"战略贫困"。众所周知，作为经济发展后发国，日本从明治维新以来，在充分享受着后发优势的基础上，通过制定一系列赶超型发展战略大大缩短了与美国等发达国家间的距离，尤其在二战后成功地实施发展重化工业的产业政策，通过对经济的间接调控，引导国家实现了赶超欧美的发展战略，成为仅次于美国的发达国家。从 20 世纪 50 年代中期至 80 年代末，日本在重化工业、半导体集成电路、机械等领域一直处于世界领先地位。然而，赶超型战略的终结，使日本经济迷失了发展方向，失去了明确的战略目标，无法确定新的发展计划。进入 90 年代以来，日本经济找不到具有绝对优势、可以傲视全球的新技术和新产品，即在以互联网为核心的信息、技术领域已经落后于美国；劳动密集型产业已经无法与东亚国家相抗衡，由此也导致了经济长期的萧条。为了实现从赶超型时代向创新型时代的过渡，争取在世界科学技术上占据领先地位，1999 年小渊首相提出以情报化、高龄化、环境保全 3 个领域为中心，为创建产业而大胆推进技术革新，打破内阁省厅界限，实现官产等联合的"千年工程"设想，以此推进以科技创新为中心实现产业革命的具体计划。然而，小渊首相突然病逝，森喜朗至小泉政府的频繁更替，无法使政府的新产业革命计划顺利实施，而以"改革优先"还是"经济优先"的纷争，又使政府长远经济发展计划蒙上了一层阴影。不仅如此，政治的动荡与决策者的不断更替，还使政府的政策缺乏连贯性。如在财政政策方面，在 1996～1997 年期间政府提出"重建财政来振兴经济"的口号，要推行增税和强行削减公共事业费的措施，然而到 1998 年又转为"中断重建财政实施减税与增加公共事业费为手段的刺激经济"措施。面对缺乏魄力、无能的政府，日本国民强烈地盼望着出现具有创新意识的新政府，因此，当惯于标新立异的政坛"怪人"小泉上台时，日本国民寄予满腔期望。然而，小泉上台之后为了讨好既得利益阶层，无法推行原来的政治、经济改革计划，原先的承诺无法兑现，从而使国民再一次陷入了深深的困惑，仍然找不到今后的出路。综上所述，以"政府主导型"强制性制度发挥积极作用的条件为：领导人正确地认识客观经济状况（市场需求诱致），然后还得排除主观和政治的干扰，从而在领导人具有高素质的基础上才能做出正确的经济决策。但日本许多问题都和既得利益集团有着千丝万缕的联系，而这些既得利益集团很可能就是政府里的代理人，因此他们的判断及所实施的政策不得不考虑在制度变革中自身利益的损害，因而使日本陷入强制性制度改革无法解决日本经济根本问题的困境之中。

（四）"政府主导型"制度变迁的走势

进入 20 世纪 90 年代以后，以"政府主导型"制度变迁为特点的日本经济，由于政府过度保护下的经济判断失误和政策失效，越来越滑向萧条。面对 21 世纪经济全球化、信息化的外部环境的巨大变化，日本政府政策中的某些方面仍应该保持，但是对经济政策的基调必须进行重新定位，其制度创新模式也应从强制性逐步过渡到以市场为主导的诱致性制度变迁。

1. 强制性制度安排的优点

强调通过发挥政府干预和调节经济的作用，弥补市场发育的不足，防止市场竞争的盲目性和破坏性，以此作为经济高速稳定增长的保证。在战后初期，由于存在着严重的市场不发育或残缺，其制度环境是不健全的，交易费用也高昂。尽管可能只有少数实力尚小的企业有着较强的市场扩张冲动，产生了对某种制度安排的崭新的需求，但是相对于一个理性的政府迅速发展经济增长的目标而言，这种自发的市场过程对制度的需求是严重不足的，必须要有一种自觉的、充满刚性的启动过程。为此，政府以强制性制度供给或创新来启动和扩张市场的强烈制度需求，这也是二战后日本经济在较短的时间内得以实现高速增长的重要原因。然而，以政府对经济的干预为特点的强制性制度变迁，使市场机制的相当部分功能被政府所取代。在这种体制下，政府通过产业政策、规制、行政指导等多种手段对企业活动、产业活动和居民的行为进行干预，使得本属于企业的职能却由政府行使了，从而限制了企业的自由发展空间，抑制了企业的活力。久而久之，企业便产生了对政府的依赖性，企业的竞争力也随之降低。而且一旦政府对时务的判断有误，其政策效应发生错位时，则会对整个经济的复苏和发展带来致命的打击，这也是日本经济在长期萧条中不能自拔的原因。

2. 需求诱致性制度变迁的优势

日本改革主体来自基层，基层创新主体看到了潜在的利润从而产生了对制度的内在需要，正是这种逐利的驱动机制推动各种制度逐步成熟和完善。21 世纪日本经济的"第三次远航"应以诱致性制度变迁逐步替代强制性制度变迁，充分发挥自发性改革和基层单位的主动改革，为企业的创新赋予活力和激励机制；新制度的创新主体应由政府转变为市场主体，政府作用主要突出表现为有意识地与市场功能相和谐，顺应市场经济发展规律，全面开放国内市场，为企业的发展提供宽松的市场环境；制度进化的突破口应从财政金融制度开始，企业制度紧跟而上，并加强与中国等亚洲国家之间的经济合作，从而实现资源的最优配置，达到帕累托最优。

3. 日本"政府主导型"制度安排的变化趋势

曾为日本经济高速增长发挥了重要作用的日本政府及相关政策，如今却成为阻碍经济复苏的障碍、加深经济萧条的加速器，也暴露出强制性制度安排在不同经济环境下的缺陷。可以说，任何制度的安排都是以新兴技术和全球性市场制度作为其外部条件的，需要政策代理人对经济的准确判断和相应的制度安排，而强制性制度安排比较适合在"追赶型"经济发展阶段，而当经济转入"开拓型"阶段时应采取诱致性制度安排：（1）21 世纪日本经济制度的创新应逐步从政府主导型向市场主导型过渡，即采取诱致性制度变迁方式，因为这种制度变迁方式与市场经济具有内在的相容性，既可保持改革进程的渐进性，避免剧烈的社会震荡，又可降低向改革目标过渡的社会成本。（2）市场主体创新预期收益的增长与实际实现收益的不断累积将推动制度均衡向更高层次跃进。（3）推进具有利益启动、自主决策、自负盈亏、自愿参与、公平竞争、自下而上、开放的、全面的市场经济，顺利转入"开拓型"经济发展阶段，使人、物、服务和资本要素自由流动。（4）金融制度与企业制度将是市场的主要创新对象，将内部化、机制市场化，从而过渡到更高一级纳什均衡状态，实现帕累托改进。

第二节　冷战结束后日本主流政治思潮的转型

冷战后日本主流意识形态的转变，旨在扭转日本国民的政治观念。为此，日本政府采取各种手段就日本民众的历史观、战争观、国家观、亚洲观等推动"观念变革",几乎涉及所有重大的历史及现实问题,逐项推翻第二次世界大战后的历史定论,去除日本人心里的"紧箍咒",逐渐建立起有利于整个日本转型的舆论环境和观念空间。本文主要针对冷战后日本主流政治思潮的转变来说明日本主流意识形态的转型。政治思潮是特定的人们在特定时期所形成的思想情绪、愿望要求的某种潮流。特定的政治思潮一旦形成,在短时期内将难以改变。它在一定程度上影响甚至左右政府的各种政策、决策,尤其将会成为占主导地位的政治思潮。战后日本的政局,特别是一定时期以来政治的右倾化,在很大程度上便是当前日本主流政治思潮日益保守化的结果。

一 冷战后日本主流政治思潮转变的历史背景

(一) 国际环境

第一,冷战结束后,国际形势发生了巨大变化,由美苏两极对峙的格局演变为世界多极化趋势,正是这种多极化趋势刺激了日本主流政治思潮的转变。国际社会及日本国内相当一部分人判定,后冷战时代日本的经济将更加强大,甚至将以其为主导开创一个亚太领先世界的新时代,日本亦将在此过程中成为全球政治大国。日本认为世界正在向多极化转变,美日欧等国家将在国际社会共同发挥主要作用。日本作为世界经济第二强国,面对苏联解体后在世界范围内留下的巨大权力真空,日本力图承担起与经济大国相匹配的政治大国的责任。在亚洲,它试图以日本军事同盟为基础建立"日本领导下的亚洲时代";在世界战略集中地区,它试图通过经济援助和技术援助的手段,积极扩充其影响和势力范围。

第二,新保守主义、新民族主义在世界范围内抬头。冷战结束后,文化上的保守主义开始蔓延。美国社会呈现整体保守化,政治的保守化和内向化倾向也日趋增强。在1994年的国会中期选举中,代表新保守主义势力的共和党人以压倒性的胜利夺得了国会参众两院的多数席位,标志着新保守主义势力在美国政治生活中主流地位的确立。新保守主义曾左右单边的里根政府的国防和外交政策,并再次在布什政府得势。此外,新保守主义在北美洲也呈崛起趋势,2000年,戴亚出任加拿大联盟党新党魁就是例证。戴亚所代表的联盟党在经济、社会与国防外交领域均推行保守政策,主张加强国防、加强对美关系、对华采取强硬态度。这一切都对日本新保守主义势力产生了示范效应,并对日本新保守主义的发展起到了推波助澜的作用。此外,冷战后，世界范围内的民族主义思潮不断膨胀。处于转型过渡时期的世界格局使极端民族主义重新抬头，并很快形成了一股强有力的政治思潮和社会势力。日本极右势力在教科书、参拜靖国神社等问题上的种种表现正是这种极端民族主义的一种情绪化反应。它不仅导致右翼政客公开否定日本军国主义历史，同时导致日本国内整个政治进程日趋右转，加快推进军事国际化，对外政策明显偏离与邻国友好合作的道路。

第三，美国的影响使日本国内社会意识发生深刻的变化。一方面，冷战后美国为谋求单极霸权要求作为经济大国的日本承担更多的地区事务乃至国际事务，为新保守主义的发展创造了有利的条件和空间。在海湾战争期间，日本向以美国为首的多国联盟提供了 130 亿美元的资金支持。从此，日本从根本上改变了"一国和平主义"的国家目标，开始根据美国的要求，借机扩大包括军事领域在内的"国际贡献"。另一方面，美国加强对日本的控制进一步激化了日本的民族意识。由于 20 世纪 90 年代日美经济表现的巨大反差，左翼素有反美传统，右翼在冷战时期反苏、反华，冷战结束后也加入了反美行列。他们指责日美安保条约使日本"居于从属地位"，抨击美国"带侮辱性质的军事保护"，要求通过修改麦克阿瑟的"钦定宪法"来清除盟军残留给日本人民的压制。1997 年年底，日美签订了新的《日美防务合作指导方针》，重新确定了两国在军事方面的战略分工和合作的基本内容及原则，但这并未消除日美同盟的裂痕，反而加深了日本对美国的依赖，导致日本国内民众民族自尊心进一步受挫。

第四，日本面临着来自亚太地区的挑战。从地缘政治的角度看，除了作为美国的忠实盟友，日本在亚太地区的地位也日益受到挑战。日俄关系始终没有太大进展，日朝关系正常化也是步履维艰。中国、韩国和东盟经济的高速发展，对日本在亚洲的地位也形成了巨大的冲击，特别是中国经济的持续快速增长使日本感到了空前的压力。20 世纪 90 年代以来日本经济的停滞与中国经济的持续增长形成了鲜明的反差，这使相当多的日本国民对中国的强大感到害怕，于是"中国威胁论"取代"苏联威胁论"被日本右翼势力炒得沸沸扬扬。为了避免这一"潜在威胁"转变成"现实威胁"，日本政府着手调整对华战略，对华姿态走向强硬，以企图确保自身在东亚乃至整个亚洲地区的主导地位。这些不利因素，确实令日本政府右翼思想借机膨胀，一些国民希望恢复信心，重振日本往日"辉煌"，"普通国家论"等右倾化政治主张正是迎合了这种社会心态。

（二）国内环境

1. 经济因素

在经济全球化加速发展的同时，日本却处于泡沫繁荣的末期。日本泡沫经济始发于 20 世纪 80 年代，由于受泡沫经济和东南亚金融危机的影响，日本经济从繁荣走向了长期萧条。面对日本商品大举进占欧美市场，欧美国民将日本看成第一经济敌手。为了打压日本、抬高日本商品价格，1984 年，美国在"广场协议"中提高日元对美元的汇率。1986 年 1 月，日本央行开始将基准利率连续下调 7 次，形成事实上的零利率。日元急剧升值，日本公司不动产的账面价值迅速上升，他们借以从银行获取贷款的数额相应增多。20 世纪 90 年代，西方国家普遍陷入困境，日本泡沫经济爆炸，从 1992 年起开始了日本经济的长期低迷。日本泡沫经济的严重后遗症与其不良经济结构，导致日本经济陷入债务过大、雇佣过高、设备过剩的三重困境之中，尽管日本政府尽力恢复经济，但收效甚微。正如日本人所说，20 世纪 90 年代是日本"失去的十年"，日本企业在国际竞争力、金融资本和消费三大支柱上都出现了严重的"滞缩"。日本经济的持续衰退以及居高不下的失业率导致日本一些人的心态失衡，使日本人由自负心理向自危心理转化。日本民众普遍对政治不信、对前途不安、对现状不满，要求进行变革的呼声日渐强烈，原本就在日本根深蒂固的右翼思想，在持续的经济萧条之中更加甚嚣尘上。一些日本人仍然沉浸在过去的"辉煌"之中，而小泽提出的"普通国家论"迎合了当前日本社会郁闷的心态，他们希望借此来重拾信心，摆脱经济发展的种种困境。

2. 政治因素

第一，日趋右倾的政党政治。随着世界范围"两极格局"的崩溃，日本国内的"两极格局"也告崩溃，原来社会主义的支持者纷纷转向民族主义立场，左翼社会思想影响力明显衰退。东西方冷战结构的崩溃，给日本的革新阵营以极大的冲击和压力。在社会主义、共产主义影响力急速下降的情况下，社会党为了谋求生存，被迫进行体制和基本政策的转换。在 1993 年 7 月的众议院大选中，社会党由原来的 137 席降至 70 席，而自民党加上 3 个新党议席达 326 个，这实质上意味着自民党与社会党两足并立的"1955 年体制"的终结，而形成了自民党一党独大的保守党政权。在以后的两年多时间里，首相官邸四易其主，内阁成员中先后有 10 个党派的代表进入，日本政局一度出现"迷混"状态。1996 年，自民党再度问鼎首相宝座，自民党内以保守著称的桥本龙太郎上台，新进党与自民党再度成为主导政党。桥本龙太郎上任前是日本右翼组织"日本遗族会"会长，在侵略历史罪责问题上，他从不公开承认。1996 年 7 月 25 日，桥本龙太郎在其生日之时公开参拜靖国神社，并且在记录册上写明"内阁总理大臣"。① 与此同时，日本政府也反对联合国人权委员会关于慰安妇问题的调查报告，并拒绝以国家立场向慰安妇谢罪与赔偿。在领土问题上，怂恿极右翼组织的挑衅行为。由此可见，日益右倾的日本政党政治为主流政治思潮的转变提供了政治支撑。

第二，日渐崛起的新保守主义势力。冷战后，日本新生代政治家随之崛起。"虽说新旧政治家交替是新陈代谢的客观规律，但在 20 世纪 90 年代却有两个新特征，即交替速度较快和新政治家多为战争结束前后出生者"。② 所谓新生代政治家是指那些战后成长起来的，目前在日本政治中占中枢地位乃至担任最高政府职务的国会议员。在 1993 年、1996 年、2000 年举行的三次大选中，每次均有 100 多名众议院议员为新当选者，而且平均年龄都在 54 岁左右。2000 年产生的第 42 届众议院议员，战后出生的占 49.6%。2001 年 4 月，第 19 届参议院选举产生的参议员中，战后出生的占 52.5%，参众两院议员战后出生的占议员总数的 46.77%。在这些新生代政治家中，一些保守势力的崛起最为瞩目，而且逐渐掌握了日本政坛的主导权。这些新生代政治家很少受到传统政治思维方式的束缚，其中颇具代表的人物主要有小泽一郎、桥本龙太郎、小泉纯一郎、鸠山由纪夫等。这批政治家成长于战后日本经济高速增长时代，有着很强的民族自豪感和民族优越感，对过去的侵略历史负罪感比较淡薄。基于冷战后日本经济的持续衰退以及日本大国地位降低的危机感，这些政治家以国家利益为根本出发点，谋求对内建设丰富、现实的生活，对外承担起大国的责任，对世界作出贡献。在此目标下，他们打着"改革"旗号，锐意进取，试图改变已经不适应时代发展的传统保守主义政治路线，实现"第三次远航"，即在明治维新和战后民主改革之后，实现第三次大变革，目标是在全球化进程中标榜自由主义、国家主义，使日本重振经济奇迹，再现昔日辉煌。

3. 文化根源

冷战后，日本主流政治思潮的转变固然有其政治、经济等现实基础，但

---

① 高增杰：《日本的社会思潮与国民情绪》，北京：北京大学出版社，2001，第 59 页。

② 王新生：《日本新生代政治家崛起》，2001 年 7 月 12 日《北京青年报》。

也有深层的文化根源。探讨日本主流政治思潮的转变，必须对日本的文化进行分析。"人是在文化氛围中长大的，受到其中的基本价值观、风俗习惯和信仰的熏陶。那些在每个社会中握有政治权力的人易受社会文化的影响，他们的行为与态度将有许多文化根源"。①

第一，日本的"农本主义"深刻地影响着日本社会。日本传统社会是一个农业社会，自古以来，以农为本的"农本主义"一直主导着日本经济和社会生活。在"农本主义"主导的时代，农业生产是社会生产的主要方式，农村社会是社会的主体。农业生产依自然秩序而动，依传统耕作方式而作的循规蹈矩的生产方式，培养了日本人的保守性格。直到明治维新以后，在"产业立国"的现代化浪潮冲击下，它才逐渐失去其主导地位。但是，在"农本主义"基础上形成的思想和意识以及社会生活方式，并没有因此而完全失去其对日本社会所具有的深层规范性作用，相反，依然深刻地影响着日本社会。

第二，社会生活集团化的传统，培养了日本人保守主义的思想意识和文化心理。日本的集团化生活与一般的集团化社会生活不同，农业生产的艰苦条件和家族、村落的家族主义家长制权威模式，使得在集团中存在的每个人都具有很强的依赖性和合作性。在农业生产条件下，这是求得个人以及集团生存与发展的基础。另外，基于家族主义的伦理，都对集团和集团的权威具有很强的忠诚感。这种集团的社会生活，不仅培养了日本人保守主义的思想意识和文化心理，而且也使这种思想意识和文化心理得以长久存在和延续。日本传统文化中的集体荣誉感和效忠精神，就是以这种"集团性"为基础的。

第三，日本人特殊的生存环境，强化了日本人性格上的保守倾向。马克思主义认为，社会存在决定社会意识，"人是自然界的产物，是在他们的环境中并且和这个环境一起发展起来的"。② 日本人的国民根性有着自然环境的深深烙印，它在精神领域自觉不自觉地支配和主导着日本人的行为方式。日本地处亚洲东部一些散乱的岛屿上，面对着浩瀚的太平洋及地域辽阔的俄罗斯和中国。其领土面积为369881万平方千米，仅为中国的1/26。岛屿四周是大海，3400千米的海岸线把那些岛屿包围，而岛屿之间也被大海分隔。

---

① John P. Lovell, "The United States as Ally and Adversary in East Asia: Reflectons on Culture and Foreign Policy," in Jongsud Chay, ed., *Culture and International Relations*, New York, 1990, p. 89.

② 《马克思恩格斯全集》第3卷，北京：人民出版社，1972，第24页。

自然环境恶劣，山地丘陵广布，生活空间狭小，自然资源除水力、海洋外都很匮乏，火山众多，地震频繁，台风、山崩灾害严重。而日本列岛远离亚欧大陆，与外界联系极为不便。长期生活在这种地域狭小、资源贫乏、几乎与世隔绝环境中的日本人经过 2000 多年的文化积淀，逐渐形成一种双重性格，即强烈的民族凝聚力和狭隘的排外心理并存。这种内聚外斥并存的独特性格，使日本人的民族意识趋于内向保守。每个日本人从小就牢固树立了民族和国家的观念，强调自己是大和民族的一分子，浓厚的民族情结凝聚成的合力，是一股巨大的建设力，然而一旦这种民族情绪走向极端，狭隘的排外心理占据上风，就会变成巨大的破坏力。

第四，民族起源的神话传说，促进了日本民族优越论的形成。每个民族都有关于民族起源的神话传说。马克思曾经说："古代民族是在神话幻想中经历了自己的史前时期。"① 神话实际上包含着当时生活的心理表现和精神倾向。日本民族的优越感发端于史前时期的神话传说，在《古事记》和《日本书纪》中生动地描写了世界的神秘生成和日本民族的神话式起源。特别是《日本书纪》中关于天照大神的神话，使日本人自古便有"神国子民"的优越感。日本人有一种根深蒂固的观念，即日本是以"万世一系"的皇室为中心的神国，具有单一民族纯粹性的大和民族是最优秀的民族。历史上的统治阶级均以此来确认天皇统治的合法性，19 世纪后半期的明治维新更将其视为意识形态和国家神道共同的重要思想灌输给日本国民。它虽对巩固天皇制、抵御外敌入侵发挥了重要作用，但其本身包含着妄自尊大和轻视其他民族的心态及天皇崇拜思想。因此，宣扬这一神话的直接后果就是"大和民族优秀论"和"皇国日本至上论"。

第五，独特的耻感文化，形成了右倾化的历史观。耻感文化是日本文化中极具独特性的部分，它是以知耻为道德之本，以耻为主要约束力的文化。② 但耻并非来自内心的自责，而是对别人批评的反应，认为忏悔就等于自寻烦恼。这养成了日本人不知罪的劣根性，日本人内心从来就没有罪恶感。在这种心态下，他们如果承认侵略、承认南京大屠杀，就是自虐，就是摧毁自己的民族自尊心。事实上，保全面子在日本人心中比事实真相还重要。他们宁愿否认事实，掩盖历史，也不愿被别人瞧不起。二战结束后，天

---

① 《马克思恩格斯全集》第 1 卷，北京：人民出版社，1972，第 6 页。
② 程毅、李阳辰：《日本右翼思潮：文化基因透视》，《世界经济与政治论坛》2001 年第 2 期。

皇亲自宣读诏书向盟军投降造成的心灵创伤单靠振兴经济无法抹平，这种不正常的心态导致日本许多人害怕背上侵略恶名，害怕承担战争责任。所以，"新民族主义"者大肆宣扬战争合法，否认侵略历史。这与德国人反省战争罪责的行为形成鲜明的对比，战后以来德国历届政府坚持反省战争罪责，德国人民对新纳粹主义的活动采取坚决斗争的立场，政府和人民都有力地遏制国内纳粹法西斯势力死灰复燃，从而取得了欧洲各国政府和人民的谅解，成为受各国人民尊重的政治经济大国。这就不难理解为什么多年来日本在国际上始终是"经济上的巨人、政治上的矮子"形象了。

由此可见，日本固有的文化中潜藏着新保守主义、新民族主义的天然因素，正是这种保守思想与文化心态潜移默化地影响了国民的价值取向，从而成为政治思潮右倾化的根源之一。

二　左翼和平民主主义思潮的衰退

日本进入 20 世纪 80 年代以后，随着新保守主义、新民族主义思潮的迅速发展，和平民主主义思潮在经过战后几个阶段的演变后逐渐退潮。对此，笔者主要从日本的国内变化和历史文化渊源方面进行分析。

（一）和平民主主义思潮的拥护者数量剧减

1. "中流意识"的保守性

从战后到 20 世纪 80 年代前后，日本统治者采取了优先发展经济的路线，促使经济出现高速增长。经济的发展以及人民生活水平的提高，导致劳动者中出现庞大的"新中间阶层"，而他们是"中流意识"的承担者。"中流意识"植根于国民对现实生活的满足。在日本这样一个有着集体主义生活习惯和心理的国家，处于中间层次很容易使他们达到心理平衡和自我满足。更表现为关注私生活和对政治冷漠，具有"中流意识"的人虽然对社会也有某种程度的不满，但反映最强烈的是环境、福利、物价、廉洁政治等问题，而不是对现存制度的否定与仇恨。随着生活水平的提高和大众消费社会的到来，人们更加沉迷于各自的私生活。加之自民党不断曝光的金钱丑闻，社会党、共产党等革新政党不断发生的分裂与对立，这些都极大地影响了日本国民对政治的信任度。[①]

[①]　刘华英、吴建华、徐恺：《论战后日本和平民主主义思潮的变迁——兼谈其对日本政治右倾化的影响》，《西北师范大学学报（人文社会科学版）》2002 年第 11 期。

2. 革新政党的衰落

和平民主主义思潮的领导力量是以社会党、共产党为代表的左翼革新政党，随着战后经济的高速增长以及"中流意识的广泛化"，日益模糊的阶级归属意识使原有的阶级界限和阶级对立趋于淡化。虽然社会党和共产党都公开宣布放弃阶级意识形态，强调自己是"国民各阶层的政党"，但在人们心中他们依然是阶级意识形态很强的政党，这些都直接影响人们对他们的支持率。其中社会党的变化尤其引人注目，日本社会党是工会政党，以工会和产业工人为基础。在经济高速增长带来的工业化过程中，它本应该获得更大的发展，但却在20世纪60年代陷入了停滞状态，70年代以后逐渐走向衰落。

3. 战后一代人的成长

和平民主主义运动能够蓬勃发展的一个重要原因是经历过二战的那一代人，共同的经历、共同的生活和思想体验使他们有着共同的目标，因而能够广泛地团结在一起。并且在战后的二三十年里，他们作为社会的中坚力量，对社会的发展起着重要的导向作用。随着这一代人逐渐退出社会的中坚地位，新一代人由于在美国文化的氛围中成长起来，对于二战中日本的罪行没有亲身体验，加之"中流意识"的影响，因此他们的思想比起前一代人更加保守右倾，这也是导致和平民主主义思潮的支持者锐减的重要原因。

（二）从历史文化渊源来看，日本民族优越论根深蒂固

当前在日本甚嚣尘上的新保守主义、新民族主义等之所以能获得广大国民的支持，其中日本民族优越论是其重要的心理基础。日本民族、日本文化优越论已不仅是某些个别人的思想或宣传，其作为新保守主义思潮的一个基本内核，已在普通国民之中蔓延开来，开始拥有越来越大的市场。日本民族优越论有着悠久的历史，它是日本军国主义屡屡发动侵略战争的重要思想根源之一。日本很早以来就流传着日本是"神国"的传说，撰写于14世纪的《神皇正统记》汇总了流传已久的"神国"思想，认为"天神开国、天孙统治"唯日本独有，并把"神国"作为日本的特征。日本民族优越论之所以能重新获得市场，这与战后的非军事化、民主化改革的不彻底和不深入密切相关。一方面，美国为了自身利益，不可能任由日本的和平民主运动自由发展；另一方面，短短几年的民主化改革，无法触及日本民族灵魂深处，要想在几十年中改变日本民族的固有习性、传统心理等是不大可能的。

三　右翼保守主义思潮的兴起

（一）新保守主义

新保守主义是产生于20世纪70年代的一种新的政治思潮，也是70年代以来保守主义运动中的主流派别。新保守主义是作为解决和克服现代资本主义固有矛盾的改革性思想及其政策出现的，其主要代表是1979～1990年执政的英国保守党撒切尔内阁、1981～1988年的美国共和党里根政府，以及1982～1987年的日本自民党中曾根康弘内阁。其共同特点是政治及文化上反对和遏制社会主义国家及其思想，提倡传统的保守政治及民族主义，经济上摈弃凯恩斯主义以公共投资和扩大内需支撑的经济增长政策，批判福利国家理论，主张建立小政府和彻底实行自由主义经济原理下的市场竞争。

冷战结束后，进入21世纪，在国际环境发生变化的同时，日本国内的革新势力在与保守势力两极对立中逐渐衰落，新保守主义思潮在日本再次抬头，并得到极大的发展，迅速崛起为日本政坛的主流政治思潮之一，从而被吸收进执政联盟的施政纲领而得以付诸实践，直接影响日本的内政和外交。新保守主义在日本内政外交方面的创新，不单单在于与以往保守主义在政策及战略思维上的不同，同时还由于世界局势在20世纪80年代至90年代与新保守主义的基本方向上的趋同走向，使日本新保守主义思维在对民众的意识渗透和内外政策形成上确立了主导地位。一方面，这种状况将日本政治中传统的右翼势力及其主张驱赶到了次要和附属的位置；另一方面也使执政的自民党内的中间势力，特别是鸽派，在意识形态及思想主张上陷入两难境地。即如果超过新保守主义的范围提出偏左的政策，则会被持中流意识保守心理的日本多数民众视为非现实主义的理想主义，而失去不少的政治支持者。如果向右转，又不可避免地在政治上与自民党等保守政党更加趋同，无异于从根本上自我否定。总之，新保守主义在社会实践与理论思维两方面都凸显其稳定性和持续性，以及主导性思潮的特点。

1. 新保守主义的形成和发展

日本新保守主义萌芽于20世纪70年代，80年代正式登场。在新保守主义理论的社会实践和国家发展战略上，真正实行影响深远的"日本模式"建设是中曾根康弘的战后政治总结算和改革。在战后日本政治思潮演变过程中，中曾根康弘的新保守主义理论及实践具有承上启下的作用。1982年，民族主义意识强烈的鹰派保守政治家中曾根康弘上台执政，提出著名的进行

"战后政治总结算"的新保守主义政治诉求。中曾根认为："日本正处于战后重大转折期，在日本人一致同意的基础上，大胆触及过去意见纷纭或回避的问题，重新形成统一的看法，使日本作为一个国家和民族在世界上堂堂正正前进。今后在世界政治中加强日本的发言权，不仅需要增强日本作为经济大国的分量。"① 新保守主义思潮和新保守主义势力在日本国家社会生活中的作用得以迅速提升和强化，但由于日本国内条件和国际冷战环境的制约，以中曾根康弘为代表和以大国主义为特征的新保守主义还仅仅停留在政治理念和政治思潮这一理论宣传层面。

冷战结束后，新保守主义得到迅速发展。这种奉行大胆修宪的鹰派政治思潮与80年代以中曾根为代表的新保守主义一脉相承，并有所发展。更重要的是，新保守主义不仅仅是一种政治思潮，而且还通过新保守主义势力主导或左右日本的政治决策。它宣扬"普通国家论"、"国际贡献论"，在历史观、修改宪法等方面持强硬态度。在这种思潮的影响下，实现政治大国、军事大国成为日本社会的共识，并日益成为执政联盟的施政纲领而付诸实践。

2. 新保守主义的表现形式

纵观冷战后日本新保守主义的发展轨迹，其主要表现有以下三个方面：

第一，政治上，倡导"普通国家论"、"政治大国论"，积极推动日本在国际社会中发挥独特作用，加快谋取"政治大国"地位的步伐。早在中曾根担任首相期间，他就不满足于日本只做经济大国，为改变日本"经济大国"、"政治小国"的"跛足"形象，他提出要把日本建设成为负责任的"政治大国"。由于考虑到正式提出"政治大国"会引起麻烦，他就更多地使用"国际大国"一词，而以小泽一郎为代表的新保守主义则毫不掩饰地提出日本要成为与经济大国实力相称的"普通国家"。安倍晋三也宣称"奉行开放的保守主义"，追求"一个有自信的国家"，要让日本彻底甩掉战败国帽子，树立全新国际形象；要秉持"强国论"，带领日本"走出战后体制"，冲破"和平宪法"的束缚，摆脱"重经济、轻军事"的保守路线，成为政治、军事大国。他说："我希望建设一个受到世界尊重和孩子们可以为之自豪的美丽日本，使日本在确定世界规则方面发挥领导作用。""要提高日本在国际社会的存在感，发挥日本在国际社会的表率作用，逐步完善

① 吴寄楠：《日本新生代政治家：21世纪"日本丸"掌舵人》，北京：时事出版社，2002，第340页。

'强大的日本、可信赖的日本'的形象。"① 为实现谋求政治大国地位的外交政策总目标，日本主要采取三方面措施：

首先，积极扩大在国际社会的发言权，建立美日欧三权主导的国际新秩序，强调这个秩序是在政治上以西方的民主自由观念作为价值判断的目标，经济上要维护对日本经济发展有利的自由贸易体制和市场体制。②

其次，争取成为联合国常任理事国。联合国是世界各国参与国际事务的重要场所，在处理国际事务上发挥着重要作用。日本凭借雄厚的经济实力积极开展联合国外交，进一步强化了对联合国的工作。明确提出把在联合国及其机构中增加发言权和扩大影响力作为其提高国际地位，向政治大国迈进的重要步骤。常任理事国也因此成为日本政治大国战略全力以赴的主攻目标，成为联合国安理会常任理事国被日本政府视为政治大国的标志。一方面，增加对联合国会费的分摊份额。依仗雄厚的经济实力，日本负担联合国全部开支的19.5%，负担着联合国近1/5的开支。另一方面，日本利用经济援助和积极开展外交活动争取世界各国特别是大国的支持。从1992年宫泽喜一内阁提出把联合国安理会常任理事国作为战略目标以来，日本便努力获得安理会常任理事国席位，即使在近期内无法实现这一目标，日本也要在联合国改革之前角逐非常任理事国席位。实际上，日本担任非常任理事国的次数最多，尽管日本没有取得联合国常任理事国的席位，但日本在国际事务中的地位越来越高、影响也越来越大已成为不争的事实。安倍内阁继续以出任安理会常任理事国为目标积极推进既定的"联合国外交"。2006年9月，安倍在就职演说中即明确宣布："继续推动联合国改革，日本要成为联合国安理会常任理事国。"2006年12月18日是日本加入联合国50周年纪念日，日本国内举行了不少纪念活动。天皇夫妇、国会两院议长、首相和外相都出席了纪念活动。安倍首相发表讲话指出："我们希望成为联合国安理会常任理事国，认真担负起各项职责。"这再一次催动了日本的"争常热"。官房长官盐崎恭久对记者表示："日本50年来一贯重视以联合国为中心的外交，今后将通过发挥联合国安理会常任理事国那样的作用，进一步推进和平外交。"③

---

① 《安倍："中日建交论"遭严批：煽动民族主义非常危险》，http：//news. sina. com. cn/o/
2006－09－14/082410015451s. shtml。

② 韩玉贵、马伟涛：《新时期日本新保守主义的发展及对中日关系的影响》，《南京师大学报
（社会科学版）》2005年第3期。

③ 《一场失败的戏剧》，2006年12月16～17日《朝日新闻》。

最后，以小泽一郎为代表的新保守主义政治家主张"普通国家论"。以"国际协调主义"、"全球和平主义"为幌子，通过修改宪法使自卫队合法化。实现海外派兵，改革战后路线，从国内体制、思想等方面实现与政治大国相适应的转换。小泽一郎在《日本改造计划》一书中提出，日本应该摆脱战后"重经济、轻军备"的"商人国家"路线，推动日本向"普通国家"过渡。所谓"普通国家"主要包括两点：一是日本应该面向开放的世界，拥有大国的国际权利；二是日本应该拥有向海外派兵的权利。①

第二，军事上，通过推行修改和平宪法，调整军事战略，建立军事大国。日本宪法以国民主权、基本人权、和平主义三大原则为基础，为日本战后民主化进程提供了保证。日本宪法第九条规定日本"永远放弃以国权发动战争、武力威胁或行使武力作为解决国际争端的手段"，"不保持陆海空军及其他战争力量，不承认国家的交战权"。由于它明确规定日本不具有战争权而被称为"和平宪法"，它有利于防止日本复活军国主义和重走侵略战争的道路。冷战结束后，随着日本经济实力的增强和海湾战争等国际形势的变化，日本的保守势力要求发挥大国作用、修改宪法的呼声日益高涨。在保守势力的推动下，1992 年 6 月，日本通过了《协助联合国维持和平活动法案》（即"PKO"法案）②，打破了宪法禁忌。1997 年新《日美防卫合作指导方针》明确表示日本将参加美国在海外的军事活动，行使集体自卫权。此后又先后通过了《周边事态法》、《反恐法案》等明显违背宪法的条约和法案。1999 年，"自（民党）自（由党）公（明党）宪法调查联合会"在日本国会成立，标志着修宪问题被正式提上议事日程。2000 年 1 月 20 日，众参两院宪法调查会正式成立，并急不可耐地决定讨论修改宪法问题。宪法调查会决定，先用 5 年时间就修改宪法进行调查，再用 5 年时间着手修改宪法。2001 年 4 月，高举修宪大旗的小泉纯一郎以高票当选自民党总裁和日本新首相。小泉上台后，多次敦促加紧进行修宪工作。以"9·11"事件为契机，日本通过了《反恐怖特别措施法案》、《自卫队法修正案》和《海上保安厅法修正案》。2002 年 4 月 16 日，日本政府又通过了相关三项法案，即《武力攻击事态法案》、《安全保障会议设置法修正案》、《自卫队修正法案》。2003 年 7 月 26 日，日本国会参议院通过了允许向伊拉克派遣自卫队

---

① 肖伟：《战后日本国家安全战略》，北京：新华出版社，2000，第 193 页。
② 袁扬：《日本军事转型与中日军事关系》，《现代国际关系》2003 年第 3 期。

支援伊拉克重建特别措施法案。这是自海湾战争后日本自卫队首次迈出国门以来，日本政府进一步突破宪法对海外派兵的限制，首次可以向处于战争状态的外国领土派遣自卫队。实际上，随着日本对派兵海外和集体自卫权的突破，宪法第九条的限制已几近虚设，改宪只不过是时间问题而已。2004 年，日本通过"有事三法制"，确定自卫队能在战争期间支援美军。2004 年 12 月底，日本内阁通过《新防卫计划大纲》，明确提出把自卫队的海外行动升格为"基本任务"。2005 年，防卫厅发布的《防卫白皮书》也提出同样要求。2005 年 11 月，自民党在建党 50 周年纪念大会上公布宪法修改草案，更是提出要把自卫队升格为"自卫军"。首相福田主张重新修订法律，继续向印度洋的美军提供燃料，并于 2008 年 3 月 25 日称，他将推动一项可使日本在海外部署自卫队的永久性法律。可见，日本新保守主义修改宪法的目的在于通过修改和废除和平宪法，突破制约日本发展军事力量的"瓶颈"，以便日本成为能够为国际社会"发挥作用"的"普通国家"。

与此同时，日本在周边安全环境得到改善的情况下，开始系统实施军事大国计划，在不断增强军力的同时，对日本的防卫和安全战略进行了全面而深刻的调整。日本防卫厅 2007 年 1 月 9 日正式升格为防卫省，从"厅"到"省"只是一字之差，却改变了这个主管防务的机构在日本政治架构中的地位。防卫厅成为防卫省，不仅是日本政治架构的调整，也可能成为日本防务政策转变的引子。

首先，日本防卫政策的重点已由"防卫北方"转为"防御西方"。冷战时期，由于意识形态对立和依附于西方阵营的缘故，日本基本上都是以苏联为战略对手，防御重点侧重于西北方向。苏联解体后，日本重新明确了其防卫对象，即由过去主要对付苏联的威胁转变为对付来自日本周边的多元威胁，军事矛头直指中、朝。从小泉到安倍，日本的军事战略、防卫战略的目标已经转移为针对其西南海域，包括朝鲜和东海。日本国会于 2007 年 4 月 20 日通过了《海洋基本法》，成立以首相为本部长的"综合海洋政策本部"，确立了旨在促进海洋资源开发利用、确保海上交通安全的海洋基本政策，并强调要采取必要措施保护孤岛，认为孤岛对保护日本领海与专属经济区、确保海上交通安全、促进海洋资源开发利用以及保护海洋环境等具有重要战略意义。在战略部署上，日本将战略重点移至西部和西南方向，企图以冲绳列岛为依托，构筑一条封堵中国进出太平洋的屏障。同时，日本提出"领域防御"的新概念，把包括偏远孤岛和专属经济区在内的广泛领域作为其防御范围。根据日方的解释，"领域防御"的范围包括国家主权、领土、领海、领空、海上航线、偏远孤岛及专属经济区等。日本主张拥有 6000 多个岛屿，它们大多分布在日本列岛的西南方向。日本主张以这些岛屿为基点，拥有 447 万平方千米的领海与专属经济区海洋面积，试图成为世界第六大海洋国家。这些岛屿及其专属经济区均在"领域防御"范围之内。日本把战略重点由保护海上航线拓展到保卫整个领域，由"线"扩大到"面"，表明日本战略视野拓展了。

其次，防卫战略从"专守防卫"向"攻势防卫"转变。基于和平宪法，二战后的长时间内日本基本上信守了"专守防卫"的战略，对其海空军的发展及远程打击能力作了种种限制。一般来说，"专守防卫"的地理范围只能限定在"日本国土及周边"，行使防卫力量的条件是"受到对方武力攻击以后"。日本历年的《防卫白皮书》都采纳了这种"受到武力进攻以后才能行使防卫力量"的定义。但是，随着日本经济和军事力量的崛起，日本已开始突破"专守防卫"战略，不仅正式提出了"先发制人"的概念，而且大肆扩张军力。自 20 世纪 80 年代提出争做"政治大国"的目标以来，日本逐渐放弃了战后长期实行的"专守防卫"战略，而采取"主动先制"的军事战略，不但要做"政治大国"，还要做"军事大国"。在国防政策上，日本提出武装力量服务于国家战略和国家利益的总体思想，主张军事战略和自卫队建设要主动适应国际战略格局的变化和世界新军事变革的发展。日本 1995 年制订的新《防卫计划大纲》和 1997 年制订的新《日美防卫合作指导方针》等军事活动纲领已经将日本自卫队的作战区域由"国土"扩展到"周边"甚至更远的区域，将行使武力的时机从"遭受敌人入侵后"提前到"受到敌人威胁时"。2001 年底，日本在东海的中国专属经济区内击沉了一艘"可疑船只"，首次从作战行动上突破了"专守防卫"的政策限制。2003 年 11 月，小泉纯一郎在日本富士电视台的新闻节目中说："如果日本采取非武装中立的国策，不拥有军队，那么一旦受到侵略，由谁来保卫国家？"并且他强调说："自卫队就是军队，这是常识，因此，日本要修改表达方式，避免出现自卫队违反宪法的议论。"2005 年 4 月，日本开始实施新的"中期防卫发展计划"（2005～2009 年度），其后 5 年日本防卫预算总额约为 24.24 万亿日元。2007 年 11 月 13 日，日本国会众议院通过了新的反恐特别措施法——《关于为海上阻止行动反恐实施补给支援活动的特别措施法案》，并提交参议院审议。2008 年 1 月 11 日上午，日本国会参议院全体会

议否决了该法案。当天下午，日本国会众议院全体会议再次表决，凭借超过
2/3 的赞成票通过了新反恐特别措施法。该法是一部为期一年的时限法，用
于替代"9·11"事件后出台并经三次延期、于 2007 年 11 月 1 日到期的
《反恐特别措施法》，目的是恢复日本海上自卫队在印度洋的补给支援活动，
包括为参加海上反恐的外国军队的舰船供油、供水和提供劳务。

　　最后，自卫队活动由"内向型"向"外向型"转变。依据日本的和平
宪法，不允许日本拥有集体自卫权，禁止其对外行使战争权利和采取进攻型
的军事行动。一方面，日本以积极、主动的姿态参与联合国领导下的国际维
和行动；另一方面借助日美军事同盟使自卫队以武力干预地区事务成为可
能，从而不断实现军事活动海外化。2003 年 3 月，美伊战争爆发后，日本
海上自卫队宙斯盾舰"金刚"号等 3 艘军舰以支援美军对伊拉克的战争为
名于 4 月 10 日离开自卫队佐世保基地前往印度洋。2004 年 12 月出台的
《防卫计划大纲》，从战略指导上确立了主动先制的战略思想。大纲提出了
"防止威胁，保卫日本"和"开展国际和平合作，改善国际环境"两大安全
战略目标，将安全保障的着眼点从国内安全拓展到国际安全，把国际紧急救
援、联合国维和行动、对美后方支援、反恐行动等"海外行动"，提升为日
本自卫队的基本任务。2008 年 3 月 26 日，日本陆上自卫队中央快速反应联
队（相当于团）举行了编制完成仪式。该联队由 700 人组成，将负责应对
游击战以及担任日本海外派遣部队的先遣队。同日，日本自卫队指挥通讯系
统部队也正式成立，这是日本陆海空自卫队首支常设的联合部队，负责管理
情报通信网络及应对黑客攻击。与此同时，日本海上自卫队也迈开了整编步
伐，对负责导弹防御和海外任务等的护卫舰队、负责海上警戒和救援活动等
的航空集团的编制和指挥系统进行重新编组，主要任务是减少战术单位数
目、增加单一战术单位的战舰数量，以及减少指挥层次。这些举动还有更深
层次的意图，受宪法不战条款的限制，日本自卫队是不能向海外派兵的。过
去派兵，政府都是采取"一事一议"的方法以求国会批准。这次借着新型
作战部队的诞生，首相福田康夫已表示将立即提交向海外派兵的永久性法
案，待国会批准后便可一劳永逸地解决这种麻烦。说到底，就是采取陆续通
过一系列子法的途径，架空乃至最终删除宪法中的不战条款。此外，日本大
肆宣扬"中国威胁论"，不断强化日美军事同盟。中国综合国力和国际影响
力与日俱增，莫名的压力和危机感增强了日本与中国竞争和对抗的意识。日
本为了防范日益崛起的中国，通过强化日美军事同盟，建立日美主导下的亚

太安全合作机制，大力发展军事力量。经过半个多世纪的发展，日本形成了装备精良、训练有素的世界一流现代化武装力量，拥有亚洲最强大的海空作战力量和世界上最强大的反潜作战能力，军事装备日益现代化、高科技化，已具备一个军事大国所应有的实力。

第三，历史问题上，企图否定、美化侵略历史，回避和掩盖日本的战争责任，为日本争做"政治大国"树立良好形象。新保守主义认为，承认侵略历史并一再向亚洲国家谢罪是"自虐"行为，将会影响日本的形象，妨碍日本成为"政治大国"，不利于在国际社会中发挥"领导作用"。① 同时，经济长期萧条、政治长期混乱，使许多日本国民存在对现状失望、对未来悲观的不安和焦躁情绪。随着新保守势力逐渐主导日本政坛，否定并美化侵略历史已成为日本政治的一道风景线。新保守势力只注重日本的现实政治利益，对过去的侵略战争不感兴趣，更谈不上反省。他们认为是不是侵略战争，要留待后世历史学家评判，甚至有人干脆否认侵略历史。新保守势力在历史问题上的态度直接反映在其政治行为上。首先，日本内阁官员频频"失言"，篡改、美化侵略历史。一些政界的重量级人士接连不断地颠倒日本的侵略历史，否认历史真相。如森喜朗担任首相期间，就在重大原则问题上为日本过去的历史百般辩解，"失言"不断。其次，新保守势力还不顾国内外压力，以公职身份参拜靖国神社，以国家主义为中心的新保守主义发展到极致。桥本龙太郎上台后曾表示，"既然进了首相官邸"，就不能不去参拜靖国神社。小泉纯一郎担任首相期间，连续六次参拜靖国神社。

第四，屡次篡改历史教科书，美化侵略历史。2001 年 4 月 3 日，日本文部科学省正式宣布由右翼学者团体"新历史教科书编撰会"主导编写的日本 2002 年版初中历史教科书审定合格，使通过篡改历史教科书美化侵略历史的行径达到一个新的高潮。

（二）新民族主义

民族主义思潮在近代的日本曾恶性膨胀，给中国和世界人民造成了巨大的灾难和损失，同时也使日本国民深受其害。20 世纪 80 年代民族主义再度抬头，90 年代中期以来，随着内外形势的变迁，民族主义在日本又有重新抬头之势，它以新的形式表现出来，被称之为"新民族主义"。这股新民族主义思潮由知识界、舆论界发起，很快深入社会各个角落，并影响日本政界

---

① 贾丹：《冷战后新保守主义的发展及影响》，《国际论坛》2003 年第 5 期。

的政治走向，使日本政界对外姿态呈现出日益强硬的趋势，最终引起亚洲各国的不安和抗议，严重威胁到亚洲地区的和平与安全。

1. 新民族主义的形成和发展

用斯大林的话说，所谓民族是"人们在历史上形成的一个有共同语言、共同地域、共同经济生活以及表现于共同文化上的共同心理素质的稳定的共同体"。[①] 从这一定义出发，所谓民族主义是对本共同体的认同以及区别于其他共同体的行为。在英语里，nation 既是"民族"，又是"国家"，nationalism 既是"民族主义"，又是"国家主义"。在日本，大和民族占全国人口总数的99%以上，所以，日本的民族主义与国家主义通常被视为同一含义。20 世纪 90 年代中期以后出现的新民族主义思潮，实质上既没有像新保守主义那样提出具有时代特色的理论观点和改革思路，也没有像以冲绳为中心要求撤除驻日美军基地运动而具有积极的民族主义大众运动那样的色彩。它的特点如同战后日本的右翼以反左翼为唯一的特色一样，以否认和美化日本过去的侵略战争性质、杜撰日本"独自的悠久的文明史"，即狭隘的抗美反华为基色。其所以在效果上大大超过战后从 20 世纪 50 年代至 80 年代国家主义政治思潮的影响范围，主要是将其主张紧紧扣住 20 世纪 80 年代生成的大国家主义思潮，以及 20 世纪 90 年代日本人在经济低迷中产生的不安感和寻求出路的心理期待，以堂而皇之的"恢复大国日本的民族自尊"为诱饵，在一部分日本人特别是 20 岁至 40 岁的中青年人中产生共鸣，并得到了日本政界、财界、学术思想界中主流派的支持或默认。因此才形成了以1995 年 7 月成立的"自由主义史观研究会"及 1996 年 12 月成立的"新历史教科书编撰会"等两个以教育思想界为主的民族主义团体，以及 1997 年5 月 30 日成立的跨日本政界、经济界、宗教界、学术思想界等的新民族主义政治团体——"日本会议"。

2. 新民族主义的表现形式

第一，在国内政治领域，"新民族主义"持"自由主义史观"，主张强化国家观念，力图修改和平宪法，追求政治大国的目标。20 世纪 90 年代以来，"新民族主义"打着"自由主义史观"的旗号，主张强化国家观念。"自由主义史观"的核心人物是东京大学的藤冈信胜，他在 1994 年提出要对日本近现代历史进行彻底修正的主张，并建立了"自由主义史观研究

---

① 《斯大林全集》第 11 卷，北京：人民出版社，1953，第 286 页。

会"。"自由主义史观"认为战后日本的近现代历史教育一直被两种历史观所主宰：一是来自苏联—俄罗斯的"共产国际史观"，那是建立在俄罗斯报日俄战争之仇基础上的历史观，"把日本自明治维新以来的光荣历史描写为对外侵略扩张的军事帝国主义的黑暗历史"①；二是来自美国占领当局改造日本思想计划的"东京审判史观"，那是战胜国把战争责任强加给战败国日本的历史观。日本近现代史教育就是在这两种史观的基础上形成否定日本国家的历史意识，导致了日本"国家精神的解体"。因此，应在国民中进行"对本国历史充满自豪的"以及"值得骄傲的"教育，而不是上述否定明治维新以来历史的"自虐史观"、"黑暗史观"。由此，他们通过修正历史教科书来达到否定历史事实、美化侵略战争的目的，并提出了历史修正主义的观点：（1）作为日本人，要以国家利益至上，要"充分夸耀大日本帝国历史的积极面"，旨在"提高日本国民的国家主义和民族主义情绪"。（2）日本民族最优秀，是亚洲唯一维持独立的国家，"在任何时代都与世界的先进文明合拍"。（3）"历史不是科学，历史要为现实服务"。（4）战争没有正义非正义之分，战争犯罪不只是日本。在这种意识形态的支配下，日本政界日趋右倾。

自20世纪80年代以来，日本政府凭借其强大的经济实力，积极要求参与国际新秩序的建立，努力实现与其经济地位相匹配的政治大国目标。1991年的海湾战争中日本为多国部队提供了130亿美元的经费支持，但是日本不甘被西方国家视为只出钱不出人的国家，于是日本国内便出现争做"普通国家"的政治思潮，强调日本要做世界大国，要对国际事务担负起相应的责任。在这种情况下，日本相继通过了《协助联合国维持和平活动法案》、《周边事态法》、《反恐特别措施法案》、《自卫队法案修正案》、《海上保安厅修正案》等。通过这一系列法律，日本自卫队实际上已将行使武力的时间从"遭敌入侵后"提前到"受敌威胁时"，日本自卫队的作战区域也由"国土"扩展到"周边"，由"周边"扩展到公海以至别国领土。同时，为实现其政治大国目标，日本积极谋求加入联合国安理会常任理事国行列，认为"没有日本参加的联合国缺乏可信性"。

与追求政治大国的目标相关联，日本国内出现了修改宪法的热潮。日本现行宪法是1947年制定的和平宪法，其中第九条关于"日本永远放弃使用

① 步平：《关于日本教科书问题》，《抗日战争研究》2000年第4期。

武力作为解决国际争端的手段"的条款限制了日本军事力量的发展。

第二，在思想文化方面，进一步唤起国民的民族优越感、自我封闭和排外性，鼓吹民族优越论。日本"新民族主义"思潮的代表人物石原慎太郎和梅原猛都鼓吹民族优越论。石原慎太郎极力宣称："日本是拥有丰富创造性的民族，这种能力不仅仅为一些精英所拥有，而且在一般国民中间也可以广泛地看到……日本的技术力量已经达到掌握世界军事力量心脏部分的程度，其根源在于这种创造性的积累。"① 梅原猛是京都市立艺大学校长，他和他的同事继承战前哲学家西田等人的学说，在"战后总结算"和争做政治大国的思想指引下，创造了"独特的京都派新民族主义理论"，即日本民族紧紧围绕在神圣的天皇周围，形成一个被称为民族政体的实体，个人只是仁爱天皇意志的延续，因而有着自发的社会和谐意识以及同大自然进行交往的意识。以梅原猛为首的京都学派通过对欧洲哲学的广泛研究，得出一种奇怪的结论：西方文明像瘟疫一样威胁着现代世界，唯一的医治办法是"到东方文化，特别是日本文化精神中寻找"。② 梅原猛把日本文化起源追溯到太古时期的绳文陶器文化，说这种文化始于 12000 年前，早在中国文明改变日本面貌以前，在诸如阿伊努人和冲绳人之类的少数民族中既已存在。他们认为日本的特殊文化得益于日本人特殊的大脑，大和民族从五世纪统一日本时起，其大脑构造就与其他民族不同。东京大学医学系教授角田中信在《日本人的大脑：特殊性与普通性》中，通过大量的彩色图像反复论证日本人大脑的特殊性。他说，中国人、朝鲜人和所有东南亚人，都通过大脑的右半球接受元音，而唯有日本人既用大脑左半球接受元音，也用大脑右半球接受辅音，因此创造了世界上最优秀的文化，使日本精神适用于全世界，使天皇方式适用于一切国家。在"新民族主义"扩散过程中出现的"海洋文明史观"，通过以"海洋日本论"诠释日本文化，暗示日本的海洋文化比亚洲的大陆文化优越，也预示着一种新的"日本中心史观"的抬头。

第三，在对外关系领域，产生盲目的排外主义。对现状的不满以及对未来的危机感，使日本社会的对外心理承受能力空前脆弱，除将日本的困境归罪于其他国家外，排外主义也开始抬头。以新生代政治家为代表的各界"有识之士"均处于情绪躁动期，对来自外部尤其是大国及周边国家关于历

---

① 〔日〕石原慎太郎，《日本就是敢说"不"》，北京：新华出版社，1992，第 135 页。
② 熊孝梅：《日本"新民族主义"思潮分析》，《南京社会科学》2005 年第 8 期。

史问题的批评表现出越来越明显的逆反心理，甚至借媒体对对方国家的妖魔
化报道来反衬其强硬姿态的合理性，在对外关系上产生了盲目排外主义。
2000 年 4 月 9 日，东京都知事石原慎太郎在陆上自卫队创建纪念日上发表
演说时声称，日本社会治安的恶化是"三国人"造成的，呼吁自卫队在必
要时可发挥作用。所谓"三国人"是历史上日本人对居住在日本的朝鲜人
和中国台湾人的蔑称，石原所言明显是指居住在日本的外国人，尤其是亚洲
人，其言论无疑迎合了日本国民心中因经济衰退引发的排外和厌外情绪。

3. 新民族主义的实质

日本的"新民族主义"思潮从其基本内容来看，实质上仍是以民族主
义面目出现的一股极右思潮。战前右翼所鼓吹的"皇道主义"、"国家主
义"、"亚洲主义"、"反共主义"与"变革资本主义经济"等主张，几乎都
可以从"京都学派"和"说不派"的著述中发现其变种或翻版。石原等人
所主张的恢复天皇的国家元首地位，否定日本侵略的事实，通过修改宪法使
日本成为一个"普通国家"，反对和攻击社会主义制度，自我标榜日本的社
会经济制度与西方资本主义不同，以及石原大肆鼓吹的"亚洲主义"等言
论，都证明冷战结束后日本的"新民族主义"思潮不过是以"新民族主义"
出现的极端右翼思潮，是日本右翼在新的历史时期的一个变种。

第三节　冷战后日本政党体制的转型

政党体制是指各政党在政治过程中的权力、地位以及由此形成的政党相
互关系的模式，是诸如政党法、选举法、政治资金法与政党活动相关的各种
法律制度运作形式的总和。① 二战之后，日本在美国的主导下，实现了政治
民主化，确立了多党制的政治制度。然而，从 1955 年确立"1955 年体制"
到 1993 年"1955 年体制"崩溃，在长达 38 年的时间里，代表保守势力的
自民党一党独大，形成对政权的垄断，成为民主国家的一个特例。1993 年，
以细川护熙内阁为开端，日本政坛短期进入"非自民党"联合政府时期。
但随着 1996 年桥本龙太郎内阁的组建，日本政党政治重新进入以自民党为
核心的"联合政权时代"，直到 2009 年 9 月麻生太郎内阁垮台。可以说，

① 徐万胜：《冷战后日本政党体制转型研究——1996 年体制论》，北京：社会科学文献出版
社，2009，第 1 页。

战后半个世纪，日本所谓多党制的实质就是自民党"一党优位制"。与此同时，日本国内长期以来一直以美国的两大政党制为楷模，认为由两个保守大党通过相互角逐轮番执政是最为理想的政治模式。因此对两党制的探索和追求从未停止，无论是 1993 年细川护熙内阁结束"1955 年体制"，还是 1998 年民主党强势崛起，以至 2003 年众院和 2004 年参院选举中自民党、民主党力量此消彼长，都曾被寄予彻底打破自民党"一党优位"的厚望，最终却都以自民党政权的延续告终。

一 "1955 年体制"的崩溃

与国际关系研究领域的"冷战后"不同，日本政党政治的变化始于 1993 年 8 月细川内阁的成立。"1955 年体制"的崩溃，是日本政党政治进入"冷战后"的开端。

"1955 年体制"指的是日本政坛自 1955 年出现的一种体制，即政党格局长期维持执政党自由民主党与在野党日本社会党的两党政治格局。"1955 年体制"是以自民党"一党优位制"为基础，以保守与革新相抗衡为主要特征的政治统治体制，其本质内涵是自民党的"一党优位制"。冷战结束后，由于国际国内形势的发展变化，长期占据日本政党政治主导地位的"1955 年体制"日益遭到民众的不满。1993 年 8 月 9 日，日本新党、新生党、先驱新党、社会党、公明党、民社党、社民联和参议院民主改革联盟等七党一派，共同组成了以日本新党代表细川护熙为首相的"非自民党"联合政权，并以高达 71% 的民意支持率创下了当时历届内阁在"刚成立时的支持率"调查史上的最高纪录。细川扩熙组阁既表明"1955 年体制"的崩溃，也标志着日本的政党体制开始由"冷战"向"冷战后"转型。然而，无论是七党一派的"非自民党"细川护熙内阁，还是"改新会派"的羽田孜内阁，还是社会党主导的"社自先"村山富市内阁，"都不是集结在共同政见基础上的稳固政治集团"，而带有"临时政府"性质，虽然打破了持续长达 38 年的自民党"一党优位制"，却也终究不能长久。[①]

"1955 年体制"的崩溃有着深刻的国际、国内背景。冷战后国际格局的转变是"1955 年体制"崩溃的导火索，而 20 世纪 90 年代初期以来的"金权政

① 徐万胜:《冷战后日本政党体制转型研究——1996 年体制论》，北京：社会科学文献出版社，2009，第 11 页。

治"丑闻和自民党内部派系斗争则起到了加速"1955年体制"崩溃的作用。

（一）国际国内形势的影响

冷战时期，美国出于自身利益考虑，积极支持保守的自民党政权，与日本建立起稳定的同盟。但是，随着冷战的结束和苏联的解体，两国面对的共同敌人消失了，日美关系也发生了微妙的变化。日美在保持原来的同盟及伙伴关系的同时，逐渐变为经济上的竞争对手，两国之间的经济争夺和政治分歧日益公开化。向来标榜民主的美国非常希望在日本能够产生出美式的两党制，取代自民党"一党独大"的支配体制。美国对日政策的调整给执政的自民党带来了很大的外在压力。

此外，国际形势的巨大变化，使得以"冷战"时期以日本安全保障自诩的自民党失去了一个重要的合法性依托，过去紧随美国的政治形象如今成了累赘。另一方面，长期以来，日本右翼当中泛起了一股拒美爱国的新潮流，号称新右翼。这股思潮与日本国民中希望日本成为"正常国家"的情绪相呼应，也对自民党执政地位构成了一种社会心理和情绪上的不利因素。

（二）"金权政治"的丑闻

金权丑闻是一直伴随自民党长期统治的一个"顽症"。据统计，在自民党执政期间，全国关注的腐败大案就有20多起，均涉及自民党主要领导人，历届首相（总裁）中绝大多数都有贪污、受贿、逃税之嫌。20世纪50年代中期至60年代，发生了"岸信介丑闻"。岸信介凭借首相的权力与垄断公司相互勾结，从日本对亚洲一些国家的战后赔款中捞取巨额"好处费"。20世纪70年代，发生了令世界震惊的政坛丑闻——洛克希德事件。前首相田中角荣涉嫌在国家购买飞机的过程中收受飞机制造商洛克希德公司的5亿日元贿赂。此案涉及460人，田中角荣被判刑4年。1988年又发生了里库路特公司股票贿赂案，当时的大藏大臣、法务大臣等阁僚及竹下登首相纷纷辞职，前首相中曾根被迫退党。而最有影响并直接导致自民党丧失执政地位的是东京佐川快件公司贿赂案。1992年8月，素有党内"教父"称号的自民党副总裁金丸信非法接受"东京佐川快件公司"5亿日元的捐款。这一贿赂案暴露后，金丸信被迫辞去众议员职务，"告老还乡"，并花了3亿日元重修旧宅，希图安享晚年。但是，更大丑闻败露了。1993年3月，金丸信以偷税漏税数亿日元、违反所得税法的嫌疑被捕。检察当局在金丸信的办事处和住处查获的减价证券、金砖和现金，总计约67亿日元，由此引发了日本政坛的"政治地震"。层出不穷的腐败事件使自民党的政治形象一落千丈，加重了日本国民对政治的不信任感，1992 年底的一项民意调查表明，自民党政权的支持率从 1991 年的 54% 下降到 20%，而不支持率则由 24% 上升至63%。结果，在 1993 年 7 月的大选中自民党痛失政权。从某种意义上讲，自民党的下野是日本"金权政治"发展到一定程度所导致的必然结局。

（三）社会结构的变化

冷战后，由于科技革命与经济全球化迅猛发展成为一种世界性现象，它引发了社会结构的更深刻变化，日本也在其中。自民党的强大社会基础是农民和自我雇佣者，随着日本经济高速发展，大批农民进入城市，致使自民党存在的社会基础发生动摇。1960～1991 年，日本第一产业人口占就业人口总数的比率从 30% 降至 7%，而第二产业则从 28% 增至 34%，第三产业从42% 增至 59%。特别是新兴技术产业的发展，大力扩展了白领工人的范围和数量，使社会结构的多元化特征更加突出。由于进城的农民脱离了原来的选区，不再给自民党议员投票，自民党的得票率因此下降（自民党在众议院的绝对得票率从 1958 年的 46.75% 下降到 1983 年的 32.78%）。20 世纪80 年代，自民党迫于美国的压力，部分开放农产品市场，使农民蒙受重大损失，致使自民党在农村的统治基础发生动摇。虽然自民党及时调整了战略，在巩固农村旧有"票田"的基础上成功地实现了从农村向城市的战略转移，但是随后在 20 世纪 80 年代税制改革和消费税实行的影响下，自民党的都市战略前功尽弃。所以，从 20 世纪 80 年代末到 90 年代初，自民党的社会基础已处于完全动摇状态。

（四）自民党内部派系之争

泡沫经济崩溃使得自民党内部长期积累的问题与弊病借机充分暴露了出来，其中最为严重的就是自民党内部的派系问题。自民党的力量在一定程度上来自派系，但那是在财源充足的情况下，各派系利益均沾，还可以相安无事，而在泡沫经济崩溃、财源大幅减少、需要采取紧缩政策的情况下，自民党内的派系矛盾便充分暴露出来。自民党内部派系分为地方和行业或部门两大脉络，行业或部门在国会中的利益代表，称为"族议员"。面对经济困局，必须进行改革，而改革的实质就是削减某行业或部门的利益，或减少对地方派发的资源。无论哪种方法、哪种情况，都会有利益受损的一方。这直接导致了 1993 年自民党派系的分裂，并且使以后的十多年里不断演绎着自民党的分裂，这几乎成了 1993～2009 年自民党从单独执政转变为联合执政，最后到彻底丧失执政地位的主旋律。

二 冷战后日本政党体制的演变

纵观冷战后的历史，可以认为日本政党体制先后经历了"非自民党"联合政府时期、"1996年体制"、"2005年体制"、民主党执政时期的沿革，并随着由保守革新势力对峙向两大保守势力竞争的转变，逐渐呈现出由民主、自民两大保守政党竞取政权的两大政党制趋势。

（一）"非自民党"联合政府时期

1. "非自民"（1993年8月至1994年6月）

自民党下野以后，日本国内各政党便围绕着大选之后的政权组建而展开了激烈竞争。显然，作为众矢之的的自民党是被排除在外的。1993年7月29日，除共产党外的所有在野党——社会党、新生党、日本新党、公明党、民社党、先驱新党、社民联以及参议院中的民主改革联盟建立起八大党派联合体，就建立非自民党联合政权达成一致意见，决定推荐日本新党代表细川护熙为首相候选人。1993年8月6日，在日本特别国会的首相选举中，细川护熙以262票的微弱优势击败自民党对手河野洋平，当选为第79任首相。至此，长期执政的自民党下野，为多党联合政府所取代，"1955年体制"至此寿终正寝。这次日本政治的变革是日本统治阶级为了摆脱政治腐败，所做的一次自我政治改良的尝试。1993年政治体制变革的实质是，新旧保守势力之间的政权易手，新保守政治取代了传统保守政治，政权的性质没有改变，日本政治从"保革对立"进入"保保竞争"时代。

随着时间的推移，联合政权内部的政策分歧与权力争夺趋于表面化，特别是先驱新党党首武村正义和新生党代表干事小泽一郎二人的政治主张相距甚远。1994年2月，细川首相在小泽的支持下，曾一度宣布将课征7%的国民福利税，但遭到武村的反对及社会党的抵制而被迫撤回；1994年3月，细川首相迫于小泽的压力，试图通过改组内阁来免去武村的内阁官房长官之职，结果又遭到社会党、民社党和先驱新党的强烈反对而被迫放弃。细川政府由于"众口难调"，各党政治主张难以统一，因此，联合政府很快就出现危机。1994年4月8日，细川首相因涉嫌1986年在东京佐川快递公司贿赂案件的政治丑闻，而在临时内阁会议上宣布辞职，至此，细川内阁破产。

1994年4月25日，由联合执政各党派推选的新生党党首羽田孜以274票对207票的优势战胜了自民党总裁河野洋平，成为日本第80任总理大臣，4月28日，作为国会少数派内阁的羽田内阁成立。由于社会党和先驱党的退出，联合组阁的执政党阵营只拥有众议院 511 个议席中的 182 席，占 1/3 稍强，远达不到在众议院通过预算、制定法律所需的 256 个过半数席位；在参议院只占 252 个议席中的 62 席，不到 1/4。相反，自民党和社会党在众议院的席位合计已超过 300 席。这意味着羽田内阁成立伊始便"先天不足"。果然，好景不长，羽田首相在位仅两个月便在自民党和社会党的两面夹击下被迫宣布辞职。

2. "社自先"（1994 年 6 月至 1996 年 11 月）

1994 年 6 月 30 日，村山富市内阁正式成立。在村山内阁中，社会党、自民党、先驱新党组成"社自先"联合框架，自民党占据 13 个阁僚位置，社会党占据 6 个（包括首相），先驱新党占据 2 个。村山内阁的诞生，既是自战后初期片山内阁以来再次组成的以社会党为首的内阁，也是自民党下野 10 个月后重新执掌政权。冷战期间曾严重对立的自民党、社会党，如今却联手组建新政权，表明日本各种政治力量为了掌握政权已不惜超越意识形态和党派政见进行重新分化组合，寻求新的"定位"，从而使日本政局进入"保革携手"（保守势力和革新势力相联合）的新时期。

同前两届政权一样，村山内阁仍带有浓厚的"过渡政权"色彩。村山内阁成立以后，日本各政党分化组合更加频繁，1994 年 10 月底，日本新党解散，11 月中旬新生党解散，12 月初公明党一分为二，民主党不久也宣告解散。这些变化都严重动摇着刚刚诞生的脆弱的村山政权。另外，为了与"社自先"执政党阵营相抗衡，1994 年 12 月 10 日，由日本新生党、公明党、民社党、改革之会等 9 个在野党派共同组建了"新进党"。新进党笼络了 200 多名国会议员，成为仅次于自民党的第二大政党，初步形成了与村山政权相对抗的局面，构成了对村山政权的严重威胁。由于村山内阁是在自民党"忍辱负重"、让出议席、同意社会党上台的背景下建立的，所以执政以来基本上形成了一种"社会党在前台表演，自民党在幕后操纵"的局面。面对这种"傀儡式"的政治生活，村山感到疲倦和无奈。同时，由于自民党不断积蓄力量，大有再次问鼎之势，所以 1996 年 1 月 5 日，村山辞去首相职务。1 月 11 日组成了以自民党总裁桥本龙太郎为首相的联合政权，至此，进入了以自民党为主导的多党联合政权时代。

（二）自民党主导、多党相制衡时期

1996 年以来，经过多轮选举后，自民党确立了以自民党为核心的多党联合执政。先后历经了"自社先"、"自自公"、"自公保"以及"自公"等联合政权的框架形式。

1. "自社先"与桥本龙太郎内阁

1996 年 1 月 11 日，由自民党、社会党和先驱新党联合推举的桥本龙太郎以多数票战胜了在野的新进党党首小泽一郎，当选为日本第 82 任首相。桥本内阁上台伊始，对外加强日美同盟关系，对内则着力解决"住专"① 金融呆账问题。

1996 年 9 月 28 日，菅直人、鸠山由纪夫等人宣布建立民主党，形成了所谓的"鸠菅体制"，成为与自民党、新进党等老保守势力相抗衡的"第三势力"。1996 年 10 月 20 日，在首次采用新选举制（小选区比例代表制）的众议院大选中，自民党在众议院 500 个议席中获得 239 席，比选举前增加了 28 席，虽未超过半数所需要的 251 席，但稳住了第一大党的地位。社民党、先驱新党由于跟随自民党而惨败，仅获 15 席（减少 15 席）、2 席（减少 7 席），从此，社民党彻底失去了其日本第二大党的地位，先驱新党逐渐消亡；另外，新进党的议席也减少 5 个（获 156 席）。大选以后，针对自民党的共同组阁要求，社民党和先驱党决定采取"阁外合作"的方针。

1996 年 11 月 7 日，日本第 138 届特别国会上，自民党总裁桥本龙太郎以 262 票的微弱优势连选连任，当选为日本第 83 任首相。第二届桥本内阁成为议席未过半数的自民党一党单独政权，自民党重新领导日本政坛，日本政界进入保守势力主导的新阶段。

1997 年 12 月 10 日，日本第二大党——日本新进党由于内部重重矛盾，不得不宣告解散，又引发了日本政坛的大重组。最终新进党分裂为自由党（小泽一郎为党首）等 6 个部分。1998 年初，国会里的大小政党达 14 个之多，随后各政党再度向"合"的方向演变。经过一番分化组合，日本的政党由"1955 年体制"时的自民党、社会党、公明党、民社党、共产党、社民联六大政党转化为自民党、民主党、公明党、自由党、共产党、社民党。至此，日本政局中政党的分裂、重组、合并告一段落。

第二届桥本内阁打出"六大改革"的旗号，即行政改革、经济结构改革、金融体制改革、社会保障结构改革、财政结构改革、教育改革。由于财

---

① "住专"全称"住宅专业金融公司"，"住专问题"是指日本的 7 家住宅金融专业公司为牟取暴利，利用城市银行、证券公司等 300 多家金融机构的资金向房地产业大量放贷，从而产生了 8 兆日元的巨额风险债权。1995 年年底，日本政府决定从 1996 年财政预算中拨款 6850 亿日元，用于为"住专"填补亏空。

政体制改革导致了严重的金融危机，日本经济在 1997 年、1998 年连续两年出现负增长。迫于严峻的经济形势，1998 年 4 月，桥本内阁发表了迄今为止规模最大的、总额为 16.65 万亿日元的综合经济对策，并决定推迟实施财政改革。在 1998 年 7 月 12 日举行的参议院选举中，自民党因国民对经济不景气的强烈不满而遭到惨败，桥本首相为此引咎辞职。

2. "自自公" 与小渊惠三内阁

1998 年 7 月 30 日，以小渊惠三为首相的自民党新内阁成立，小渊首相将该届内阁定位为 "经济振兴内阁"。1999 年 11 月，小渊内阁宣布实行振兴经济对策，重点是支援中小企业和风险企业，推行以 IT 革命为中心的公共建设。除振兴日本经济以外，小渊内阁还面临着促使国会通过 "新指针" 相关法案、巩固自民党政权等重大课题。1999 年 1 月 14 日，小渊首相第一次改组内阁，与自由党共同组建 "自自联合" 政权。并以 "拼凑人数" 的方式，历时 207 天，在第 145 届国会共通过了 110 项议案，内阁提议案的通过率高达 88%，本届国会也因此成为战后成绩最为辉煌的国会之一。1999 年 10 月 5 日，小渊首相第二次改组内阁，又将公明党拉进来共同组建 "自自公"（自民党、自由党、公明党）联合政权。在 "自自公" 联合政权成立后的第 146 届临时国会上，小渊内阁共向临时国会提交 74 项议案，全部获得通过。

在以自民党为主的多党联合政权维系一年多以后，以小泽为首的自由党与自民党、公明党之间的政策分歧不断加深。2000 年 4 月 1 日，自民党总裁小渊惠三、自由党党首小泽一郎、公明党代表神崎武法等举行会谈。会谈结束后，小渊首相表明将不再与自由党联合执政。4 月 2 日凌晨，小渊首相因患脑血栓紧急住院。4 月 4 日，小渊内阁因首相患病无法履行职责而宣布集体辞职。

3. "自公保" 与森喜朗内阁

2000 年 4 月自由党发生分裂后脱离联合政权，以自民党总裁森喜朗为首相的 "自公保"（自民党、公明党和保守党）联合政权成立。同小渊内阁一样，森喜朗内阁所面临的重大课题依然是如何振兴日本经济及巩固自民党政权。然而，日本经济形势不但没有好转，反而进一步恶化。2000 年，日本破产企业的负债总额已高达 25.98 万亿日元，创下了战后最高纪录；长期国债高达 666 万亿日元，日本成为发达国家中负债最为严重的。此外，森喜朗内阁在执政期间又因为森喜朗首相多次 "失言" 及政治丑闻而危机不断。

执政仅一年的森喜朗内阁，可以用"风雨飘摇、险情不断"来形容。期间，森喜朗内阁的支持率长期徘徊在 15% 以下，且先后三次被在野党提出内阁不信任案，故被日本媒体称为"超低空飞行"的内阁，这在战后日本宪政史上也是较为罕见的。2001 年 4 月 6 日，在社会舆论、在野党以及自民党内的强大压力下，森喜朗首相不得不宣布提前下台并举行自民党总裁选举。

4. "自公"与小泉纯一郎内阁

2001 年 4 月 24 日，小泉纯一郎在自民党总裁选举中以 298 票对 155 票的绝对优势，击败了竞争对手桥本龙太郎而当选为总裁。第一届小泉内阁依旧由自民党、公明党、保守党三党组成。但是，在 2003 年大选后的 2003 年 11 月 10 日，"保守新党"因在大选中惨败而决定解散后并入自民党。这样，成立于 2003 年 11 月 19 日的第二届小泉内阁便由自民、公民两党组成。在内政领域，推行"结构改革"是小泉内阁的基本施政纲领，作为推行财政结构改革的重要手段以及实现经济结构改革战略的重要步骤，特殊法人改革是小泉内阁推行"结构改革"的重点和难点。一方面，在外交领域，小泉内阁将强化日美同盟作为日本外交的基轴，大力推行对美追随外交。另一方面，出于日本国内政治的需要和错误的历史认识，小泉首相于 2001 年 8 月 13 日、2002 年 4 月 21 日、2003 年 1 月 14 日、2004 年 1 月 1 日、2005 年 10 月 17 日、2006 年 8 月 15 日连续参拜靖国神社，使中日关系的发展严重受阻，双方首脑互访事实上一直处于停顿状态。

2001 年上台的小泉纯一郎以其特立独行的作风和诱人的改革口号在国民中积累了高人气，一度挽救了自民党。他的邮政民营化改革口号甚至帮助自民党在大选中获得压倒性胜利。然而 4 年来，小泉改革的承诺没有完全兑现。并且，由于改革损害部分阶层的利益，以往与自民党关系密切的这些阶层的组织和团体开始离自民党而去，自民党原有的支持基础大大削弱。

（三）自民党"一党优位制"的重现

2005 年 9 月 13 日，日本举行 43 届众议院选举，自民党赢得了 296 个席位，而执政联盟的席位为 327 席，超过议席总数的2/3。这是自民党时隔 15 年以后，重新赢得超过众议院半数的席位。此次大选后，自民党的"一党优位制"以新的形态重现，因其有别于"1955 年体制"，是一种新的形态，因而被称为"2005 年体制"。

（四）民主党执政

自 2005 年自民党执政以来，日本先后经历了全球高粮价、高油价带来的物价上涨及全球金融和经济危机的打击，国民生活水平下降，国民对自民党政权极为不满。

2009 年 8 月 31 日，日本第 45 届众议院选举投票结果揭晓，这次选举是 2005 年 9 月以来日本第一次众议院选举，1300 多名候选人将角逐 480 个议席。长期执政的自民党只获得 119 席，不足众议院总数 480 个议席中的 1/4，自民党全面败北，而民主党大获全胜。民主党获得 308 席，大幅超出单独组阁过半数所需要的 241 席。2009 年 9 月 16 日，民主党代表鸠山由纪夫当选为日本第 93 任、第 60 位首相，并组成民主党、社民党、国民新党联合执政的鸠山内阁。这个结果意味着民主党成为自 1955 年自民党成立以来第一个取而代之的在野党，自民党在战后长期的政治历史中，首次作为众议院中的少数党而失去政权。民主党上台改变了自民党长期执政的局面，实现了政权交替，也给日本人民带来两大期望：一是日本实现两大党轮流执政的局面，二是日本外交的自主性增强。但是，新政权还未站稳脚跟，首相鸠山由纪夫就于 2010 年 6 月被迫辞职。

2010 年 6 月 4 日，日本执政的民主党新代表（党首）菅直人在国会参议院首相指名选举中当选新一任首相。菅直人与鸠山由纪夫、干事长小泽一郎一起被视为民主党的"三驾马车"。在内阁成员方面，通过起用与小泽一郎保持距离的议员，使民主党政府的形象焕然一新，菅直人称新内阁为一支"奇兵队"。菅直人在记者会上就经济运营表示："将把强大经济、强大财政和强大社会保障作为一个整体加以实现。"他指出，为了恢复财政健康，"现在就有必要进行跨党派讨论"。此番发言可能是考虑到自民党对民主党的育儿补贴等政策所提出的"撒钱"的批评。

2011 年 3 月，风雨飘摇的民主党政权开始面临垮台的危机。而危机的导火索依然是困扰民主党的政治资金丑闻。3 月 6 日，日本外相前原诚司宣布辞职，因其接受韩国籍烧烤店老板 20 万日元献金，违反了日本政治资金规正法中禁止接受外国人政治捐款的规定。前原的辞职对支持率已经跌到不足 20% 的菅直人政权来说是一个沉重打击。前原以政治清廉自诩，在日本塑造了良好的政治形象。菅直人的上台也仰赖前原派 50 多名议员的支持，菅直人上台后投桃报李，任命前原派的仙谷由人为官房长官。前原还是菅直人在民主党内打击小泽一郎的一个主推手，因此前原派的退潮会增加小泽派系在民主党内的权重。

前原刚刚辞职，菅直人自己也发生了政治资金丑闻，菅直人这几年接受了一名韩国籍人士 104 万日元的政治献金。但他解释称不知道捐款人是韩国国籍，并表示将全额返还。菅直人说："今后将为工作竭尽全力，希望得到大家的谅解，但不会因此辞职。"前外相前原诚司因接受韩国人的政治献金而引咎辞职，菅直人也必定难逃在野党的严厉追究，此事可能会使他面临下台危机。根据日本媒体的舆论调查，70% 的选民称菅直人应在 7 月前辞职，辞职后应立即举行大选。2011 年 3 月到 4 月是政府财政预算的关口，也是统一地方选举的选举期，刚刚结束的名古屋议会选举，民主党惨败，日本减税党成为爱知县第一大党。所以，菅直人很有可能在 4 月份民主党统一地方选举失败后辞职。但是 2011 年 3 月 11 日下午发生的日本东北部特大地震，却将全日本的焦点从菅直人政府收受政治献金一事转移开来。这场里氏 9 级地震引发了巨大的海啸，给日本东北沿岸地区造成严重的破坏。震后不久，日本朝野政党立即表明了以救人、救灾为第一要务的合作姿态，菅直人的下台危机，暂时得以避免。在抗震救灾的大义名分下，日本反对党开始谨慎言行，放松对菅直人的政治压力。

三 冷战后日本政党体制转型的特征

（一）总体上趋向保守化

冷战后的日本政党的总体保守化是一个过程，是指日本的各主要政党的政策和执政理念趋同于保守政党自民党的过程，因此也可以称为日本政党的"自民党化"。

首先，表现为保守政党力量的回归、革新政党的衰落及"中道"政党的保守化。"1955 年体制"崩溃后，日本保守政党自民党结束了其长达 38 年的执政，同时，自民党也"裂变"为传统保守势力与新保守势力，完成了保守政党系统功能的扩大，保守政党力量重新回归。新保守势力通过在多党联合政权中的功能整合，实现了"新进党"和"民主党"的崛起。从整体上来看，日本保守政党完成了从"裂变"到"聚合"的过程。日本的革新政党在自民党丢掉政权之后并没有抓住机会壮大自己的势力，相反却日渐衰落。社会党放弃原有的意识形态取向，与保守政党组成联合政权，实行政策的"自民党化"，逐步趋同于保守政党的执政理念，并完成了向社民党的转变。日本共产党在坚持革新政党的原则下也随着政治环境的变化对政策进行了调整。"中道"政党公明党的政策严重右偏，与保守政党组成联合政权之后，政策和执政理念越来越保守化。由上述表现可见日本政党的保守化是日本政党的大势所趋。

其次，从冷战后日本政党政治的几次大的变动上看，保守势力始终占据政坛主导地位。1993 年 8 月细川内阁的第一届联合政权是由八大党派联合体组成的，而这个联合政权是以与自民党"同根"的新生党、日本新党和先驱新党为代表的新保守势力迅速崛起为主要特征的。新生党、日本新党和先驱新党都是从自民党脱离出来的，自然是保守政党。从趋势上看，只不过是新保守势力取代了传统保守势力。细川之后的羽田内阁，仍然是保守势力执掌政权。而村山内阁的成立，实际上则是保守势力与革新势力妥协的结果，一方面是自民党为了重新成为执政党，暂时同意由社会党领导人任首相，另一方面是社会党多次调整其政策，淡化革新色彩，逐渐趋向保守。如在关于宪法、自卫队等防务问题上，社会党从反修宪、主张"非武装中立"转变为支持修宪、自卫队合乎宪法、应不断扩充军备，等等。至于桥本龙太郎内阁，由于桥本本人组阁前就已任自民党总裁（1995 年 9 月），所以从性质上看其政权当然是保守政权。1996 年 11 月大选后自民党主导政坛，"保守回归"执政战略完成。而桥本之后的小渊内阁、森喜朗内阁、小泉内阁则继续着这种保守政权。

（二）政治日益右倾化

日本政党保守化现象是冷战后日本政治的一个突出表现，直接影响了日本政治全面的保守化和右倾化。所谓政治"右倾化"，是指右翼保守势力逐渐占据主导地位并影响政策决定的一种倾向。日本政治右倾化是保守政党将其保守主义执政理念通过立法程序转变为国家意识和政策的行为或过程，是执政的保守政党理念转变为国家意志和政策的具体体现。日本政治右倾化表现为修改和平宪法、否定侵略历史、日本政要屡次参拜靖国神社等。

1. 修改和平宪法

长期以来修宪一直是日本政治右倾化在国内政治领域的重要表现。日本修宪的目的是要修改早已被日本政府视为阻碍其向外"发展"的和平宪法第九条。20 世纪 90 年代以来，日本自民党、自由党联合其他党派成立了"国会议员推进宪法调查同盟"，主张在国会内设立常任委员会研究调查改宪事项。尽管这一主张因民主党、公明党和改革俱乐部等政党内护宪派的反对而未付诸实施，但这一主张的实质却由小渊内阁以法律的形式固定下来。1994 年 11 月 3 日《读卖新闻》发表了《读卖宪法改正试案》，并将现行宪法第九条中的"永远放弃作为国家主权发动的战争"，"不保持海陆空军及其他战争力量"改为"永远不承认作为国家主权发动的战争"和"能够拥有自卫组织"。中国学者王金林先生就此分析说："'放弃'和'不承认'的概念是完全不同的。'放弃'意味着不拥有一切武装，不发动一切战争；而'不承认'则意味着日本国民不承认作为国家主权发动的战争，同时可以承认拥有'自卫的'军队、'自卫的'武器和'自卫的'战争"。其实，尽管日本修改宪法暂时还没有以法律条文的形式确定下来，但90年代以来通过的PKO法案、新《日美防卫合作指导方针》相关法案、"反恐三法案"、《伊拉克重建支援特别措施法》等一系列行为，早已把和平宪法的精神实质架空、和平灵魂抹杀得荡然无存。这些法律的成立意味着日本的和平宪法已经名存实亡，修改宪法已经成为一种不可避免的趋势。

2. 否认侵略历史，为侵略战争翻案

冷战后，日本国内否认、美化侵略历史的活动频繁出现。日本政界、学界不断有人公然为侵略历史翻案。进入20世纪90年代以来，以石原慎太郎、永野茂门、樱井新等为代表的日本政要，矢口否认"南京大屠杀"、否认日军侵略行为的言论频频见诸报端，并有扩大化、公开化的趋势，甚至形成日本政要在历史问题上搞"失言外交"的怪现象。1994年5月3日，刚刚经历了内阁变动而立足未稳的羽田孜内阁法务大臣、新进党议员永野茂门就在《每日新闻》发表谈话时说"南京大屠杀是捏造出来的"，称"把太平洋战争说成是侵略战争是错误的"。他认为日本的行为"目的不是侵略，而是为了解放殖民地，建立（大东亚）共荣圈"。① 1994年8月12日，村山富市内阁环境厅长官、自民党议员樱井新又为日本的侵略战争进行辩解。他宣称，"日本进行太平洋战争并不是出于侵略目的"，那时日本"是从好意出发，却惹了麻烦"。1995年，日本战败投降50周年，日本民间右翼势力组织了"终战50周年国民委员会"，反对国会通过"不战决议"。1995年2月，永野茂门伙同一些自民党议员组成"正确认识历史议员联盟"，公开反对日本以任何形式的谢罪，说"不战决议将使日本永久被贴上残忍民族的标签"。1995年6月，"终战50周年国会议员联盟"在东京举行紧急会议，要国会在决议中不能使用"侵略"、"殖民统治"、"反省"和"领土扩张"等词句。1995年8月9日，文部相岛村宜伸在记者招待会上拒绝承认日本侵略战争史，说是不是侵略战争，"是一个思想方法问题"。同时，奥野诚

---

① 林家恒：《战后日本篡改教科书原因之剖析》，《闽江学院学报》2001年第1期。

亮在接受记者采访时声称："日本发动的大东亚战争是为了解放白人殖民地"，"是自卫战争"。1995 年 8 月 15 日，桥本龙太郎等 8 名内阁阁僚参拜了靖国神社。桥本在出任自民党总裁之前，长期担任"日本遗族会"会长和自民党"大家都来参拜靖国神社国会议员会"的会长，还担任了"终战50 周年国会议员联盟"的顾问。他每年平均 3 次以官方身份参拜靖国神社。同年 8 月份，由包括桥本在内的自民党 105 名国会议员组成的"自民党历史研究委员会"编辑出版了《大东亚战争的总结》一书，发给每个自民党议员，人手一册，作为"理论武装"的工具。1996 年 8 月 16 日，日本自民党总务会上讨论教科书，审定教科书中载有南京大屠杀、卢沟桥事件和"慰安妇"等史实时，蒲田胜说南京大屠杀事件是"谎言"，并说"为了日本国民，为了未来"，要"戳穿谎言"。2003 年 5 月 31 日，小泉首相在圣彼得堡同胡锦涛主席会谈时，更将日本侵华历史表述为"日中有过一段对立的时期"，2003 年 10 月 28 日，小泉表示，即使不进行日中高层互访，也要坚持参拜靖国神社。安倍首相也曾否认侵略历史，在是否继承"村山谈话"以及对侵略战争的历史评价和战争责任的认定上含糊其辞，在历史认识和参拜靖国神社问题上采取"模糊策略"。中国政府和民众强烈反对参拜靖国神社，而包括首相在内的日本政要偏偏要将其作为民族英雄来参拜，并且要经常化和制度化，这种现象成为中日关系中历史问题的典型写照。

由此可见，冷战后，许多日本政要都通过这些篡改历史、否认侵略的行为来掩盖历史本来面目，提高日本的国际地位，达到其实现政治大国的目的。

3. 参拜靖国神社，日趋右倾化

靖国神社一直是日本右翼势力鼓吹军国主义的大本营，每年"8·15"日本战败日，日本右翼势力都通过参拜靖国神社活动，美化侵略战争，宣扬军国主义思想。官方参拜靖国神社始终是敏感的政治问题。其原因：一是靖国神社与日本军国主义和对外侵略史有着密不可分的关系，特别是其中供奉着东条英机等 14 名甲级战犯及 1000 多名乙丙级战犯，首相参拜意味着对侵略历史的肯定，这不仅与日本宪法中的"和平主义"原则相违背，而且必然会引起世界人民和日本国民对军国主义复活的不安。二是战后根据盟军的要求，日本实行"政教分离"，靖国神社已和国家脱离关系，成为普通的宗教法人。日本宪法规定："国家及其机关都不得进行宗教教育以及其他任何宗教活动。"因此，首相前往宗教设施并以宗教仪规参拜神灵，与日本宪法的"政教分离"原则也是明显不符的。1996 年 1 月，桥本龙太郎作为首相在参议院会议回答日本共产党议员的提问时承认："我国的殖民统治和侵略给许多国家，特别是亚洲、太平洋地区的国家带来了很大的损害和痛苦，这是事实，对此我们必须承认，并在深刻反省的基础上为世界和平与繁荣作出贡献。"① 然而不久，他却自食其言，于 1996 年 7 月以首相身份参拜靖国神社，这种言而无信的做法受到国际舆论的强烈谴责。曾任日本首相的小泉纯一郎作为首相曾 6 次参拜靖国神社，小泉的参拜可谓在日本政治史上和日本外交史上留下了浓重的一笔。面对中韩等亚洲国家政府和人民的强烈抗议，小泉反复强调："参拜靖国神社是个人心灵问题，外国政府不应连'心灵问题'也要介入，当成外交问题处理，令人难以理解。"② 总是说这是个人的信念，自己会做出适当的判断。小泉的意图是在进行参拜的同时，保持与周边国家的关系，让参拜"正常化"，使周边国家吞下这枚苦果。"适当的判断"里面蕴含了小泉无限的政治思维。

4. 竭力发展军事力量，妄图成为军事大国

冷战结束以来，日本军事力量得以迅猛发展，其军事战略也几经调整。但由于受制于和平宪法并担心受到世界舆论谴责，日本每一次军事动向和变革似乎都有其"充分的"根据和理由。1998 年的《日美防卫合作指导方针》、1999 年的《周边事态法》等都是在各种借口下出台的，尤其是 1998 年 8 月朝鲜发射卫星后，日本有关方面对此大做文章，认为朝鲜"导弹"将威胁到日本国土的安全，并由此推出结论：日本单靠"专守防卫"已难以保障其国家安全。日本在其《2000 年防卫白皮书》中继续宣称日本面临着多元威胁并再一次大肆散布"中国威胁论"。新《日美防卫合作指导方针》等相关法案的通过，改变了过去"专守防卫"的政策，突破地区防卫界限，将整个亚太地区涵盖在日本的防卫范围之内。

第四节　冷战后日本政治改革及其影响

20 世纪 90 年代以来，日本进行了一系列的政治体制改革，这些改革的

---

① 梅朝荣：《拜鬼——日本政要为战犯招魂》，http://culture.people.com.cn/GB/40472/68631/68720/4656400.html。

② 《参拜靖国神社是亡国之道——日本舆论批驳小泉辩解》，2006 年 3 月 4 日《浙江日报》第 4 版。

目的是重新界定各种政治主体在政治过程中的权力与地位以及相互间的关系，这可以说是全方位、立体化的。

一 日本政治改革的背景

构成日本改革背景的因素，除严重的财政危机外，政府主导经济发展模式所带来的行政官僚腐败以及不能适应全球经济一体化的局面是其最为主要的原因。日本虽然被认为是自由资本主义的国家，但事实上充满了管制，许多事都要由政府核准执照才能做。这种管制一方面会引起官僚腐败，另一方面也是吸引外资与国际化的障碍。20 世纪 70 年代以前，无论是官僚腐败，还是市场封闭，均不太严重，因为在经济高速发展时期，行政官僚的政策空间和民间企业的经济活动空间均有较大的回旋余地。因此，双方正常性的交往就可以满足各自不同的需求。但在经济低速增长或负增长时期，政策空间和活动空间均呈现急剧缩小趋势，竞争的激烈化迫使企业采取非正常的手段，即通过拉拢或收买拥有指导权限的政府官员的方式获得更多的资源和市场份额，造成政府官员的腐败。另外，各省厅为维护自己的权限，往往成为负责监督的那些社会团体的保护人，而不管他们在经济上是否有存在价值。20 世纪 90 年代以后的金融危机与长期以来政治家、官僚、业界领袖之间的暗中利益交换有密切关系，结果以金融证券业、流通、不动产为中心的第三产业在政府的保护下，丧失了它们的进取精神和竞争能力，只是热衷于暗中协商等不正当竞争行为。

二 日本政治改革的目标

20 世纪 90 年代以来的日本政治体制改革，其最终目标就是要建立适应 21 世纪全球经济一体化要求的新政治体制。改革政策的制定大致分为三个阶段，每个阶段都有具体的目标。

第一阶段，1994 年围绕选举制度为中心而展开的政治改革。1994 年日本国会通过了"政治改革关联四法案"（即《公职选举法》、《政治资金规定法》、《政党助成法》、《众议院议员选举区划定审议会设置法》），标志着日本历经 6 年作为政治改革之一环的选举制度改革宣告结束，并由此揭开了日本政治制度新的一页。①

_____

① 宋长军：《日本新选举制度与政治改革》，《当代亚太》2000 年第 3 期。

"政治改革关联四法案"中，选举制度改革是至关重要的。它是政治改革的基础和核心。选举制度改革的主要对象是众议院议员选举制度，从发挥政治作用的视角来看，国会议员特别是众议院议员选举是至关重要的。因为日本实行的是"跛行"的两院制。根据日本国宪法，众议院有 4 项优越制度：一是法律的制定。须经众议院通过而由参议院作相异决议之法律案，如在众议院由出席议员 2/3 以上多数再行通过时，即成法律（日本国宪法第59 条）。二是内阁总理的提名。众议院与参议院曾作相异之提名决议时，两议院依法律规定开协议会。意见仍不一致时，或众议院作提名决议后，除国会休会期间外，10 日以内参议院如不作提名决议，即以众议院之决议为国会决议（日本国宪法第 67 条）。三是预算的通过。参议院与众议院作相异决议时，则依法律规定开两院协议会。意见仍不一致时，或参议院接到众议院通过之预算后，除国会休会期间外，在 30 日以内如不作决议，即以众议院之决议为国会决议。四是条约的缔结。与预算的通过程序相同。

第二阶段，1996 年桥本内阁的行政改革。桥本内阁为推进行政改革，还专门成立了"行政改革会议"。日本的政治改革转入以行政改革为主的新阶段，其核心是中央省厅的改革。而从"官僚主导型"决策体制向"政治主导型"决策体制转变则成为日本中央省厅改革的首要目标。此外，这次改革是重新界定政党与民间以及中央与地方之间的关系，具体目标包括：通过中央行政机构的重新组合，在减少省厅数目的同时削弱行政机构权限；通过放宽限制和整理特殊法人减少政府的权限与经济职能；通过地方分权发挥地方自治体与民间企业的主观能动性和活力；通过制定《信息公开法》增加行政机构的工作透明度；为适应削弱政府权限而减少国家公务员数量、改革政府咨询机构审议会、完善政府人事管理制度、改革行政程序、行政信息化等。

第三阶段，小泉纯一郎的结构改革。小泉结构改革主要有以下几个方向：（1）民营化和规制缓和。民间能做的就交给民间，使特殊法人走向民营化或是废除。（2）强化竞争机制。调动个人与企业的潜在能力，对于股票投资与创业给予租税优惠。（3）强化保险机能，照顾每一位国民，实行社会保险号码制度，推动医疗服务效率化。（4）鼓励智慧创收。重点提升生命科学、情报技术、环境、纳米技术等 4 个领域的竞争力。（5）加强地方自治体的活力。推动基层地方机关（市町村）的合并与重组，解决地方财政问题。（6）改革财政。形成简单、朴实、有效率的政府，国债发行不超过 30 兆日元。

三　日本政治改革的内容

冷战后日本的政治改革涉及选举制度、立法机关、司法制度、政府工作机构、人事制度、中央政府与地方政府关系等若干方面的改革，但主要体现在选举制度改革、行政改革、结构改革三方面。

（一）选举制度改革

1. 改革进程

1993 年 8 月 9 日刚刚成立的八党联合政权细川内阁，在 9 月 17 日便向国会提交了"政治改革关联四法案"，国会两院最终于 1994 年 1 月 28 日通过了《公职选举法修正案》、《政治资金规定法》、《政党助成法》以及《众议院议员选举区划定审议会设置法》四法案。1994 年 6 月 30 日成立的村山内阁继续进行政治改革，于 11 月 21 日通过了政治改革法案，即《小选区划分法案》、《政党法人资格法案》及《防止腐败法案》，同时规定《小选区划分法案》从 1994 年 12 月 25 日开始实施。这次政治改革的目标是通过选举制度的改革，重新界定政党与选民之间以及政党之间的关系。打破僵化的战后政治体制，扭转政治家、官僚、财界的三角同盟关系使政治腐败现象层出不穷的局面，形成建立在政策之争基础上的竞争性政党政治。[①]

2. 新选举制度的内容

1994 年的"小选举区比例并立型选举制"的基本内容如下[②]：第一，在选区制方面，将众议院议席总数由原来的 511 席减少为 500 席。其中，将全国划分为 300 个小选区，每个选区产生 1 名众议员；同时将全国再分为 11 个大选区，以比例代表制方式产生其余的 200 名众议员。第二，在投票方式上，实行记号式两票制。选民在一次选举中同时投两张选票，小选举区的一张选票写上候选人的名字，比例代表选区的选票写上政党的名称。第三，实行重复候选人制度。所谓重复候选人是指在小选举区落选的候选人在比例选举区根据在原小选举区的"惜败率"重新当选，被称之为"复活当选"。在小选举区落选者，由于其在党内的地位按照排名顺序在比例代表选区重新当选。但若其同时当选，则以小选区为先。第四，选举日期缩短。1980 年的众议院选举总共持续 20 天，1990 年减少到 15 天，1993 年减少到

---

① 〔日〕并河信乃：《行政改革》，东洋经济新报社，1997，第 23 页。
② 刘洪钟：《冷战后日本社会转型》，沈阳：辽宁大学出版社，2007，第 45 页。

14 天，1996 年仅为 12 天。第五，有效票数的限制。在小选举区，得票最多的当选。然而，如果没有达到有效票数的 1/6 则不能当选。第六，强化连坐制。所谓连坐制，就是说与候选人有一定关系的人一旦在选举中违反有关规定，候选人当选无效。

3. 对"小选举区比例代表并立制"的修改

1995 年 12 月，日本国会通过决议，在投票方式以及议席数等方面也作了修改，将记号式重新改为由选民自己填写候选人或政党名字的自书式。

1996 年 10 月 20 日，日本举行了新选举制度下的首次大选，结果投票率创下了历史最低点 59.65%。为了从技术上提高选民的投票率，日本国会于 1997 年又对《公职选举法》作了若干修改，包括延长投票时间以及对旅行和休闲中的人群投票权的认可。1998 年又规定在国外的日本人也享有投票权。

2000 年 2 月，日本国会通过《公职选举法修正案》，对选举制度进行如下修改：第一，将比例代表选区议席数削减为 180 席，众议院总议席变为 480 席。第二，原有比例代表区人数削减 20 人，即实行小选举区 300 人、比例代表选举区 180 人混合选举制度。第三，小选举区没有获得有效得票总数 1/10 的候选人，即使在比例代表区成为重复候选人也不能当选。第四，投票时间延长 2 小时，原则上从上午 7 时至下午 8 时。第五，首次在比例代表区实行海外有权者的投票制度。①

新选举制度具有两个重要特征：一是以小选举区为核心；二是比例代表区划分选举区过多，丧失了比例代表选举区的意义。由此造成的结果是整体呈现小选举区特征。小选区多数选举制有两个长处：第一，简单易行。选举时要求选举人将选票投给具体的候选人而不是投给一份候选人名簿，选举人只将自己的票投给一名候选人，程序简单，计算选票和分配议席时只需按绝对多数或相对多数计即可，算法也简单快捷，选举人也易于了解候选人。第二，一般认为小选区制可能形成稳定的多数党政权。因为小选区制一个选区只选出一名候选人，按获得支持的多少决定议席，而不是按比例分配，对多数党、大党有利，不利于小党。自 1994 年导入新选举制度以来，日本国会经历了 1996 年、2000 年、2003 年、2005 年和 2009 年大选。前两次大选可以看出新选举制度的制度性效应，但各政党尚未完全适应新选举制度。2003

---

① 宋长军：《日本第 42 届众议院大选的实证分析》，《日本研究》2000 年第 3 期。

年大选，选票开始向两大政党即自民党和民主党集中，自民党获得 237 席，民主党是 177 席，日本政坛形成自民党、民主党两大保守政治势力。2005 年的大选，执政两党自民党和保守党获 327 席，超过众议院的 2/3，其中自民党单独获得 296 席，比选举前的 212 席足足增加了 84 个议席。在 2009 年 9 月 30 日的大选中的众议院的 480 席位中，民主党获得 308 席，比选举前增加 193 席；自民党获得 119 席，比选举前减少 181 席。与自民党联合执政的公明党也受到打击，参加小选举区竞选的 8 名候选人全部落选，获得的议席只是靠比例代表区赢得的 21 个议席，比原来减少 10 个席位。日本共产党和社民党获得的议席与选举前相同，分别为 9 个和 7 个。

4. 新选举制度的效果

从新选举制度实施的效果看，新选举制度起到了排挤革新势力、为日本修改战后和平宪法排除障碍的目的。从而为日本实现修宪及走向"政治大国"的目标奠定了基础。但小选举区制的实行并未能消除由"金权政治"而引发的权力腐败现象，反而进一步加深了政治家与企业间的"权力—利益"关系。

第一，各党的得票率与议席率不平衡。据日本学者统计，战前在大选区制下，死票率大约为 22% ~ 23%，小选区制下死票率为 31% ~ 33%，小选区制下死票率比大选区制下高 10 个百分点。大量死票存在的直接后果是造成得票的比例与所获议席的比例产生的差异，会有某政党所获席位数的比例大于它所得选票数比例的情况发生。

各党的得票率与议席率不平衡主要表现为该制度对大党有利，对小党不利。在小选举区 1996 年众议院选举中，自民党得票率为 38.6%，议席率 56.3%；新进党得票率 28.0%，议席率 32.0%；而民主党得票率 10.6%，议席率 5.7%；共产党得票率 12.6%，议席率 0.7%；社民党得票率 2.2%，议席率 1.3%；先驱新党得票率 1.3%，议席率 0.7%。由此可以看出，少数党的得票率和议席率与多数党的得票率和议席率（尤其是前两个政党）之间的差距加大。① 在比例选举区，由于被 11 个选举区分割，情形也对大政党有利。自民党得票率 32.8%，议席率 35%；新进党得票率 28%，议席率

① 这是因为计算方法的缘故。议席率的计算方法为得票率的三次方。例如得票率为 3，则议席率为 3 × 3 × 3 = 27；得票率为 2，则议席率为 2 × 2 × 2 = 8；因此在西方被称为"三乘比法则"。

30%；民主党得票率 16.1%，议席率 17.5%；共产党得票率 13.1%，议席率 12%；社民党得票率 6.4%，议席率 5.5%。结果，在 500 个法定议席里，自民党占了 239 席（议席率 47.8%）。如果选举区全部采取比例代表制，则自民党只能占 164 席，而得票率（同党的绝对得票率）仅为 19.5%。[1] 所以选举结束后，有学者明确指出，自民党占的是制度上的优势，是虚构的多数，自民党非但没有像宣传的那样"大获全胜"，而且连作为执政党的资格都有问题。[2]

第二，出现大量死票。所谓"死票"是指落选者所得的票数。死票的多少是衡量一种选举制度是否合理、能否充分反映民意、是否具有合法性的标准之一。在 1996 年众议院选举中，小选举区比例代表并立制出现的死票所占比例为有效投票总数的 55%；在约 5650 万张有效投票中占了 3000 多万张，而在中选举区制度下，则为 24.7%。其中有 70% 以上的选举区死票率为 10%，最多竟达到 78.5%。各政党的死票率分别是：自民党 31%，新进党 51%，民主党 78%，共产党 99%，社民党 70%。从中可以看出，越是小党死票率越高。可见，小选举区比例代表并立制没有完全反映选民的意愿，它利用小选举区制度上的优势，使相当一部分选民的声音变成了死票，成为新选举制度的最大缺陷，这一不公正现象引起了人们的普遍关注。[3]

第三，重复候选人当选制度。所谓重复候选人是指在小选举区落选的候选人在比例选举区根据在原小选举区的"惜败率"重新当选，被称为"复活当选"。惜败率是根据小选举区的成绩决定的。具体计算公式是：惜败率等于落选者的得票率除以当选者的得票率再乘以 100。在新选举制度框架内，这被认为是极不公正的。在 1996 年的众议院议员选举中，因重复候选人制度重新当选者合计为 84 人，占比例选举区全部议席的 42%。其中各政党的重新当选者占当选总数的比例分别是：自民党占 13.3%；新进党占 1.2%；民主党 48%；共产党 61.5%；社民党 60%。这 84 人当中，在小选举区选举中以第二位落选的 56 人，以第三位落选的 22 人，以第四位落选的 5 人，以第五位落选的 1 人。[4] 此外，作为极个别的例子，在小选举区被没

① 宋长军：《日本新选举制度与政治改革》，《当代亚太》2000 年第 3 期。
② 〔日〕石川真澄：《自民党真的胜利了吗？》，1996 年 10 月 22 日《朝日新闻》。
③ 宋长军：《日本新选举制度与政治改革》，《当代亚太》2000 年第 3 期。
④ 〔日〕佐佐木毅：《1996 年众议院选举结果分析》，《法学家》第 1106 期。

收保证金者在比例选举区竟然再次当选。① 这对选民的感情是严重的伤害。这就是说，在小选举区落选者，由于其在党内的地位按照排名顺序在比例代表选举区重新当选，换言之，比例代表区明明是对政党投票，却而变成了对政治家个人的救济制度。

第四，新选举制度没有获得国民支持。新选举制度下首次众议院议员选举结束后的舆论调查结果表明：认为"小选举区制度好"的为 29%，认为"不好"的占 53%；认为"这一制度应继续进行"的为 40%，反对者占 45%。对比例代表选举区，认为"比例代表区制度好"的占 25%，认为"不好"的占 54%；认为"这一制度应继续进行"的占 49%，反对者为 36%。对小选举区比例代表并立制度综合评分，"赞成"为 13%，"反对"为 75%。② 小选举区比例代表并立制的缺陷通过首次众议院议员选举实践的检验，没有获得国民认可已是无可争议的事实。③

第五，众议院选举的投票率降低。1993 年众议院议员选举投票率为 67.2%，而 1996 年新选举制度下的首次众议院选举，小选举区和比例代表选举区的平均投票率为 59.65%。众议院选举的投票率创战后众议院选举最低纪录。此外，这次低投票率的选举还有以下特点：（1）创战后最低纪录的都道府县多达 37 个，其中 13 个县比上次选举投票率下降 10% 以上。（2）下降幅度最大的这 13 个县在上次选举中投票率都是大幅提高的。（3）投票率低不仅表现在东京、神奈川等地，也包括大阪等地。这说明投票率低的覆盖范围很广，而且地域之间的差别在缩小。（4）年青一代过半数没有去投票。④

（二）行政改革

1997 年 12 月 3 日，以时任内阁总理大臣桥本龙太郎为会长的行政改革会议的《最终报告》公开发表，标志着 20 世纪 90 年代以来酝酿已久的日本行政改革总体方案的制订已经完成。1998 年 6 月，桥本内阁根据《最终报告》而提出的《中央省厅等改革基本法案》及其他相关法律议案在国会获得通过，则意味着一场大规模的行政改革方案正式确立并开始付诸实施。行政机构改革主要是放宽行政领域的种种规制，明确官民的职责和权利，通

---

① 〔日〕野中俊彦：《小选举区比例代表并立制选举的问题》，《法学家》第 1160 期。
② 1996 年 10 月 25 日《朝日新闻》。
③ 宋长军：《日本新选举制度与政治改革》，《当代亚太》2000 年第 3 期。
④ 宋长军：《日本新选举制度与政治改革》，《当代亚太》2000 年第 3 期。

过中央政府机构的重组和合并，提高行政工作的效率，纠正高成本结构，便于新兴产业的形成和发展。

1. 改革的背景

众所周知，日本一向被视为典型的"官僚制完备和发达"的国家。早在明治维新时期，日本就仿照欧美的文官制度建立起了一个十分严整的近代官僚体系。战后，日本实行了一种"官僚主导型"的政府管理体制。所谓"官僚主导"主要表现于以下两点：一方面，官僚通过对行政资源和行政信息的垄断，实际上控制着政府的政策形成过程。另一方面，行政官僚还凭借其在权力结构中的优势地位，经常调整政党政治家与各种利益集团之间的相互关系。应当承认，这种官僚主导型的政府管理体制，在战后日本的经济恢复和其后的经济高速增长时期，对于动员和集中各种社会资源、协调政府与社会以及中央与地方之间的相互关系、培育和完善国内市场、保护和扶植重点产业、促进设备更新和技术进步等方面，确实起到了极为重要的组织和引导作用。因此，日本的行政官僚作为一支高素质、讲效率的政府管理队伍，长期以来在国际上受到相当高的评价。然而，进入 20 世纪 90 年代之后，这种官僚主导型的政府管理体制却随着泡沫经济的崩溃而日趋面临严峻挑战。在 1991～1996 年的 5 年间，日本经济一直处于零增长与负增长的徘徊之中。尽管日本政府在这一时期一再加大宏观调控的力度，投入财政资金高达数 10 万亿日元，但经济形势依然萎靡不振、难见起色。在这种情况下，人们开始对官僚主导型政府管理体制的有效性提出了疑问。从 1995 年下半年起，一股以揭露官僚组织及其运行机制的种种积弊为内容的"批判官僚"风潮，在日本各大媒体骤然兴起，一向自视为国家栋梁的"官僚"，一时竟成了社会舆论集中抨击的靶子。代表大资本利益的财经界各大团体此时也逐渐意识到：曾经为战后日本创造"繁荣"和"辉煌"立下汗马功劳的现行官僚体制，现今已陷入了严重的"制度疲劳"之中，其管理和协调社会的能力已经达到了"极限"，继续依靠这一体制，已难以再使日本的经济走出低谷，恢复元气。因此，它们也相继发出了要求对现行政府体制进行"结构性改造"的强烈呼声。如 1995 年 11 月经济审议会的《关于推进六个领域的结构改革》、1996 年经团联的《有魅力的日本——对创造的责任》、1997 年 1 月经济同友会的《市场主义宣言》、1997 年经济同友会的《这样改变日本——改变日本经济结构的具体方策》等文件，都呼吁政府尽快通过管理体制改革，改变日本的经济结构和社会结构。桥本内阁在世纪之交举行的这场大规模行政改革，正是为回应舆论界和财经界的上述要求而发动的。

2. 改革的内容

20 世纪 90 年代以来日本行政改革的内容主要有以下几点。①

第一，形成国会主导下的决策过程——政治优位的改革。1994 年通过的"政治改革关联四法案"，重新调整了政党与选民之间、政党之间的关系，为消除政治腐败以及激发政党活力创造了一定的条件。在立法部门与行政部门的关系上，一方面通过政治—行政改革削弱行政机构的权限，另一方面采取措施提高立法机构的决策能力，进行所谓的国会制度改革。其目的是形成国会主导下的决策过程。政治优位的改革，既是国会改革、政治改革的问题，也是行政改革的问题。

第二，加强首相官邸的主导权。重新确立国民主导权与内阁主导权的地位，这是日本 20 世纪 90 年代行政改革的指导思想。国民选举国会，国会任命首相，首相组织内阁，内阁领导政府各省厅，这是日本宪法与政治体制的要求，内阁应该控制官僚，官僚不应该控制内阁。在首相的直接领导下，内阁府就对外政策、安全保障政策、宏观经济政策、编制政府预算等重要问题起草计划或提出方案，另外还负有协调各省厅的责任。同时，为加强首相的权力，除赋予首相在内阁会议上的"发议权"，即首相可单独提议某项法案外，还增设 3 名相当于事务次官职务的首相辅佐官，1 名内阁宣传官，1 名内阁情报官，并在内阁府下设置"经济财政咨询会议"、"综合科学技术会议"、"中央防灾会议"与"男女共同策划会议"等 4 个首相咨询机构。

第三，中央行政机构改组。根据"行政改革会议"的《最终报告》，政府有关部门制订了《中央省厅等改革基本法案》。该法案在 1998 年 6 月通过了国会众参两院的审议，随后成立了"中央省厅等改革推进本部"，其职能是协调、推进中央行政机构的改组。本部长为内阁总理大臣，全部阁僚为其成员。另外，根据中央省厅等改革本部的法令，设置了以"经团联"会长今井敬为首的、由 9 名知名人士组成的中央省厅等改革推进本部顾问会议，就中央省厅改组过程中的重要问题进行审议，并提出建议。

从 2001 年开始，正式实施新的中央行政机构，将原有的 1 府 22 省改组为 1 府 12 省厅。"行政改革会议" 1997 年 12 月公布的最终咨询报告内容

---

① 杜创国：《日本行政改革及其启示》，《兰州学刊》2008 年第 2 期。

为：新的 1 府 12 省厅为内阁府、防卫厅、国家公安委员会、总务省、法务省、外务省、财务省、文部科学省、厚生劳动省、农林水产省、经济产业省、国土交通省和环境省。另外，还增加了在内阁府内设置经济财政咨询会议以及担当振兴冲绳与北方领土问题的特命大臣，新省厅内的局级机构原则上不超过 10 个。从 2001 年开始，10 年内将国家公务员总数减少 10%，设立独立行政法人制度以减少国有企事业数量并提高行政效率，邮政三事业（邮政、邮政储蓄、简易保险）5 年后改为邮政公社。

第四，放宽限制。简而言之，所谓限制是指行政机构拥有的许可认可权，是政府管理社会经济活动及国民生活的权限。在日本，政府的限制涉及社会的各个方面。20 世纪 90 年代以后，在国内外要求放宽限制的呼声日益高涨以及经济不景气的压力下，细川内阁在 1993 年 9 月的 "紧急经济对策" 中，提出了放宽 94 项限制的计划，又在 1994 年 2 月的 "行政改革大纲" 中提出放宽 781 项限制的计划。1994 年 7 月村山内阁在其制定的 "推进放宽限制纲要" 中提出放宽 279 项限制的计划，并在 1995~1997 年，在住宅、流通、金融等 11 个领域放宽 1091 项限制。后来又分别在 1995 年 9 月和 11 月放宽了 37 项和 50 项限制。1995 年 12 月 "行政改革委员会" 提出了《第一次推进放宽限制意见书》，系统地论述了放宽限制的必要性以及具体日程。

1997 年 3 月，桥本内阁修改村山内阁制定的 "推进放宽限制计划"，增加了教育领域，放宽限制项目也增加到 2823 项，其中新增加的项目为 890 项。1997 年 12 月 4 日，"行政改革委员会·放宽限制小委员会" 就放宽或废除限制问题提出最终答询报告。其主要内容是：在 17 个领域、26 个项目中放宽或者废除限制，即在教育领域增加秋季入学以及未满 18 岁者可跳级进入大学学习，在医疗福利领域承认民间人士经营特别护理老人院，在能源领域废除电力公司的地区垄断制，在运输领域将港湾运输事业从执照制改为许可制以及将价格认可制改为报告制，在公共事业领域扩大一般竞争投标者的范围，在金融证券保险领域允许银行发行面向个人的损害保险等。1998 年 1 月专门成立了 "放宽限制委员会"，其主要职能是监督并推进放宽限制计划的顺利实施，并提出审议新的放宽限制计划。

第五，地方分权。早在 1992 年 12 月宫泽内阁时就提出、制定了《地方分权特例制度》以及《地方分权特例制度实施要领》。1992 年细川护熙为党首的日本新党在成立宣言中倡导 "只要不根除明治以来的中央集权体制和扎根于其中的中央官僚制的巨大的结构障碍，建设生活优先的社会与国际协调和国际贡献、改善日本的经济体制是不可能的"①。1993 年 6 月地方分权在两院得到通过。其后的细川内阁在 1993 年 11 月，成立了推进地方分权特例制度本部。村山内阁在 1994 年 12 月起草有关法案提交国会审议，1995年 7 月《地方分权推进法》正式生效，并随即成立了"地方分权推进委员会"，就地方分权的具体措施及其进程加以调查研究，并提出相应的建议。

在一系列劝告书的基础上制定了《地方分权一揽子法案》，于 1999 年 6月 11 日得到众议院的批准，然后送交参议院审议。同年 7 月 8 日，参议院通过了这项法案。2000 年 4 月 1 日，《地方分权一揽子法案》正式实施，有关地方自治的 475 项法律得到修改，机关委任事务被废除，国家对地方自治体在教育、城市建设、税收方面的限制得到缓和。

第六，特殊法人改革。战后日本政府为复兴经济并促进经济的高速增长，采取了公共事业优先的政策，即将大量的政府财政预算投入到道路、桥梁、港湾、水坝等基础设施的建设上。为更好地发挥这些公共投资的效果，政府成立了许多特殊法人团体，即为建设公共基础设施而成立的公团或事业团，以及为这些公团或事业团提供资金而成立的银行或金融公库。除特殊法人外，还有各省厅直接管辖的公益法人，即以经营公益事业（例如祭祖、慈善、宗教、学术、特定技能等）且不以营利为目的的财团或社团法人。由于大多数公益法人所进行的活动带有辅助政府实施某项政策的功能（如检察、认证、许可等），因而从政府财政预算中领取巨额业务委托费以及补助金。

早在村山内阁时期就采取了一些改革措施。1995 年 2 月内阁会议决定在政府所属 92 个特殊法人中，将 16 个合并为 8 个，废除 1 个，另外还有 3个转为民间组织，其结果是特殊法人减少到 80 个；1997 年初，桥本内阁又向国会提出以将 6 个特殊法人合并为 3 个以及制订公开特殊法人财务报表为主要内容的法案，意在削减特殊法人数目的同时，提高其效率，使其更合理化。除此之外，还通过政令使特殊法人得到合并、撤销或民营化。到 2000年 8 月，特殊法人尚有 78 个，比 1991 年减少了 15 个，总人数也从 58 万减少到 49 万。

另外，随着行政机构的改编，将出现一批新的特殊法人，即所谓的

① 杜创国：《日本行政改革及其启示》，《兰州学刊》2008 年第 2 期。

"独立行政法人"。首批"独立行政法人"大致包括国立美术馆、博物馆、研究机构、教育机构、造币厂等 90 个原国营企事业单位。1999 年初的通常国会专门为此通过了《独立行政法人通则》。2000 年 8 月时，共有 60 个独立行政法人。除政府所属特殊法人、独立行政法人外，还有 82 个认可法人、8 个民间法人化的特殊法人、12 个民间法人化的认可法人、720 个指定法人等。但后面这些法人与行政机构没有直接的联系，政府既不投资，也不任命其负责人。

2000 年 10 月，执政的自民党向国会提出《特殊法人基本法案》，主要内容为在减少特殊法人数目的同时，进一步将特殊法人法律化。同年 12 月，以森喜朗为首相的内阁会议决定了 2000～2005 年的《行政改革大纲》，除省厅改组、放宽限制、公务员制度改革等内容外，主要强调了特殊法人的改革。作为改革措施，准备从废除、缩小合理化、民营化以及转移经营权四方面对特殊法人进行改革。

第七，日本政府的信息化。日本政府的信息化是在 20 世纪 90 年代发展起来的。1993 年 10 月，日本临时行政改革推进审议会将政府信息化作为行政改革的重要内容之一，要求制定政府信息化的推动计划。1994 年 8 月，日本政府成立了高度情报通讯社会推进总部，内阁总理大臣亲任总部部长。1994 年 12 月，内阁会议通过了关于政府信息化推进基本计划的决议，该计划从 1995 年度开始，为期 5 年。1997 年，日本将原来的《计算机白皮书》更名为《信息化白皮书》，政府信息化与产业信息化、家庭信息化一起，构成信息化的三个主要组成部分。

日本政府信息化的主要目标是：建立一个高效、统一、能迅速应变的、与国民关系和谐、能够满足公众需求的政府。在行政领域普遍使用信息技术，使之成为行政活动不可或缺的一环，促进政府内部沟通顺畅和资源共享，保证政府决策迅速有效，提高政府服务的品质和效能。在确保信息安全的前提下，实现从"纸张"的信息处理，转为通讯网络、资料电子化信息处理。

第八，完善政策评价制度，强化对政府行政的民主监督。政策评价就是对政府的决策和政策的实施进行评定，这是监督政府工作和提高政府决策水平的重要举措。改革前，日本政策评价的工作是行政部门自身在行政体系内部进行的。改革后，一方面加强了行政部门自身的政策评价工作的力度，在各省厅专设政策评价机构，负责对本部门工作的评估；另一方面，引入民间的力量参加政策评价工作，新建立了由民间专业人士组成的总务省评价委员会，负责评估特别重要的或涉及几个省厅的政策。它还享有对各省厅的项目进行再审议的权力，如发现问题可以直接报告总务大臣。所有政策评估的结果都必须对社会公布，接受民众的监督。

四 对日本政治改革的展望与思考

任何的改革都没有办法超越自身的局限，新时期下的日本政治革新也不例外。概括来讲，20 世纪 90 年代的日本政治改革目标就是要建立"强政治、弱行政，小政府、大社会"的政治体制。一方面，由政党主导决策过程，由政治家发挥主要作用，另一方面，由民间来主导社会经济的发展。然而，这一进程的实施也会伴随一些问题和困境，由于历史的、现实的和文化的诸多因素的影响，这一目标的实现仍然步履维艰。

（一） 国际环境的变更

随着冷战的结束，日本面临又一次的历史选择。基辛格教授曾经指出，日本到 21 世纪必然会成为军事大国。战后的日本由于没有彻底肃清军国主义的势力，为今天日本的历史翻案留下了众多的隐患。日本从 20 世纪 60 年代崛起为经济大国到现今谋求成为政治大国，以及在可预见的未来准备重新崛起为军事大国，这一条发展路径是如此熟悉，又是如此理所当然。回首过往的历史，无论是亚洲的邻国还是其盟友美国都忧心忡忡于其潜在的威胁。这一环境对日本的国内政治有着深远的影响。

1. 国际格局的变动

随着两极格局的解体，日本国内原有的保守阵营与革新阵营两大阵营的分野在很大程度上被削弱了。尤其是自民党衰落后，其在政治上的压倒性优势被剥夺，为了赢得更多的选票，不得不扩大自己的选民基础。这就使保守政党与革新政党在争夺选民基础的进程中彼此越来越接近，甚至在切实的对内、对外政策上也变得没有什么区别，导致日本政治倾向越来越趋于保守化。在日本旧有体制在全球经济一体化面前摇摇欲坠之时，政治改革的推动却乏力而困难重重。

随着选举改革、行政改革和小泉的"砸碎自民党"的结构改革，我们看到，日本 20 世纪 90 年代改革的核心即是"从政府到民间"、"从国家到地方"。将越来越多的权限下放到民间企业和社会团体，地方分权也成了不可遏制之势。以此试图增强地方自治体的主观能动性和适应能力，以恢复并推动日本经济发展。

国际格局不仅对国内政治有着深切的影响。冷战的结束也使日本从"日美安保体系"的束缚中解脱出来，摆脱对美国单一的依赖性，向着进一步融入国际社会，开展多边外交的方向发展。以便为自身发展创造良好的环境，并显示日本的影响力和作用。

2. 政治大国的努力

小泉内阁执政期间，在强化日美同盟的框架下，日本的政治军事大国化步伐进一步加快，政治右倾化倾向明显。从对外关系看，小泉内阁彻底继承了战后日本的外交遗产，将日美同盟作为日本外交的基轴，大力推行亲美外交。从宪法草案的具体内容看，日本未来的发展方向将完全采取政治中心主义路线，日本的政治、军事大国化进程也将彻底摆脱现存战后体制的束缚。主要表现在，修宪草案的第九条第二项明确提出了"保持以内阁总理大臣为最高指挥官的自卫军"，修宪草案中载有"为了确保国际社会的和平与安全，可以进行国际协调活动"[①] 等内容，实际上是为日本自卫队的海外派兵提供宪法依据，为日美两国的军事一体化合作奠定相应的法制基础。

但另一种意见却认为，日本仍将继续以经济为重点走和平道路，只是不满足以前那种经济大国、政治小国的状况，要求成为全面的大国，但还没有把军事大国作为国策。就国内而言，战后的和平主义与民主主义思潮已在日本社会扎根，以至于自民党几次修改和平宪法的意图都没能实现。就国际因素而言，不但亚洲被它侵略过的国家，就是美国也不容许日本成为与美国抗衡的大国，更不用说和平与发展的时代背景、全球化与多极世界格局的气候对日本的束缚了。特别是自20世纪90年代初日本经济泡沫幻灭后，其国内经济持续不振更需要政府将更多的精力转移至国内。

因此，对于日本而言，以扭转经济颓势为主，在综合国力的竞争中提高国际地位，这可能是既适应时代潮流也对日本有利的最佳之路。

3. 亚洲格局的定位

回视日本政治与亚洲的关系，可以清晰地寻找到路标，以界定不同的分期：明治维新时期的"脱亚入欧"；二战时期奉行"大东亚共荣圈"的侵略；冷战时期对"日美同盟"的依赖和意识形态的割裂。冷战后，面临着新的国际局势，日本也在重新寻求自身在亚洲的定位，喊出了"重返亚洲"

---

① 王振锁、徐万胜：《日本近现代政治史》，北京：世界知识出版社，2010，第404~406页。

的口号，从其与东盟的经济合作、对地区一体化的不懈努力都可以鲜明地看到这一意图。

　　然而，篡改历史和其他军国主义言行对于曾经蒙受战争创伤的亚洲人民的感情构成了极大伤害，右翼势力的崛起令亚洲近邻们忧虑紧张，它们都不愿意看到日本重蹈军事大国的覆辙。这一国际环境对于日本改革进程也或多或少产生了影响。

　　我们看到，自民党在竞选纲领中提出阁僚要参拜靖国神社的条款在上台不久就被自行取消；日本政府和执政党在近年来也把"强征慰安妇"写入了历史教材；一些阁僚也因在历史问题上大放厥词而丢掉乌纱帽。① 日本重返亚洲和其勇于担当推动一体化轴心的雄心都将在很大的程度上制约其国内右翼势力的膨胀。

　　综上所述，在国际环境与背景的视域下，变革中的日本不仅需要处理国内纷繁的政治局势和经济问题，也不得不受到国际和区域环境的影响。这种影响主要体现在两个方面：一方面，来自国际和霸权国家的压力以及区域环境的约束潜在地诱导日本国内的政治风向；另一方面，日本国内政治及外交也必须创造性地缔造所在区域与国际环境，以为内政更好地服务。

　　（二）国内环境

　　在战后民主化改革后确立的秩序下，日本官僚在相当长的一段时间占据着政治过程中的核心地位。从外在环境上看，美国"扶保抑革"为官僚派重新掌权提供了土壤；从国内环境上看，为了防止旧的统治机构动摇带来社会混乱而实行这种间接统治是必要的；"对曾经的牧民官潜在的依赖心理在地方居民之间依然根深蒂固地存在着的事实也成为保存官僚机构的牢固的精神基础"②；同时，新的体制还没有确立稳固：由于政党长期以来被军部官僚的重压所压制，长久地被封闭在政权之外，战后又在匆忙之间重组，因此日本政党不仅组织力量极其薄弱，而且对于将复杂且专业的政策立法化，同时要监视其实施过程，政党是不具有足够的政治领导能力的。综合以上种种，即为战后日本官僚制延续和巩固的原因。

　　20 世纪 90 年代的日本政治重要特点之一在于"1955 年体制"的衰落。作为构成"1955 年体制"的"四大支柱"之一的官僚制，也面临着各种冲

① 王新生：《现代日本政治》，北京：经济日报出版社，1997，"序言"，第17页。
② 〔日〕辻清明：《日本官僚制研究》，王仲涛译，北京：商务印书馆，2008，第268页。

击和挑战。①

第一，官僚与政党的关系。战后确立的日本"议会内阁制"有着浓重的官僚色彩。首先，在人员上，政党官僚化严重。这与保守党在战后积极吸收官僚入党密切相关。一个很典型的数据可以说从战后到中曾根时代，日本前后经历的 14 位首相，其中有 8 位首相属于高级官僚出身，非高级官僚出身的仅有 5 位。② 由此可见其相互渗透是何其突出。其次，在决策层面上。内阁的长期变动和官僚的相对稳定，以及日本特殊的自下而上的决策模式使得官僚在政策制定中起实际作用，因为由官僚拟定的草案通过率更高，政治家不得不依赖官僚，因此日本的政治过程实际上更多的是行政主导而非国会主导。第三，政党与官僚之间相互利用，自民党为了有效达成自己的政治意愿，竭力发展与官僚的各种关系，并通过组织和人员，直接作用甚至主导官僚的具体政策制定，与此相应，官僚也能在政策制定中，充分利用自民党的政治优势来实现自己的政策目标。

"日本自民党长期执政的核心内涵就是自民党所属国会议员与官僚之间的一体化关系。主要表现在自民党议员与官僚共同参与政策制定，以及官僚退职后加入自民党从政，这种关系曾一度有利于维系自民党执政党地位。但最终损害了政治家与官僚之间所固有的体制距离。"③ 因为，从理论上讲，日本政府各省厅在政治上应该是中立的，任何一个政党上台，都不应该左右官僚职能。但事实上，在自民党长达 38 年的单独执政条件下，各省厅与自民党在政策倾向、决策风格乃至利益关系等方面形成了紧密的共生关系，以致当 1994 年社会党委员长村山富市出任首相时，给官厅带来了不小的冲击。④ 应该说，经过桥本龙太郎和小泉纯一郎的行政改革之后，官僚已经丧失了其原有优势地位，逐渐走向衰落。因为行政改革的重要目标之一就是打破官僚垄断，向"政高官低"转变。

第二，官僚与利益集团的关系。自民党的长期执政使得"议会内阁制"

---

① 在《日本政治的逻辑》这本书中，Curtis 教授认为构成日本"1955 年体制"的四大支柱分别是：发展经济、赶超西方国家的广泛社会共识；政党与相应利益集团的紧密联系；一党的主导体制；官僚强大的社会权力和地位。而 20 世纪 90 年代之后的日本政治见证了这四大支柱的削弱与崩塌。笔者在这里主要想对官僚制的衰落进行具体的考察。

② 郑励志主编《日本公务员制度与政治过程》，上海：上海财经大学出版社，2001，第279 页。

③ 徐万胜：《论政官关系与日本民主党政权》，《日本学刊》2010 年第 4 期。

④ 金熙德：《日本政治结构的演变趋势》，《日本学刊》2006 年第 1 期。

堕落为"政官财"三角关系的舞台。其官僚与利益集团的紧密联系可归因为以下两点。其一，在职的官僚也可以通过利益交换为退休之后谋求去处，官僚的"下凡机制"令企业可以充分利用官员的人际关系网，谋取方便。其二，战后行政指导的历史产物。日本在战后确立了包括行政指导在内的不少治国措施。这些措施是为了适应以战败为界限，从明治宪法体制到新宪法体制，从军事立国到经济立国的社会历史转变。行政指导是单纯为协调官民的情绪而进行的活动，必须详细周密地考虑指示、警告、要求、劝告、鼓励和按照各种标准制定行政方面的规则，还要进行疏通活动。①

战后的日本面临的最重大现实问题就是经济的重建和现代化的重启。"日本从明治维新以来一直是盯着坡上的一朵云，即以欧美先进国家为目标聚精竭力地向前追赶过来。"② 而有着崇高的使命感和竞争意识的日本官僚阶层③，无论是战前还是战后，都以其强大的统制力为日本的现代化发挥了不可磨灭的作用。然而，越是有力，官僚制也就越值得警惕。决策不透明、利益勾结与权力腐败令日本俨然成为结构性的渎职社会。日本的主要利益集团都拥有自己的关系省厅、主管局和主管处等部门，同样各省厅也有自己的关系团体。这种结构性的利益联合令改革的推行步履维艰。国民对政治不信任，本来寄希望于官僚中立性，希望官僚用对政治的抵抗来中和在部分利害关系中政治的强行干涉，然而频繁曝光的政治腐败令民众对官僚也愤慨失望，限制官僚权力的声音已经不可遏制。

随着客观上许可权减弱，补助金的使用进入停滞阶段；政治家介入实业界形成直接干预的结构、官僚与利益集团的互动也就随之减少。再加上行政伦理立法的实践更是对行政腐败予以极大遏制。《国家公务员伦理规程》的颁布，将与公务员相关的10种利害关系严格界定，很大程度上提高了法律的可操作性。靠法律来约束公务员的行政行为，确立了公务员按照法律奉行职责和职业道德的基本原则，强化了日本公务员忠于宪法、自觉维护社会公正、依法行政的意识，是战后日本官僚制民主化不可分割的部分④，也使得官僚与利益集团的关系进一步得到削弱。

---

① 〔日〕秦郁彦著《日本官僚制研究》，梁鸿飞、王健译，北京：生活·读书·新知三联书店，1991，第273页。

② 〔日〕中曾根康弘著《新的保守理论》，北京：世界知识出版社，1998，第7页。

③ Gerald L. Curtis, *The Logic of Japanese Politics*, Columbia University Press, 1999, p. 84.

④ 〔日〕淳于森泠著《宪政制衡与日本官僚制民主化》，北京：商务印书馆，2007，第310页。

　　第三，官僚与民众的关系。构成战后日本官僚主导型的政治秩序的因素不仅存在于结构与环境中，还存在于社会上普遍存在的"官尊民卑"的观念中。在日本社会里，人们都深信高级官僚是一个具有卓越才能的优秀群体。这一深刻的社会现象应该追溯到东方社会权威主义的价值观。南博曾在其《日本人论》中鲜明指出：日本国民最致命的问题不在于知识水准，而是人民在封建社会人际关系中对权力的服从心态。① 日本社会学家福武直认为日本人的生活态度里的重要特征就是"惯例优先"和"权威至上"。② 所谓依照身份高的权威者的命令压制自己，使自己在权威者面前恭敬温顺，这是最安全的。这在西方人思维里显然不可思议："他们对秩序、等级制的信赖，与我们对自由平等的信仰犹如南北两极。"③ 茅原华山也曾指出，日本人有差别意识但缺乏平等观念，有国家而没有社会。日本这种独有的政治文化与"天皇制"和日本政治格局中长期存在的"大政府小社会"相得益彰。这种文化也在内部的互动的过程中被逐渐变得根深蒂固，官僚阶层也就能稳如泰山地长期凌驾于民众之上。

　　分析这种传统文化得以存续的根本原因在于市民社会的不成熟。根植于此，国家的职能更多的是行政型、立法型而非服务型。随着 20 世纪 90 年代政治文化的世俗化与多元化，以及结构上对于政治民主化的需求，这一变化的标志应该是以习惯和超凡魅力为基础的合法性标准削弱，而政府的实际作为应该日益成为合法性的基础。这也是 20 世纪 90 年代后日本政治中出现的新趋势。

　　综上所述，我们可以清晰地看到官僚阶层的衰落。伴随着官僚制的瓦解，逐渐兴起的是民主化的风潮。柯蒂斯有言：变化在风潮中涌动，而这股风潮却撼动了有着稳固基础的自民党一党优位制。导致自民党失去政权的不是唯一的因素，而是历史性的一连串因素的综合作用。从国际政治的结构性变革到政党大佬之间长期不和的微妙关系，这一切都在 1993 年的夏天浮出水面。④ 官僚主导，作为 20 世纪 90 年代以前日本政治格局的主要特征之一，其衰落和变革从一个侧面折射出社会各个角落对改革迫切的呼唤。

① 〔日〕南博著《日本人论》，邱淑雯译，南宁：广西师范大学出版社，2007，第16页。
② 〔日〕福武直：《日本社会结构》，陈曾文译，广州：广东人民出版社，1982，第 37 ~ 38页。
③ 〔美〕鲁思·本尼迪克特：《菊与刀》，北京：商务印书馆，2004，第 31 页。
④ Gerald L. Curtis, *The Logic of Japanese Politics*, Columbia University Press, 1999, p. 94.

结　语

　　对于一个国家而言，有两方面的事情是必须考虑的，一个是经济发展（社会发展较为综合，更为直接的表现是经济发展）；另一个是安全或者说是稳定。一个国家在转型的过程中必须平衡好发展与安全的关系，安全保障发展，发展巩固安全。因此，观察以上五国的转型可以看出，在二战结束后，特别是朝鲜战争结束后，由于冷战格局的均势平衡，韩国和日本基本解决了安全问题，因此得以集中精力发展各自经济。中国的情况是，在进行了抗美援朝战争、中印边境自卫反击战、对越自卫反击战等战争之后稳定了周边环境，通过自力更生发展独立的国防军事事业，特别是"两弹"的研制成功，打破了美苏两极的核垄断，在军事上为保障国家安全奠定了坚实的基础；通过坚持独立自主的外交政策，恢复联合国合法席位，夯实了政治大国的国际地位。因此，在改革开放之初，邓小平就中国的情况和国际情况作出判断——和平与发展是时代的主题，并在此判断的基础上开始了中国的改革开放伟大进程。冷战结束后的俄罗斯本身存在的安全隐患不构成威胁其安全核心利益的因素，因此，其大胆启动了"休克疗法"，虽然短期内国家陷入混乱境地，但仅限于社会和经济层面，因此，在普京执政时期通过"权威主义"使俄罗斯经济得以迅速发展。对于朝鲜而言，其社会转型的过程也基本符合这一内在的规律，之所以存在朝鲜核问题，实行"先军政治"，我们认为其根本目的还是要为其国内的经济社会发展创造安全的国际国内环境。事实也证明，在其认为安全形势有所好转之后，也适时启动了经济改革，并提出了建设强盛大国的发展目标。

　　审视这五国的社会转型渐次性展开，经济结构转型的过程具有相似性特征。日本经济、韩国经济、中国经济分别在 20 世纪 60～90 年代经历了以出口为主的劳动密集型经济发展模式，并且这些国家在劳动密集型经济发展模式后都主动选择了发展科技，建设创新型国家，实现产业升级，大力发展高科技产业。虽然俄罗斯和朝鲜的情况有些特别，两国的对外贸易占比小些，但这两国也都意识到或者都在进行这方面的努力，并且也都致力于发展高新技术产业。

西方的现代社会经过了长期的历史演化过程，是社会生活各个领域中多种因素逐渐发生变化及互相影响的结果。较之于东北亚各国，欧美老牌的发达国家的社会发展主要是通过逐渐的、相互调整的、共同演化的社会转型模式实现现代化的。本书中提到这些国家（除日本外）的现代化进程具有较为浓缩的特点。它们的发展有着很浓重的自觉意识，都迫切希望赶上其他国家，所以，在经济、组织动员和行政管理等方面施加了广泛的政府干预，特别是在发展的早期阶段，可以注意到，在这五个国家社会转型过程中国家在其中发挥了十分重要的作用。从一个较长时段去审视它们的社会转型的话，可以说它们基本都选择了"强国家、弱社会"，渐进式的发展模式。就当下的情况看，社会经济发展到一定程度之后，民主化进程随之发生，特别值得注意的是 2008 年的金融危机之后，世界经济进入整体的低迷期，习惯了长期高速发展的各国经济形势突然出现波折，经济危机很快就传导到了社会生活的方方面面。2011 年年初出现的西亚北非的政治动荡、传统欧美国家出现的大规模持久性的"占领运动"，从某种意义上讲就是经济危机在政治社会领域的传导。由于信息技术的快速发展，人类进入信息化时代，使每个人对于信息和技术的掌握变得更为便捷，原有的政府与公众间信息严重不对称的平衡状态被逐渐打破，传统政府所拥有的信息权力优势逐渐弱化，社会的离散效应开始显现，有的学者将其称为社会的碎片化，国家社会整合的能力将受到全新的挑战。东亚这五个国家的社会转型在经济和政治上都取得了不同程度的成就，但同时也面临着巨大的风险，特别是如何克服由信息化带来的目前为止人类社会未曾遇到的不可预测风险，寻找出适合各自国情的发展模式，保证在安全稳定、经济持续发展的过程中实现国家与社会权力系统的有序转换，实现各自的经济现代化和政治现代化成为各国的全新课题。

参考文献

主要著作

《邓小平文选》第二卷、第三卷，北京：人民出版社，1993。

〔俄〕克柳切夫斯基：《俄国各阶层史》，北京：商务印书馆，1994。

刘李胜：《韩国概论》，北京：东方出版社，1995。

林尚立：《政党政治与现代化——日本的历史与现状》，上海：上海人民出版社，1998。

〔日〕中曾根康弘著《新的保守理论》，北京：世界知识出版社，1998。

林今淑：《朝鲜经济》，长春：吉林人民出版社，2000。

郭定平著《韩国政治转型研究》，北京：中国社会科学出版社，2000。

金雁、秦晖：《经济转轨与社会公正》，郑州：河南人民出版社，2002。

张晓明：《伟大的共谋：市场经济条件下的利益关系研究》，北京：中国人民大学出版社，2002。

彭曦、汪丽影、汪平：《冷战后的日本政治——保守化的历程》，北京：中国社会出版社，2003。

雷龙乾：《中国社会转型的哲学阐释》，北京：人民出版社，2004。

李强：《转型时期中国社会分层》，沈阳：辽宁教育出版社，2004。

陈峰君、王传剑著《亚太大国与朝鲜半岛》，北京：北京大学出版社，2004。

王振锁：《战后日本政党政治》，北京：人民出版社，2004。

〔俄〕A. B. 彼得罗夫：《俄罗斯公民社会形成道路上的经济障碍》，俞可平主编《市场经济与公民社会》，北京：中央编译出版社，2005。

关海庭、吴群芳：《渐进式的超越：中俄两国转型模式的调整与深化》，北京：北京大学出版社，2006。

金熙德：《21世纪初的日本政治与外交》，北京：世界知识出版社，2006。

刘洪钟：《冷战后日本社会转型》，沈阳：辽宁大学出版社，2007。

纪廷许：《现代日本社会与社会思潮》，北京：中国社会科学出版社，2007。

〔朝〕《先军政治与朝鲜半岛和平》，平壤：朝鲜外文出版社，2008。

朝鲜经济问题研究课题组：《朝鲜经济问题研究》，沈阳：辽宁省金融学会，2008。

〔朝〕金哲佑：《金正日先军政治》，平壤：朝鲜外文出版社，2008。

〔朝〕《现时代的万能法宝——先军》，平壤：朝鲜外文出版社，2008。

徐万胜：《冷战后日本政党体制转型研究——1996年体制论》，北京：社会科学文献出版社，2009。

王振锁、徐万胜：《日本近现代政治史》，北京：世界知识出版社，2010。

主要论文

姜毅：《社会转型与俄罗斯政治发展模式的选择》，《东欧中亚研究》1996年第4期。

王京宝：《韩国经济发展的经验及教训》，《走向世界》1999年第3期。

李敦球：《韩国民主政治的变迁与走向》，《国际论坛》2000年第4期。

陈景彦：《日本的政治走向及其对东北亚地区和平的影响》，《东北亚地区和平与发展国际学术论文集》，吉林大学出版社，2001。

朴键一：《解读朝鲜：建设"主体的社会主义强国"》，《当代亚太》2001年第6期。

陈龙山：《我观朝鲜经济》，《当代亚太》2002年第9期。

李春虎：《朝鲜的经济现状及其改革趋向》，《国际观察》2003年第3期。

周松兰、刘栋：《朝鲜改革开放经济发展战略研究》，《东北亚论坛》

2004 年第 2 期。

陈龙山:《朝鲜经济报告》,《东北亚研究》2004 年第 3 期。

赵定东等:《中国社会原型与转型的历史分析》,《长白学刊》2005 年第 1 期。

孙立平:《社会转型:发展社会学的新议题》,《社会学研究》2005 年第 1 期。

赵定东:《俄罗斯社会转型的历史动态轨迹》,《辽东学院学报(社会科学版)》2006 年第 5 期。

姜睿、苏舟:《现代化与俄罗斯转型》,《俄罗斯研究》2006 年第 5 期。

朴键一:《朝鲜经济调整:新进展及其影响》,张蕴岭、孙士海主编《亚太地区发展报告(2005)》,北京:社会科学文献出版社,2006。

金继红:《韩国经济结构变化的因素分析》,《南开经济研究》2006 年第 6 期。

庚欣:《日本大转型》,《招商周刊》2007 年第 1 期。

魏新龙:《俄罗斯政治转型与演变》,《政党论坛》2007 年第 3 期。

王宜胜:《朝鲜先军政治理论的产生背景及核心内容》,《外国军事学术》2007 年第 3 期。

保建云:《朝鲜经济转型中的借鉴效应与经济增长特点——文献进展、理论模型与经验证据》,《延边大学学报(社会科学版)》2008 年第 1 期。

金正一:《新时期社会转型的中国经验——新时期社会转型与和谐社会构建问题战略层面上的比较价值》,《东疆学刊》2009 年第 2 期。

金正一:《中国社会转型问题研究的学术缺陷与学术本位》,《河南师范大学学报》2009 年第 4 期。

金正一:《论中国新时期社会转型的基本属性》,《东北师大学报(哲学社会科学版)》2009 年第 6 期。

谭红梅:《朝鲜经济发展战略研究》,《亚太纵横》2009 年第 6 期。

金成男:《朝鲜经济的结构性变化趋势》,《延边大学学报(社会科学版)》2009 年第 6 期。

李寒梅:《三十年来日本的政治与政党体制变化》,《国际政治研究》2010 年第 1 期。

图书在版编目（CIP）数据

冷战结束前后东北亚区域社会转型/金正一，李明哲，王丽娜著.—北京：
社会科学文献出版社，2012.7
（亚洲研究丛书）
ISBN 978 - 7 - 5097 - 3427 - 8

Ⅰ.①冷… Ⅱ.①金… ②李… ③王… Ⅲ.①社会转型 - 研究 - 东亚 -
现代 Ⅳ.①D731

中国版本图书馆 CIP 数据核字（2012）第 099131 号

· 亚洲研究丛书 ·
冷战结束前后东北亚区域社会转型

著　者／金正一　李明哲　王丽娜

出　版　人／谢寿光
出　版　者／社会科学文献出版社
地　　　址／北京市西城区北三环中路甲 29 号院 3 号楼华龙大厦
邮　政　编　码／100029

责任部门／编译中心（010）59367004　　责任编辑／冯立君　王玉敏
电子信箱／bianyibu@ ssap. cn　　　　　责任校对／郝永刚
项目统筹／祝得彬　　　　　　　　　　　责任印制／岳　阳
经　　销／社会科学文献出版社市场营销中心（010）59367081　59367089
读者服务／读者服务中心（010）59367028

印　　装／北京季蜂印刷有限公司
开　　本／787mm×1092mm　1/16　　印　张／14
版　　次／2012 年 7 月第 1 版　　　　　字　数／241 千字
印　　次／2012 年 7 月第 1 次印刷
书　　号／ISBN 978 - 7 - 5097 - 3427 - 8
定　　价／49.00 元